緊張をとる

伊藤丈恭 著

芸術新聞社

目次

第三話◉集中する

第四話◉躊躇をとる

第五話◉発声する

本文中の「※」印は、巻末にエクササイズのやり方を掲載。

緊張をとる

第一話◎楽しみやすくする

自己暗示は効果がない

○公園（夜）
夜10時。人気《ひとけ》のない公園のベンチに座っている男（25歳）。

男　「（独り言）違うんだよ、ちょっと緊張してただけなんだよ。緊張しなかったらプレゼンくらいできるんだよ。緊張なんだよ、緊張。……俺は大丈夫、絶対できる、絶対できる。何も問題ない。……緊張してない緊張してない緊張してない。……俺はこんなもんじゃない俺はこんなもんじゃない！」

声　「そんなもんやて」

男、びっくりして声のほうに振り返る。
背中合わせにあるベンチに、虎柄に虎の顔が描かれているワンピースで片肘を付いて寝転び、黒くて細長いタバコ「ジョーカー」の煙を吐いている女（47歳）。「ルパン三世」の峰不二子のような色気と美貌。

男「うわっ、えっ、えっ、ずっといたんですか？　……な、なぜ、僕がそんなもんなんですか？」
女「(顔も向けず) そんなもんやん、あんたは。それより静かにしてくれへん (煙を吐く)」
男「な、なぜですか。ここは公共の場なんですから、これくらいの声はいいじゃないですか」
女「じゃ、ええわ。続けて～。……あ～、客けえへんな～」
男「……」
女「……なに？　人がおったら恥ずかしいん？ (煙を吐く) プハーッ」
男「できますよ……」
女「ほら早く！　恥ずかしいん？　恥ずかしいん？　ほら、『俺はこんなもんじゃない』って」
男「自己暗示かけてるところに、人がいたらできないですよ」
女「自己暗示なんか効けへんで」
男「なぜですか？」
女「じゃ、かかったことある？　そんなことやるの初めて違うやろ？」

男、向かいのベンチに行き、続ける。

男「(小声で) 緊張してない、緊張してない」
女「(寝転んだまま) 大声、出さへんとスッキリせえへんよ」

男　「えっ?」

○スナック・とらのあな店内

公園の前にある、スナック・とらのあな。店内には女と男の二人だけ。
男「※**ワーッ**」と声を出すがあまり出ていない。

女　「もっと声を出して！　うちにこもってる緊張を発散させろ！」
男　「ワーッ！　緊張してる！　緊張してる！」
女　「もっと、もっと！　怒鳴れ！　緊張を吐き出せ！」

カウンター越しで飲んでいる二人。女はスナックのママ。相変わらずジョーカーを吸っている。

男　「少し楽になれました」
ママ　「『緊張してない』って自己暗示かけても効けへんで。それより**緊張してるって認める方が緊張はとれる**んやで」
男　「そうなんですか?」
ママ　「そうやで。今、どんな感じ?」
男　「さっきより楽になりました」
ママ　「そうやろ。今までやって効果がなかったら方法を変えるのも手やで」

男　「自分のやり方が悪いと思ってました。集中力とか」

ママ　「ま〜、そういうこともあるけどな」

男　「さっき自己暗示は効かないと言ってましたが、（店内を見回し）元精神科医だったとか？」

ママ　「違う違う。それより何か歌う？」

男　「いやー、歌っても意味がないでしょ」

ママ　「意味？　楽しくない？」

男　「カラオケは好きじゃないんです。それより、自己暗示は効かないって。でも『緊張してる』っていうのも自己暗示じゃないんですか？」

ママ　「『緊張してる』は、事実やねんから自己認識やん。自己暗示が絶対に効けへんことはないけど、少なくとも、あんたが自分流にやった方法では効けへんやろな」

男　「どうしたらいいですか？　今は楽になったんですが、明日までもちそうにないです」

ママ　「明日、何かあるん？」

男　「（暗い表情）はぁ〜。……プレゼンの練習成果を部長に見せないといけないんです」

ママ　「さすが一流の広告代理店やな。普段からそんなことしてるんや」

男　「違うんです。新しい社長がプレゼン力を強化しようと言い出して、3カ月後の年末に社内で部署対抗のプレゼン大会があるんです」

ママ　「で、あんたが部署の代表ってこと？　期待の星ってことやな」

男　「……」

ママ　「……でもなさそうやな。誰が決めたん？」

男　「……課長です。シャイボーイな僕が苦手なのを知ってて。あ〜、あんなの見なきゃよかった！
　　なんで見ちゃったんだよ！」

ママ　「何、何？　何を見たん。裏取引？　裏帳簿？　あいびき現場？　えっ殺人？」

男　「……」

ママ　「じゃ、課長が産業スパイでデータを盗んでるとこやろ？　当たりやろ！　最近、多いからな。で、
　　そのデータを外資系に売りつけるんやろな。う〜ん、国際問題まで発展しそうやな！」

男　「……課長が……トイレでカツラを外して汗を拭いてるところを」

ママ　「カ、カツラ？　……ショボ。……この私の盛り上がりをどうしてくれるん」

男　「あ〜、言っちゃった。課長に言わないでくださいよ。お願いします」

ママ　「どうやって、私が課長に言えるん？　……で、課長に嫌がらせをされたわけや」

男　「……い、いや、……課長はそんな悪い人では……ないです」

ママ　「嫌がらせやん」

男　「課長のプライベートを見てしまった僕が悪いんです。課長はいい人です」

ママ　「はっ？　嫌いと違うん？」

男　「嫌いだなんて。……好きです」

ママ　「……」

男　「……あの、緊張で全然プレゼンがうまくいかないんです。どうしたらいいですか？　会社では
　　『ワーッ』って声出せないです」

ママ　「ふ〜ん。……じゃ、トイレで、声を出さんと出してるつもりでワーッってやれば」

男　「それで効果ありますか？」

ママ　「そら声、出した方が効果はあるけど、しゃあないからな」

男　「ですよね……」

ママ　「……じゃ、他のも教えよか」

男　「お願いします」

ママ　「……うーん、**じゃ、全身にグッと思いっきり力を入れてパッと抜く**『グッ・パー』[※]、**肩を思いっきり上げてストンって落とす**『肩ストン』[※]、**鼻から強く息を吸って口から強く吐く**『強い呼吸』[※]をやってみ」

男　「グッ・パー？」

ママ　「ネーミングセンスあるやろ」

男　「ママが考えたんですか?!」

男、やり始める。

男　「こんな簡単なことでいいんですね。実はママと話してて、緊張してたんですが楽になってきました」

ママ　「そう、良かったやん。明日は大声出さんでいいから『緊張してる、緊張してる』もやるんやで」

男　「はい」

楽しめたら緊張しない

翌日。とらのあな店内にママと男がいる。男、プレゼンの練習に失敗したと言う。

男　「トイレで声は出さずに『ワーッ』と『グッ・パー』『肩ストン』『強い呼吸』はある程度良かったんですが。『緊張してる』って言うのは楽になれなかったです」

ママ　「アカンかった？　おかしいな、ちょっと『緊張してる』ってやってみ」

男　「（単調な物言い）緊張してる緊張してる緊張してる」

ママ　「硬い硬い。逆に緊張するわ！　やってて面白くないやろ？」

男　「緊張をとるのに面白いっていってないでしょ？」

ママ　「緊張してる自分にツッコミを入れるねん。そうやって**自分を笑えば緊張ってほぐれる**ねん」

男　「緊張してるのをなんで笑うんですか!!」

ママ　「あんたのは『（単調に）緊張してる緊張してる』。そうと違って『うわ～、俺、また緊張してる～。手もほっぺもピクピクや～。また失敗やろな、って何回目やねん！』ってやるねん」

男　「大事なプレゼンの前に、そんなふざけたことできないですよ」

ママ　「マジメやな～」

男　「（すごい勢いで）マジメって、ダメですか?!　マジメも大事じゃないですか?!」

ママ　「なになに？　どうしたん急に？」

男　「す、すみません……」

ママ「まぁ、ふざけ過ぎたらアカンけど、**ふざけられへんかったら緊張もとられへんで**」

男「ふざけてたら努力しなくなりませんか？　……でもなんとなくマジメじゃ限界があるって分かるんです。でもでもマジメが良いとか悪いとかいろいろ言うじゃないですか？　どっちなんですか？」

ママ「そんなん状況によるよ」

男「良い時と悪い時ってなにが違うんですか？」

ママ「一口では言われへんよ」

男「ママはどうやって判断してるんですか？　分からないんです。教えてください。お願いします」

ママ「まぁまぁ落ち着いて。あんたはマジメってことでは人からなんて言われる？」

男「特には言われませんけど」

ママ「見た目は変ちゃうもんな」

男「……マジメをとりたいんです。でも、マジメじゃないとダメだけど、マジメじゃダメって、どうすればいいいんですか？　いろいろやってるんですけど」

ママ「何をやってるん？」

男「遅刻したりとか」

ママ「わざと？」

男「はい」

ママ「マジメとるために？」

男「はい。でも、課長に怒られただけで何も変わらなかった」

ママ「そりゃそうやろ。どうマジメなん？」

男　「何か始めるとすぐにマジメになって余裕がなくなって緊張するんです」

ママ　「それ、みんなそうやで」

男　「僕のはちょっと違う感じなんです。他の人より緊張が強いみたいで」

ママ　「それも、みんな思ってる」

男　「そうなんですか？」

ママ　「うん。自分だけ他の人と違うんとちゃうか、自分だけ見られてるんちゃうかとか。**誰も大してあんたのことなんか見てないのに、自分の勘違いで自分を緊張させてもうてんねん。**ホンマにそうやねんけど、そう思ったら楽やろ」

男　「ん～、はい。楽なような寂しいような。……あの、マジメをとりたいんです！」

ママ　「うん、頑張ってな」

男、すがるようにママを見つめている。

ママ、それに気付かないようにジョーカーを吸う。

ママ　「……止めて止めて。売られていく牛みたいな目、ドナドナ思い出すわ！　分かったよ」

男　「ありがとうございます！」

ママ　「……う～ん～、面倒くさいな～。……何か心掛けてることってある？」

男　「ポジティブにいようと思ってます」

ママ　「ポジティブね～。それは自分の性格なん？」

男　「ネガティブな部分もありますが、それをポジティブで打ち消して、ポジティブな性格って言ってもいいと思います。どうしたら良いと思いますか？」
ママ　「全部反対にやったら良いと思います」
男　「全部反対？　僕、全部間違ってますか？」
ママ　「全部って訳ではないねんけど、今、10点やん」
男　「10点？　人間性ってことですか？」
ママ　「そう。10点。違う？」
男　「……ウーッ、そうかも！」
ママ　「……じゃ、全部反対やったら90点やん。合格点やろ」
男　「う〜ん、悔しいけどそうだな〜」
ママ　「けど、全部反対の意味分からんやろうな」
男　「分かりますよ」
ママ　「いや無理や。たぶん、牛丼屋に入って右手で食べようとしたら、いやいや左手やな？　その前に牛丼の反対のカレーにしよう。んっ、牛丼の反対はカレーか？　豚丼やな。そもそも牛丼屋に入る反対って何や？　もっと言うたら、生きてるの反対は？　……死？　って終わってまうやん！　今のあんたはそのレベルやで」
男　「そんなにひどい？（肩を落とす）でも牛丼の反対分からないな〜」
ママ　「例えや例え。牛丼なんかどうでもええねん。……じゃ、マジメの反対ってなんやと思う？」
男　「不マジメ」

ママ　「そら『不』とか『反』つけたら反対になるよ。じゃ、不マジメを別の言葉に換えてみて」

男　「ふざけてる、かな？」

ママ　「うん。じゃ、なんでふざけると思う」

男　「楽しいからですか？」

ママ　「うん。楽しい時は緊張してる？」

男　「楽しい時は緊張してないです」

ママ　「そう、**楽しい時は緊張してない**ねん。緊張してる時でも、ふざけたら数秒間は楽しい。みんな無意識的に楽しい時は緊張してないって分かってるねん。つまり**緊張から意識をそらしている**ということやねん」

男　「そらす？」

ママ　「そう、気をそらす。緊張した時、緊張をとろうと緊張に意識が行ってまうやろ。そしたらもっと緊張するもんやねん。そやから、そらして、他のものに意識を持っていくねん。スポーツ選手が試合前に音楽聞いてたりするやろ。音楽に意識をそらして楽しんでるねん」

男　「試合前に他のことをするなんて不謹慎だと思うんですが……」

ママ　「それがマジメの考え方やねん。……まぁ、ふざけるって、少し楽しいっていう意味では一理あるねんけど、数秒しか続けへんし、落ち着きってことから言うと低レベルやな」

男　「そうですよね、ふざけるのは低レベルですよね。じゃあ、どうすればいいですか？」

ママ　「さっきの流れで言うと、楽しめばいいねん」

男　「そうか、そうなりますね」

ママ　「楽しいと緊張しない。じゃ、楽しめば緊張はとれる。物ごとは困ったら逆から考えるねん」
男　「逆か。なるほど。……でも楽しむことができないんですよ」
ママ　「うん、分かってる。楽しもうとして楽しめたら苦労はせんもんな」
男　「どうしたらいいですか？」
ママ　「（ニヤニヤ笑っている）」
男　「？」
ママ　「ここ、どこやと思う？」
男　「？　……スナックですよね」
ママ　「そうやで。どこのスナックのママが1時間で水割り一杯の客の人生相談に乗るん？」
男　「あ、すみません。じゃ、もう一杯」
ママ　「……自分、おもろいな」
男　「……ですよね。ボトル一本お願いします」
ママ　「イヤ〜ン！　5000円と8000円ありますけど〜」
男　「5000円の方を」
ママ　「は〜い、ちょっと待ってな〜（ジーッとして動かなくなる）」
男　「あの〜、どうしたんですか？」
ママ　「いや〜、8000円の答えは用意しててんけど、5000円で来るとは思えへんかったから……。ちょっと待ってな。まさか、そんなに人生を大事にしてないとは思えへんかったから」
男　「分かりましたよ、8000円で」

ママ　「イヤ〜ン！　毎度あり〜」

ママ、ボトルを出してグラスに酒を注ぐ。

男　「……で？」
ママ　「（せき払い）いくで、いくで、８０００円のやつな。楽しまれへんねんやろ。ジャジャジャーン!!　じゃ、『楽しみやすいタイプ』になればええねん」
男　「はい」
ママ　「……」
男　「……えっ？」
ママ　「……えっ？」
男　「え、え、えっ！　今のが８０００円ですか？」
ママ　「究極の答えやで」
男　「それだけ？　なんだよー。そんなの分かってたよ。（ガッカリ）はぁ〜……」
ママ　「ウソや、ウソウソ。まだあるで。じゃ、**楽しみやすいタイプになる練習したらええねん。**その方法を発表するで！　人生変えるで。心して聞きや！」
男　「はい」
ママ　「いくで、いくで。ジャジャジャーン！　**むちゃくちゃ言葉や！　『ジブリッシュ』**※**って言うねん」**
男　「はっ？」

ママ「意味も設定も感情も理由もキャラクターも、全部なくてええから、むちゃくちゃ言葉でなんちゃって外国語みたいにしゃべるねん。やってみ」

男「いいですよ、そんな子どもじみてるの。童心に帰れってことでしょ。僕には効きそうにないんで」

ママ「……あっそ。なんやったん、さっきのドナドナは」

男「……」

ママ「な〜、あんたの人生っていくら?」

男「はっ? 人生の値段ですか? そんなのお金になんか置き換えられませんよ」

ママ「置き換えるとしたら1億円以上?」

男「当然ですよ。僕は一生で1億円を稼ぐことは無理かもしれませんが、僕には大事な人生なんです」

ママ「大丈夫やって。サラリーマンの生涯賃金の平均は2億円やから、あんたでも1億円はいくよ」

男「えっ、2億円なんですか? えーっ、平均で? ……60歳まで働くとしたら、えーっと」

ママ「月40万や。ということは、あんたは20万」

男「20万って、今のままじゃないですか。これから昇給するんですから、じゃ、1億は超えますよ」

ママ「クビにならんかったらな」

男「……」

ママ「緊張がとれて、プレゼンとか営業がバンバンうまくいったらクビの心配もないし、給料上がるねんやろなぁ。仕事のできる男、人生の価値も上がるし、充実しててモテるねんやろなぁ」

男「分かりました。やればいいんでしょ!」

ママ「やればいいんでしょって、私のためにやるん? あんたの人生やろ」

男　「……すみません。やらしてください」

ママ　「やめて。教える気なくなった。プレゼンなんか楽勝やのに」

男　「やったことあるんですか？」

ママ　「ないよ。ないけど楽勝や」

男　「やったこともないのに、なぜ楽勝なんて言えるんですか？」

ママ　「もっと難しいことやってたからや」

男　「なんですか？」

ママ　「なんでもええやん。もう帰って。帰って、寝て、起きて、また会社で緊張して、公園で『俺はこんなもんじゃない』を50年続けて、死んで、それで次の人生は頑張って〜。はい、おやすみ〜」

名優はなぜ緊張を克服できるのか？

○スナック・とらのあな店前

追い出された男が立ち尽くしている。

そこにビシッと高級スーツを着ている男（42歳）が歩いてくる。

スーツ男　「あれっ、終わりですか？」

男　「まだ、やってるんじゃないですか。僕は追い出されただけなんで」

スーツ男　「追い出された？　ママ、機嫌悪いんですか？」

男　「なんか、急に怒り出して」

スーツ男　「やめといたほうがいいかな？　なんで怒ってるんですか？」

男　「むちゃくちゃ言葉っていうのをやるのを断ったら、機嫌が悪くなって」

スーツ男　「ジブリッシュですか？」

男　「あー、そうそう。そんな名前言ってました。知ってます？」

スーツ男　「えー！　やれば良かったのに。もったいない」

男　「えっ！」

○喫茶店内（深夜）

男とスーツ男、コーヒーを飲んでいる。

男　「そのー、ジブリッシュっていうの、なぜやったほうが良かったんですか？」

スーツ男　「うーん、想像力がすごく湧き上がってくるんですよ。で、自分が自分でない感じがして、現実の世界から非現実の世界に行ったような感じになるんですよ。楽しいのに、もったいない」

男　「……自分が自分でない？　……非現実？」

スーツ男　「はい。あれ、まったく聞いてないんですか、ママから」

男　「（立ち上がる）ちょっと用事を思い出したので。これで」

スーツ男　「えっ、ちょっと、誤解してますよ。宗教じゃないですから（腕を引っ張って引き止める）」

男　「……」

スーツ男「聞いてないんですね。ちょっと座ってください」

スーツ男が、ママの素性を教えている。
ママは昔、舞台女優兼演出家として劇団を持っていたが、団員と合わなくなって女優を辞めた。舞台出身だから一般には知られる前に引退してしまい、伝説の天才美人女優と言われている。スーツ男はママに復帰するようにお願いに来ている元劇団員で今はプロデューサー。もし、彼女を復帰させられれば、興行的に大成功の可能性もあるくらいの女優。彼女は復帰する気はさらさらないので、いつも追い返されている。多くの俳優志望者が彼女の演技練習法を学びたがっているが、彼女にその気はないので誰にも教えていない。

男「伝説？　天才？　美人？　女優？」
スーツ男「はい、伝説の天才美人女優」
男「……プレゼンと演技だとやっぱり演技の方が難しいですか？」
スーツ男「演技は感情を扱うので、難しいと思いますね」
男「そうですよね。……あの、もう少し演技やジブリッシュのことを教えてもらえませんか？」
スーツ男「いいですよ。……演技は簡単に言うと二つのタイプに分けられるんですね。一つは、感情がない説明的な演技。もう一つは、日常生活とほとんど同じ感情でやる演技なんです」
男「えっ、日常と同じ感情？　表面的にそれっぽくやってるだけじゃないんですか？」
スーツ男「そうなんですよ。でも多くの俳優が感情に対して間違ったやり方をしているんです。感情って心がいっぱいになって漏れて、泣いたり笑ったりと表面に出ますよね。それを演技の時に、漏れるんじゃなくて、わざと漏らそうとしちゃっているんです。だからニセモノの感情になっちゃうんです。自然に漏れるようにしないといけないんですよ」

男「できるんですか？　そんなことできるんですか？」

スーツ男「それを『スタニスラフスキー・システム』と言うんですが、まさに演劇界の革命ですね。いかにして日常生活と同じ感情を作るか、想像力を働かせるか、キャラクターに変身するか、本を読み取るか、集中力を付けるか、個性的で魅力的になるか、緊張をとるか……」

男「えっ、緊張もですか？」

スーツ男「はい。**緊張は俳優の職業病なんで、かなり研究されていますね**」

男「えっ、えっ、えっ」

スーツ男「その練習方法がアメリカに渡って、改良されたのが、いくつかの流派に分かれて、一番有名なのが『アクターズ・スタジオ』っていう団体の練習方法で『メソッド演技』っていうんです。聞いたことないですか？」

男「アクターズ・スタジオ？　メソッド演技？　すみません、聞いたことないです」

スーツ男「普通は知らないですよね。デ・ニーロやアル・パチーノは出身者ですね」

男「あー、知ってます。二人とも『ゴッド・ファーザー』に出てましたよね。確かに緊張してなかったです」

スーツ男「あははは。確かに緊張してなかったですね。その『ゴッド・ファーザー』のパート1で主役をやったマーロン・ブランドも出身者ですね」

男　「あの貫禄のある俳優！　はいはい、確かに緊張してなかった。あれはいい演技なんですよね」
スーツ男「そうですね。アカデミー賞も取ってますし、マーロン・ブランドは20世紀最高の俳優って言われていますからね」
男　「20世紀最高!?　スゴイ！」
男　「他にもすごい出身者がたくさんいますよ。ジャック・ニコルソン、ダスティン・ホフマン」
スーツ男「あー、スゴイ。緊張してないです」
スーツ男「ウーピー・ゴールドバーグ」
男　「あー、『天使にラブ・ソングを』！　緊張してなかった！」
スーツ男「ポール・ニューマン、ジェームス・ディーン」
男　「えー、ジェームス・ディーンも？　あの永遠のヒーローも緊張してないんですか？」
スーツ男「あはははは。そうですね。緊張してないですね」
男　「あの……、そんなにスゴイ演技をできるのはマジメに演技の練習したからですよね？」
スーツ男「マジメだけだと個性がなくなるから、マジメと不マジメが混ざってるんじゃないですか？」
男　「やっぱりマジメだけじゃダメか……」
スーツ男「そうですね、マジメって常識に縛られた状態ですから」
男　「……僕も緊張をとりたいんです。不マジメになる方法ってありますか？」
スーツ男「不マジメですか？　わがままになることじゃないですか？」
男　「わがままですか。……僕、わがままになれないんです」
スーツ男「周りに気遣ったりして我慢してるからでしょうね」

男　「……」

スーツ男　「でも、わがままにも種類がありますからね」

男　「どういうのですか？」

スーツ男　「自分の好きなことをやり続けるタイプと、他人に依存するタイプですね」

男　「言われてみるとそうですね。さっきの俳優たちは好きなことをやり続けるタイプですよね」

スーツ男　「そうでしょうね。自分の心に嘘をついてないので、嘘のない演技ができるんですよ」

男　「自分の心に嘘をつかなければ、嘘のない演技ができるんですか？」

スーツ男　「それだけではダメですが、演技には絶対に必要ですね」

男　「僕、嘘をつかないようにしてるんですが……俳優の要素があるってことですか？」

スーツ男　「……（笑いながら）嘘にもいろいろありますからね」

男　「……」

スーツ男　「俳優は嘘をついてはダメですが嘘つきですよ。『嘘をつかないために嘘をつく』なんです」

男　「えっえっ、どういうことですか？　禅問答みたいですね」

スーツ男　「それは専門的な話になって、長くなりますね」

男　「はぁ、そうですか。じゃ、さっきの練習方法と他の練習方法では何が違うんですか？」

スーツ男　「感性の伸ばし方が他とは全然違いますね」

男　「やっぱりすごいテクニックとかいるんでしょうね」

スーツ男　「う～ん、私たちの場合、テクニックや技術的っていう言葉は、感情やリアリティーっていう中身がなく、見せ方だけの演技の時に使うことが多いんですね」

男　「じゃ、テクニックとか技術的な演技っていうのは悪い意味で使ってるってことですか?」

スーツ男　「そういうことが多いですね」

男　「ふ〜ん。演技ってテクニックでやるものだと思ってました」

スーツ男　「日常生活って、気持ちが先にあって行動という表現をしますよね。演技でも気持ちがあってから行動をしないといけないんです。日常生活でも、気持ちもないのに好かれようと行動をして、気持ちがこもってないって言われることがありますよね? 演技も同じなんです」

男　「表現はしないってことですか?」

スーツ男　「気持ちをつくって、その気持ちのまま行動すれば、ある程度は自然に表現されるんです」

男　「はぁ」

スーツ男　「その後に、もっと盛り上げたり、印象付けるように表現に意識を持っていくんです。でも表現に意識が行き過ぎると、気持ちが消えて悪い演技になってしまいます。ダンスやってる人はきれいに動こう、発声やってる人はいい声を出そうと、気持ちより表現に意識が多くいって、気持ちがない演技になりやすいんです。気持ちがないとお客さんは感情移入できないんです」

男　「じゃ、他の練習方法の俳優も感情からつくっていけばいいんじゃないですか?」

スーツ男　「やってると思いますよ」

男　「じゃ、その練習方法の俳優たちとの差はなんなんですか?」

スーツ男　「大きな理由は、人って感じようとすると感じなくなるんです。それを知っているか知らないかですね」

心は直接操作できない

男 「感じようとすると感じなくなるんですか？」

スーツ男 「はい。感じようとすると心が身構えてしまうんです。身構えるって緊張ですよね。身構えて緊張して、感情を操作できなくなるんです。つまり、**心は直接操作できないんです**」

男 「心って操作できないんですか？」

スーツ男 「できますか？」

男 「できるように頑張ってましたが……。僕が下手なだけかと思ってました」

スーツ男 「できないんですよ。**心を無理やり操作しようとすると余計な葛藤が生まれ、それまで以上に緊張してしまう**んです。だから、どんなに良い練習方法をやっても感情を直接操作しよう、なんて間違った考え方では悪い癖がつくだけで、まったく上達しないんです」

男 「操作するのが俳優だと思ってました」

スーツ男 「俳優も同じ人間ですから、直接操作はできないんです。ですから『もっと感情を込めよう』として、俳優は自分で自分を追い込んで、自滅してしまっているんです」

男 「自滅ですか。……でも操作できないのに、どうやって感情をつくったり緊張をとるんですか？」

スーツ男 「直接はできないだけで、間接的には操作できるんですよ。……つまり『誘導』ですね」

男 「誘導？」

スーツ男 「はい。**スタニスラフスキーは、『直接は操作できない心を誘導する方法』を発見した**と言ってもいいのかもしれませんね。それが変わった練習なんですが、人間の心や思考、身体に自然に反応させて、感情やリアリティーをつくったり、キャラクターに変身していくので、『テクニック』と言うより『感性』って感じなんです」

男　「自然に反応？」

スーツ男　「はい。本能、感性、感情を目覚めさせる『自然な反応』のやり方があるんです」

男　「う〜ん、具体的にはどういうものなんですか？」

スーツ男　「分かりやすい例のためにスタニスラフスキー・システムでなく、メソッド演技の基本練習の一例で説明しますね。……ちょっと過去のことを思い出してみてください。例えば学生の時の思い出とか」

男　「はい」

スーツ男　「（1分後）思い出せましたか？」

男　「はい、初恋の時とカツアゲされた時を思い出しちゃいました」

スーツ男　「（笑っている）感情もよみがえってませんか？」

男　「……両方泣きそうです」

スーツ男　「それが自然な反応なんです」

男　「思い出すと感情がよみがえる、確かに自然な反応ですね」

スーツ男　「ただ、その感情のままだと弱いので、より強めたり、よみがえる確率を上げたり、少し違う感情にアレンジできるようにしないと演技では使えないんです」

男　「ふーん。……自然ってことは誰でもできるってことですか？」

スーツ男　「できますよ、訓練すれば」

男　「ぼ、僕にも演技ができるってことですか？」

スーツ男　「できますよ。誰もが持っている本能を使うわけですから。で、これらの練習方法を批判したり、自分には合わないと言う俳優もいるんですが、そういう俳優は、表面上で演技をしてるんだと思います」

男　「自然の反応じゃないと表面的ってことですか」

スーツ男　「そうなりますね。で、スタニスラフスキー・システムの誘導の方法を改良したものが、さっきのメソッド演技なんですね」

男　「改良されて、もっと良くなったんですね」

スーツ男　「そうとも言えないんです」

男　「え？　改良したのに？」

スーツ男　「ママは両方やってたんですが、一長一短と言ってました。両方ともいい練習方法なんですよ。でも、交流、つまりセリフのキャッチボールや読解力、舞台演技はスタニスラフスキー・システムが向いていて、感情をつくったり、キャラクターに変身したり、映像演技はメソッド演技の方が向いていると言っていました」

男　「舞台と映像の演技って何が違うんですか？」

スーツ男　「舞台はライブなので失敗できませんが、映像は失敗しても一度すごく良いのができればいいんですね。つまり、スタニスラフスキー・システムは成功率がよく、メソッド演技は爆発力があるんです」

男　「はー、そんなこと考えたこともなかったです。舞台は大きく表現するんだと思いました」

スーツ男　「それは大した問題ではないですね。……日本ではスタニスラフスキー・システムもメソッド演技も同じだと思われているんですが、まったく違うんです。違うんですけど、両方とも緊張をとることにすごく重点を置いているんですよ」

男「緊張は俳優の職業病だからですね」

スーツ男「はい。他のジャンルでも緊張はないほうが良いんですが、心を扱う俳優にはすごく悪影響があるんです。だから、まず緊張。**緊張してたら何も感じない、感じないと感情も起きない。だから緊張をとらずに演技の練習をやっても意味がない**んです」

男「なるほど。論理的ですね」

スーツ男「そう、論理的なんですよ」

論理で感性を伸ばす

男「でも演技って感性でやるんですよね。論理的だとおかしくなりませんか?」

スーツ男「それもよく勘違いされるんですが、**論理で準備して、感性で実行するんですよ**。スポーツに例えれば分かりやすいんですが、試合で必要なのは、相手との駆け引き、作戦や判断力などの感性ですよね。でも、練習ではどうやったら筋肉がつくか、スピードが出るか。技術向上のためにビデオ分析っていうふうに論理的に準備しますよね。演技も同

◉スタニスラフスキー・システムとメソッド演技の比較

スタニスラフスキー・システム	•セリフのキャッチボール •読解力	舞台向き	成功率
メソッド演技	•キャラクター •感情解放	映像向き	爆発力

じなんですよ。**どういう練習をどの順番で何に気をつけてやればいいかを論理的に準備をし、本番では感性でやる**んです」

男　「なるほど」

スーツ男　『演技は感性だ。論理で演じたら個性がなくなる』って言う俳優がいますが、準備と本番が混乱してて、論理と感性がごちゃ混ぜになっているんです。スタニスラフスキー・システムはどうやったら感性で演技ができるかを論理的に研究された練習方法であり、演技法なんです」

男　「なるほど」

スーツ男　「**論理で感性を伸ばす**んです」

男　「……それって演技やスポーツ以外のことにも当てはまりますよね」

スーツ男　「そうでしょうね」

男　「なんとなく分かってたような気もするんですが、あらためて言われてみたらそうですよね」

スーツ男　「それ落とし穴なんです。**なんとなく分かってることを意識して分からないと使えない**って、ママがよく言ってました」

男　「確かに、なんとなくじゃ使えないですね」

スーツ男　「問題を出してみますね？　プライドは持った方がいいか、持たない方がいいか？」

男　「そりゃ持った方がいいですよね。……でも、プライドが邪魔する時もあるな～。……状況によるな～。……どっちですか？」

スーツ男　「**大きなプライドのために小さなプライドは捨てる**だと思います」

男　「あ～、なるほど、確かにそうですね。大きいのと小さいのに分けて考えるのか」

スーツ男　「よく練習で怒られて反発する人がいますが、本番という大きな舞台でいい演技をするためには、練習っていう小さい場所で意地を張っても仕方ないんですね」

男　「確かにそうですね」

スーツ男　「そうやって考えたら、どうするべきか分かるんです。これすごく大事なんですが、どのジャンルでも少なくとも『二段階』で考えるんですよ。ママに何度も言われているのに、つい一段階で考えちゃうんですよね」

男　「二段階？」

スーツ男　「さっきの『論理で準備、感性で実行』も二段階ですね。もっと細かく言うと、準備の初期の段階と仕上げの段階では別の考え方にするとか、要素を分解して、その要素ごとも二段階になってて、二段階、二段階って重なっているんです」

男　「えっえっえっ？　どういうことですか？」

スーツ男　「例えば役づくりって、すぐにキャラクターにならないで自分自身からつくっていくんです。自分自身が感情を出せない段階で、別人になって感情を出せることはないんですね。まず、自分自身で感情を出せるようになってから、キャラクターの要素を入れていくんです」

男　「うーん、二段階ですね」

スーツ男　「そのキャラクターも、外面と内面という要素があります」

男　「また二段階ですね」

スーツ男　「その外面をつくる時も、動きとテンポという要素に分けられるんですね」

男　「複雑ですね」

スーツ男　「ちなみにコメディーはもっと複雑ですよ。先ほど言ったキャラクターの要素を入れ、そのあとにコメディーの要素を足していくんです。最初から笑いを意識した演技をすると薄っぺらで、スベるんです」

男　「いきなり笑いを入れるわけじゃないんですね。確かに二段階、二段階、二段階……、複雑だな〜」

スーツ男　「複雑になってでも**『広く準備して仕上げはシンプルに研ぎ澄ます』**の二段階なんです」

男　「僕は、シンプル・イズ・ベストと思ってました」

スーツ男　「場合によりますが、大体の場合は、**『シンプル・イズ・ベスト』のように、世の中で出回っている言葉って、過程のことでなく結果のことを言っているのが多い**と思いますね」

男　「結果ですか」

スーツ男　「スタートやプロセスを飛ばしているってことなんです。プロセスが大事って分かっていても、そういう結果を言っている言葉の影響で気付かないで飛ばしてしまうんです」

男　「一段階になってるってことですか。う〜ん、なるほど……」

ジブリッシュ（めちゃくちゃ言葉）で理性を緩《ゆる》める

スーツ男　「……え〜と、緊張の話の途中でしたっけ？」

男　「はい」

スーツ男　「スタニスラフスキー・システムやメソッド演技はすごく効果的なんですが、効果の現れにくいタイプがいるんです。理由はいろいろですが、一番多いのは理性的過ぎるからなんです」

男「あーそうですよね。僕もそうなんです。何をやっても理性的になっちゃうんですよ。んっ、理性的だから緊張するのかな？　理性と緊張って関係ありますか？」

スーツ男「すごくありますね。理性って間違わないためで、それで慎重になる。**適度の慎重はいいんですが、過度の慎重って緊張なんです。**楽しい時って、理性的でもないし、緊張もしてないですよね？」

男「そうですね。……楽しくなると理性的でないから緊張もしないんだ」

スーツ男「はい、だからジブリッシュなんです。つまり、**むちゃくちゃ言葉で楽しくして、理性を緩めて、緊張をとり、脳や心を解放させて、練習を効果的にする**んです」

男「う～ん、二段階どころではない誘導ですね」

スーツ男「ジブリッシュは応用編もたくさんあって、役づくりや感情解放にも効果的なんですが、俳優というか、その人の『性質』を変えてくれるんです」

男「えっえっ、性質！　性質ですか？」

スーツ男「はい。俳優にとって一番大事な要素ってなんだと思います？」

男「えっ、今までは表現力と思ってたんですが。やっぱり感情豊かなことですか？」

スーツ男「表現力も感情豊かなことも大事なんですが、どんな時うれしいですか？」

男「試験に合格したとか、告白してうまくいった時とか」

スーツ男「そうですよね。現実では起きたことを疑わず信じますよね。信じているからうれしくなる」

男「もちろんです」

スーツ男「演技も台本に書いてある出来事を信じられないと自然と感情は起きないんです。現実では感情を無理やりつくることはしないので、演技で感情を無理やりつくるとニセモノになります。だから、

俳優に一番大事な要素って、感情を無理やりつくらなくていいように『信じる力』なんです」

男　「信じる力？　そんな言葉聞いたこともないです」

スーツ男　「つまり、**理性がとれると信じやすくなり、心も脳も柔軟な『性質』にしてくれるんです」**

男　「う〜ん……」

スーツ男　「で、想像力なんですが、台本にはすべてが書かれているわけではないんです。その人物の細かい感情や、何を考えているかや、相手役との心の距離感とか。それらを想像して、もともと台本に書いてあったものも含めて信じられないと、表面的な演技になってしまうんです」

男　「う〜ん、なるほど。じゃ、『想像力』と『信じる力』はセットってことですね」

スーツ男　「するどい！　つまり想像したものを信じて『自分ごと』にするんです」

男　「自分ごとですか」

スーツ男　「はい、他人事ではなく当事者になるんです。でも、信じようとしても理性が邪魔して信じられないんですよ」

男　「なるほど」

スーツ男　「理性ってちゃんとしていることですよね。その反対ってある意味、錯覚ですよね。虚構の世界の台本を信じるって錯覚なんですよ」

男　「錯覚ですか……」

スーツ男　「錯覚って言葉の響きが悪いですが、想像の世界の入り口なんです。でも理性が錯覚しないようにブレーキをかけていて、これを強引に信じ込もうとするのは無理強いです。脳は無理強いするとびっくりして休止状態になるんです。ではどうするか？　ここでも『誘導』なんです」

男　「誘導？　感情も緊張も誘導でしたよね？」

スーツ男　「そうです。感情、緊張、信じる力、想像力といった内的なものはみんな誘導するんです。脳をだますように、びっくりさせないように、信じやすくなるように、誘導。無理強いはしない」

男　「あ、無理強いだからママが、自分流の自己暗示は効かないって言ってたんだ」

スーツ男　「そうでしょうね。ただ、さっき言ったように理性を緩めないと誘導できないんです。想像力が働いている時って、理性的過ぎない状態なんですね。だから、想像力が働くことより、理性的過ぎない状態ということの方が重要なんです。そのうちジブリッシュをしていなくても、普段から理性的過ぎないタイプになります」

男　「えっえっえっ、つまりジブリッシュをやり続けると普段から緊張していない状態でいられるようになるんですか？」

スーツ男　「まあ、そうですね。でも、急に変わるとか天才レベルになるとかは思わないでくださいよ。今よりはなりますけど」

男　「あ、そうですか……。でもなりたい。なりたい。教えてください。頑張ります」

スーツ男　「ちょっと、やってみますか。設定、目的、感情、キャラクター、何もなしで子どもが遊んでるみたいにやってみてください」

男、ジブリッシュをやる。抑揚なく単調で、口もあまり動いていない。

男　「わーぅえわーあー、わーぁーぅぇわーぅいゎー、あーぅいわー、ぅーわーぃわー」

スーツ男「……」
男「どうですか？」
スーツ男「そうですね～。……もう少し口を動かしてみたらどうですか」
男「口ですか。……（単調に）あーわーうぃわーえーわー。ほんとだ、話しやすいし面白いですね。他は？」
スーツ男「う～ん。今のだと、音を発しているだけなので、もう少し滑舌《かつぜつ》を使って『あー』や『わー』以外のいろんな音を使ってみたらどうですか」
男「（やはり単調に）いりあっけんわいーんりけあり。……あー面白い！　自由になれる気がしますね」
スーツ男「……」
男「他に直したらいいとこありますか？」
スーツ男「……もっと自由になりたいですか？」
男「それは、もちろん」
スーツ男「（考える）……この先はママに教わってみたらどうでしょう？」
男「ママですか。……追い出されたんですが、また店に行っても大丈夫と思いますか？」
スーツ男「それは大丈夫ですよ。……あの相談なんですが、ママが演劇を辞めた理由は、教えるのが下手で、自己嫌悪になったからだと思うんですよ。私が陰でサポートするので、あなたがママから教わって上達して、ママに教えるのがうまくなったと思わせていただけないでしょうか？」
男「それで、ママに教えることに自信を持ってもらって、演劇界に復帰させようと？」
スーツ男「はい。申し訳ありません。飲み代はお支払いしますので」
男「俳優をやるつもりはない僕がやってメリットはありますか？　……ありますよね、『性質』が変わるんですもんね」

スーツ男「はい。緊張をとる、楽しみやすくなる、柔軟な発想、二段階の話、努力の方法とか、全部が日常生活に役に立つと思います」

男「やります！　飲み代も自分で払います。自分のことなんで」

スーツ男「ありがとうございます。で、私のことや女優って知っていることは内緒でお願いします」

男「はい、もちろん。でも、本当に大丈夫かな？」

スーツ男「ママは、見込みがあると一度突き放してやる気があるか確かめるんですよ」

男「僕に見込みですか？」

スーツ男「見込みがあるはず、な、ん、で、す、が……」

男「……」

スーツ男「……」

男「……」

スーツ男「……」

男「……ま、見込みがあったとして、どんな顔していけばいいですか？」

スーツ男「大丈夫ですよ。『ママ、キレイだね』って言えば」

男「それだけで？」

スーツ男「はい、それだけで」

男「……美人女優なんですよね？」

スーツ男「美人女優です」

男　「……天才女優なんですよね？」
スーツ男　「伝説の天才美人女優です」

開拓する勇気と工夫が成長につながる

○スナック・とらのあな店内
翌日。男がママに謝っている。帰ってから練習したと伝える。

男　「ママ、見れば見るほどキレイですね」
ママ　「見たまんまや～ん」
男　「いや、ホントに。最初見たときに思ってたんですけど、恥ずかしくて言えなかったんです」
ママ　「内緒やで。私、女優やっててん」
男　「（急に言われて本当にびっくりする）えっ、えっ～！……ホ、ホントですか？」
ママ　「ホンマ、ホンマ。今はやってないけど、元女優」
男　「なぜ女優だったことを言わなかったんですか？」
ママ　「会ってすぐに生い立ちを言うって、はしたないやん。それに女優なんて言うたら『やっぱり！だからキレイなんだね』って言われるやん。『こんなキレイなママを前にしてプレゼントも持ってきてないなんて俺は何してるんだ。ママ、つまみを全部持ってきて』って。それ、なんか悪いやん」
男　「全部？　あ、あ、あ～、じゃ、とりあえず枝豆と冷奴もらえますか？」

ママ　「イヤ〜ン！」
男　「あの〜、これから『緊張をとる方法』を教えていただきたいんですが……」
ママ　「ええよ。大船に乗った気でおったらええで。タイタニック号や」
男　「（あれ沈没したんだけど）……」
ママ　「それで緊張だけをとりたいん？　マジメもとりたいん？　プレゼンがうまくなりたいん？」
男　「どう違うんですか？」
ママ　「**緊張は肉体的と精神的なもの。マジメは考え方。プレゼンは話術とか表現**やん。もともとプレゼンはうまいけど、緊張でうまくいってないんやったら緊張をとるだけでええんちゃう？」
男　「そうか。……じゃ、全部です」
ママ　「つまり緊張してなくてもプレゼンはうまくないってことやな」
男　「……」
ママ　「そんな落ち込んでも始まれへんで。じゃ、ジブリッシュやってみ」
男　「……はい。……え〜、いきますよ。（抑揚なく単調に）『あちょくらでぎんべぽきじぇせかぐりゅりんはどく』」
ママ　「それ、やってて面白い？」
男　「はい」
ママ　「昨日もそんな感じやったん」
男　「はい。キープできてると思います」
ママ　「そのレベルをキープしてどうするん。もうちょっと外国語みたいに抑揚、間、テンポを入れてみ。

男　この前、『緊張してる緊張してる』が硬いって言うたやろ。それみたいやで。自分では楽しいやろうけど、もっと楽しくなるように工夫せな。**貪欲に進めやで**」

ママ　「あ、はい」

男　「それやと、ぅ〜ん、そやな……彼女のおっぱい触って『気持ちいいわ〜っ』て思って終わるみたいなもんやん。その先があるやろ」

ママ　「先？」

男　「そう、おっぱいの先」

ママ　「乳首ですか？」

男　「アホか！　物体違う、時間の先や。エッチや！　エッチ！　エッチせんとおっぱいで終わってどうするん？　怒られるで！　おっぱいは途中やで。あんたのジブリッシュも途中やん。途中をキープしてどうするん？　少しできたことで満足してどうするん？」

ママ　「確かにそうです。でも、完成形が分からないから、先があるなんて思わなかったんです」

男　「完成形なんてないで。完成形があると思うから、少しできたレベルを完成形と思ってキープしようって、工夫せえへんようになんねん。『この先に何があるか分からん、もしかしたら何もないかもしれへん、けど、あるかもしれへんからやってみよう』って気持ちがあるから文明は発達してんで。誰かのやったハムレットが完成形やと思ったら誰もせえへんようになるやん。そしたら500年もシェークスピアをやり続けられてへんで。『開拓する勇気と工夫』やで」

ママ　「そうですね」

男　「あんたの今座ってる椅子もそうやで。未来には、隠すとこは隠してる便器付き椅子に開発されてるかもしれへんし。……うわぁ、いま適当に言うただけやのに、めっちゃいいアイデアやん。これあんたにあげるわ。会社で発表し」

男　「いやー……それはー……」

ママ　「私、トイレに行くのが面倒くさかってん」

男　「前衛的過ぎませんか……」

ママ　「……（なぜかうれしそう）前衛的過ぎた〜？」

男　「アバンギャルド過ぎます」

ママ　「なにそれ？」

男　「前衛芸術って意味です」

ママ　「（もっとうれしそう）アバンギャルド過ぎた〜？」

男　「……」

僕は思った。昨日、スーツさんに聞いたとおり機嫌がよくなって安心したが、それにしても、謙虚さを微塵《みじん》も感じない。本当にこのママに付いて行っていいのだろうか？『アバンギャルド』の何がうれしいんだ？　タイタニック号もどういう意味で言ったんだろう？　このまま僕が沈没しても「そやからタイタニック号って言うたや〜ん」って言い訳に使うつもりかもしれない。このママならやりかねない。ウ〜ン……。

ママ　「なにアホみたいな顔してるん。やるで、ほら口閉じて！」

男　「あ、はい」

男、ジブリッシュを続ける。

ママ　「そうそう。ま、喉も渇くやろうから少し飲み（男の水割りのグラスを渡す）」

男　「いえ、大丈夫です」

ママ　「ちゃうねん。飲んでもらわな商売になれへんやん」

男　「あ、そうか。すみません（いっきに飲み干す）」

ママ　「そう！　そういうのを待っててん」

男　「で、どうですか？　良くなってますか？」

ママ　「うん、ちょっとはな。次はわざとしわがれ声にしたり、大きく抑揚つけたりしてみ」

男　「わざとですか？」

ママ　「そう、わざと」

男　「……」

ママ　「どうせ、わざとは嫌なんやろ？　自然に話し方が変わる以外はアカンって思ってるねんやろ」

男　「……なんとなく」

ママ　「ええから、やってみ」

外面から内面に影響させる「誘導」

男、さっきとは違う声や抑揚でやる。

ママ「どう?」

男「……面白いです」

ママ「そうやろ。『誘導』や」

男「(あっ誘導。聞いてたやつだ)……」

ママ「『**身体的行動**』っていうて、**心より先に行動して、心に影響させる方法**やねん」

男「……ちょっと待ってください。日常生活では心が先にあって行動や話し方になりますよね。それを先に行動して心に影響をさせるんですか?」

ママ「そう。心って直接は操作できひんねん。できひんねんから心からつくるなんてできひんやん」

男「はぁ」

ママ「中途半端にマジメな俳優は『自然な演技』にこだわって、役づくりの準備でも気持ちを自然につくろうとするねん。本番で自然な演技はええねんで。けど、準備は別や。準備と本番は考え方を変えなアカンねん」

男「(スーツさんが言ってたやつだ)……はい」

ママ「役づくりで最初に感情をつくる方法もあるねんけど、効果は薄いし、頭でっかちで終わってることが多い。そりゃそうやろ、心は操作できひんねんから。最初に感情がないとアカンって思ってる

男　俳優には、この『誘導』が理解できひんねん」

ママ　「誘導って理解できないくらい難しい方法なんですか？」

男　「ジブリッシュで少し楽しくなる誘導は簡単やけど、感情をつくったり、緊張をとる誘導はちょっと難しいな。難しいと言うより、マジメな人には理解しづらい方法やな。けど誘導させられたら自分を操縦するのがメッチャ楽になるねん。**内面から外面に影響させるのは自然やな。外面から内面に影響させる方法が誘導や**」

ママ　「外面から内面に影響ですか？」

男　「日常でもやってるねんで。**落ち込んで下向いて歩いてる時に、鼻歌まじりに上向いて歩いたら少し気持ちが楽になる**こともあるやろ」

ママ　「そうですね」

男　「それと一緒やで。私らの演技法は、内面からつくる場合が多いねんけど、外面から内面に影響させる方法もあって、両方で役をつくっていくねん」

僕は思った。スーツさんは内面からつくる方法しか言ってなかった。まず初級編を教えてくれたからだろう。うーん、「誘導」がいっぱい出てきて分からなくなってきたな……。スーツさんの言ってたのは、**脳を楽しませるためにジブリッシュで誘導する。**今、ママの教えてくれたのは、**そのジ**

◉緊張をジブリッシュで楽しい状態に誘導する

緊張（直接とれない）

↓ ジブリッシュをする

楽しくする

↓ 声を変えてジブリッシュをする

より楽しくする

ブリッシュをより楽しませるために、わざと声を変えて誘導する。んっ？　誘導の誘導か？　あっ、スーツさんが言ってた二段階二段階になってるやつか？　あの時は複雑に思えたがこういうことなのか？「なんとなく分かってることを意識して分からないと使えない」とも言ってたな。今こうして自分なりに納得できてるのは意識して分かってきたことなのだろうか？　少なくとも論理的に考えている自分は成長しているように思えるのだが。

ママ「ほら、口閉じて！　次は家で家事しながらジブリッシュやってみ」

男「家事ですか？」

ママ「さっきも言うたように、**感情とか緊張とかインスピレーションっていう、心のものは直接は操作できひん。**ジブリッシュやりながら、ジブリッシュの成果を意識してたら心が身構えて感じひんようになるやん。ジブリッシュやろ。成長過程では**『見つめる鍋は煮えない』**って考えがあるねん。鍋を見てたらフタを開けてしまうやろ。開けたら煮えへんやん。カップ麺ずっと見てたら3分待たれへんのと一緒やで。**努力は続けながらも、成果は気にせえへんことが大事**やねん。けど、気にするなって言うても気になるやろ。そやから他のことをするねん」

男「成果は気にしないって、昨日言ってた、緊張した時に気をそらすと同じってことですか？」

ママ「そう、よう覚えてるやん。心って操作できひんねんから意識すればいいってもんじゃないねん」

男「……分かりますが、気をそらすって、集中してなくて不謹慎って思っちゃうんですよね」

ママ「世の中の『集中』って勘違いされてんねん。聞きたいやろ？」

男「はい、聞きたいです」

ママ　「その前に緊張の話をしてからやな。いきなり集中の話しても分からんやろうから」
男　「お願いします」
ママ　「今日はここまで」
男　「えっ、もう？　なぜですか？」
ママ　「あんたが深酒やって仕事休んでもうたらアカンやん」
男　「そんな心配を。ありがとうございます。優しいですね」
ママ　「飲み代を稼いできてもらわなアカンやん♪」
男　「……」

自己評価の勘違いで謙虚さがなくなる

○喫茶店内
数日後。男とスーツ男が話をしている。

スーツ男　「えっ、女優だったのをばらしたんですか？　どういうつもりなんだろ？」
男　「他の人にはばらしてないんですか？」
スーツ男　「はい。演技のことは忘れたいみたいで。やっぱり何かを見込んでいるんでしょうね……」
男　「……」
スーツ男　「で、開拓する勇気と工夫ですか？　そのことも言ってましたね。……じゃ、他に気をつけることを教えておきます。ママがよく言っていた言葉。**『謙虚じゃないと伸び続けない』**って」

男　「謙虚ですか。まぁそうですよね」

スーツ男　「でも具体的にしないと気付かないいんですよ」

男　「具体的にですか？」

スーツ男　「はい。**全体の平均が50点だとして、60点になると90点と勘違いして謙虚さをなくしてしまう**と。人の話を聞かなくなり、努力を怠り、どんぐりの背比べの世界に入って終わるって言ってました」

男　「60点で？　で、100点じゃなくて90点ですか？」

スーツ男　「はい。**謙虚さがなくなる理由は、自己評価の勘違い**からなんです。全体の中の今の自分の評価ってことですよね。全体っていうのは二つあって、一つは他人と比べることですね。人と比べるのは良くないことなんですけど、ついやっちゃいますよね」

男　「そうですね」

スーツ男　「どうせ比べてしまうなら、せめて全体を把握してからにしろって言ってました。自分の周りの小さな世界だけを見て、60点なのにそれ以上と勘違いする。でも、**さすがに100点は気が引けるから90点で、マイナス10点にしてるから自分は謙虚だと思ってしまってるって**」

男　「なるほど」

スーツ男　「で、このタイプが一番多いから、謙虚さだけで『どんぐり世界』から抜け出せるって」

男　「謙虚さだけでってことはないでしょうけど……」

スーツ男　「いや、謙虚さだけで『どんぐり世界』くらいなら楽勝です」

男　「謙虚さですか」

スーツ男　「はい。今言ったのは、目に見える他との比較になるんですけど、もう一つは、目に見えないもので、**自分の中での完成度**ということです。例えば演技でいうと感情。**役の感情が60パーセントしかできてないのに100パーセントの完成形と勘違いして満足するな**ってことです」

男　「あ～、言ってました。途中で満足するな、先に行けって」

スーツ男　「……どういうふうに言ってました？」

男　「えっ、あの～、……おっぱいの先」

スーツ男　「やっぱり。……便器付きの椅子は？」

男　「言ってました」

スーツ男　「やっぱり。何が好きなんだろう、あれの？　気にいってるんですよね～。今思いついたみたいな言い方だったでしょ？」

男　「そうですね」

スーツ男　「両方とも、20年前から何度も言ってて、ネタなんですよ。で、誰に言ったか忘れているから、いつも今思いついたみたいな言い方するんですよ。こっちもそれに合わせて、初めて聞いたみたいにしないといけないんですよ」

男　「なぜ、今思いついたみたいに言うんですか？」

スーツ男　「たぶん、ひらめきのある人間と思われたいんでしょうね」

男　「……」

スーツ男　「……」

男　「天才女優なんですよね？」

スーツ男　「天才女優です」

男　「……」

スーツ男　「……」

男　「……。でもいま自分が60パーセントって気付けるのも、謙虚でいられるってこと自体も才能ですよね」

スーツ男　「はい、でもそれは訓練で身に付けることもできます」

男　「ふーん。……全体の中の自分の位置と、自分の中の完成度か」

スーツ男　「**謙虚なら自分を見失わない。見失ってない人が正しい訓練をすれば伸びるって**」

男　「正しい訓練って？」

スーツ男　「それはママしか分からないです」

男　「それをこれから教えてもらいに行けばいいんですね」

スーツ男　「はい。よろしくお願いします」

第二話◎不安をとる

子どもは「無欲」だから楽しめる

○スナック・とらのあな店内

男、店の掃除を手伝いながらジブリッシュをしている。

男　「面白いですね〜、これ。動きながらやると確かに頭でっかちになりにくいですね」

ママ　「そうやろ」

男　「子どもがやってるの見たことありますけど、楽しそうでした」

ママ　「なんで子どもは楽しいか分かる？」

男　「童心ですか？」

ママ　「あんた、『童心』って言葉好きやな〜。前も言うてたな？　どういう意味？　子ども心ってのは分かるで。じゃ、子ども心ってどういう意味？」

男　「……う〜ん、ちょっと分からないです」

ママ　「分からん言葉使ってたら信用失うで」

男　「……はい。でも日本語の全部を理解するなんて無理ですよ」

ママ　「そうや。頭が良くなれって言うてるのと違うねん。私も間違って使ってることはある。けど自分なりに、こういう意味かな〜って思って使ってる。けど、あんたのは言葉に責任感がないねん」

男　「はぁ」

ママ　「セリフでも同じやで。意味を理解してなかったら気持ちもつくりようがない。そんなセリフに説得力あると思う？　ないやろ。今のあんたはそれやで。これも緊張をとる方法の一つやで。**緊張の原因の一つに不安がある。じゃ、不安をとればいいねん。自分が納得するまで準備することや。準備の中には言葉を理解しておくもあるやろ**」

男　「そうですね」

ママ　「……で、なんで子どもは楽しいか？　無邪気やからやねん。無邪気って『邪』の気持ちがないことやん。欲張ってないってことでもあるやん。欲張ってないってことは、練習やって成果を求めてないことやん。ただ、楽しいかどうかってことだけやから『無欲』やねん。**練習も成果を求めてやったらアカン**ねん」

男　「成果を求めてない？　でも成果のためにやるんですよね」

ママ　「成果を求めて練習内容を選ぶのはええねん。けど、やり出してから求めるのはアウトやねん」

男　「なぜアウトなんですか？」

ママ　「子どもが仮面ライダーごっこやってる途中に『今メッチャ、リアリティきた！』って、成果のことは気にせえへんやろ」

男　「そうですね」

ママ　「**成果に意識がいったら冷めてまう**ねん。想像の感覚から現実の感覚に戻って、仮面ライダー気分が消えてまうねん」

男　「なるほど」

ママ　「けど感じてるねんで。感じてるねんけど、感じてるとか気にせんと、敵を倒せるライダーキックはどうしたらええかだけに意識が行ってるから感じるねん」

男　「うーん」

ママ　「演技も同じで、俳優が役づくりする時に、感情とかリアリティーができてるかって心を確認しながらやるとできひんねん。心を確認しようとしたら意識が止まってまうやん。余韻で一瞬は感じるねんけど、すぐ消えてまう。そやから、『できてるかな?』って心を確認しながらでは役の気持ちをつくることはできひんねん」

男　「じゃ、どうするんですか?」

ママ　「**成果じゃなく、『今、何をやるべきか』って、意識を今より少し先に持っていく**ねん。それが、敵を倒すライダーキックはどうしたらええかって考えてることやねん。感情をつくるって確認しながらやるんと違うて、ふと気付いたら感情ができてるってやらなアカンねん」

男　「う〜ん」

ママ　「成長過程っていう大きなくくりでも、一つ一つの練習でも『見つめる鍋は煮えない』やねん」

男　「気にしないってことか……」

緊張の種類と原因

ママ「では、今日からちゃんと授業始めるで。最初に言うとくで、ええか」
男「えっ、なんですか?」
ママ「ええか?」
男「は、はい」
ママ「ジャーン。**緊張はする! 誰でもする!**」
男「え〜! でも、してない人いますよね。芸能人とかテレビで見てると全然してないですよ」
ママ「してない人もおるし、してない時もある。その理由は、『慣れ』か『自信』やねん」
男「慣れ? 自信? プレゼンに慣れたり自信がついたりする前にクビになっちゃいますよ」
ママ「最後まで聞きや〜。まだスゴイのあるで〜。ジャーン。**緊張はすぐに全部はとれませ〜ん!**」
男「さいあく〜」
ママ「もう一ついくで〜。落ち込むで〜!」
男「え〜!」
ママ「一生続きます〜」
男「超さいあく〜」
ママ「もう一丁! **緊張をとる絶対的な方法もありませ〜ん!**」
男「……」
ママ「ガッカリやろ! 死にたい? 手伝ったろか? これが緊張に対しての現状やで。『すぐ、簡単に、

男　絶対とれる』なんて安いダイエットの広告みたいな嘘は言えへん。どう、緊張とるの諦める？」
ママ　「楽勝って言ったじゃないですか？」
男　「今言うたんはホンマや。けど楽勝言うのもホンマや」
ママ　「……」
男　「あんた理数系やったな。算数以外で絶対の答えなんかほとんどないで！　答えも一つ違うのがほとんどやで。理数系の人は答えは必ずある、答えは一つって思いがちやねん。思考回路を変えな柔軟性がなくなるで」
ママ　「……」
男　「ちょっとは時間かからなとれた時のありがたみがないやろ」
ママ　「とれるって……。一生続くんですよね」
男　「歳をとったらあまりせえへんみたいやけど、社会人やってる年齢やったら、絶対に緊張せえへんってことはない。……実は、私な……天才女優って言われててん」
ママ　「（しらじらしく）えっ～スゴイ。天才ですか！」
男　「正確に言うと、天才美人女優」
ママ　「は～」
男　「もっと正確に言うと浪速の天才美人女優や」
ママ　「（スケールダウンしてるような……）は～」
男　「その天才女優でも緊張する時もある。けど、とり方が分かったら、なんとかなるねん。緊張したらとって、緊張したらとってを繰り返して、緊張しにくくなっていくねん。とれたら想像以上の効果やで。緊張だけの問題ちゃうで。才能パッコーンやで。さ〜、どうする？　どうする？」
ママ　「え〜」
男　「ボトルキープが授業開始の合図としま〜す」
ママ　「この前入れたじゃないですか？」
男　「一本をいつまでチンタラ飲んでんの？　一日一本の気合いでいかな！　ここに緊張をとる虎の巻がありま〜す。ボトルキープで進呈しま〜す（プリントをヒラヒラさせる）」
ママ　「虎の巻？　作ってくれたんですか？　分かりましたよ、入れますよ」
男　「イッヤ〜ン！」

ママ、男にプリント（60ページ）を渡す。

ママ　「あれ、右端の塗りつぶしてあるのはなんですか？」
男　「あー、つい書いてしまったけど、今のあんたは見んほうがええと思って塗りつぶした。そのうちに言うわ」
ママ　「あー、そうですか。……は〜、思ったより原因と影響ってあるんですね」
男　「そうやな。けど原因が一つ解消されたらいろんなのが連動して変わって、才能パッコーンやで」
ママ　「そうなんでしょうけど……。気が遠くなりそうですね」
男　「**根本の原因は少し**やから、思ってるほどではないよ」
ママ　「はい。ママがこんなプリントまで作ってくれたんですから頑張ります」

ママ「これ作った理由な、メモなんかとられて、飲むスピード落ちたら困るからやで」

男「……」

ママ「ここには書いてないけど、緊張して良い点もあるんやで」

男「良い点ですか？　緊張に？」

ママ「そう。緊張してる人って良い人に見えたりするやん」

男「あー、そうかも」

ママ「それに誰でも緊張ってしたことあるから、緊張してるだけで嫌われることってないねん」

男「そうだったら気が楽です」

ママ「……**緊張する理由って、嫌われたくないっていうのが大きい**やん？」

男「そうですね」

ママ「それについての演劇的観点から二つの話をしたる」

男「演劇的観点ですか！　お願いします」

ママ「一つ目。……俳優は役のことを好きにならな、役のことが理解できひんねんな」

男「はい。なるほど」

ママ「そやから、役づくりで100パーセント好きになろうとするのから始めてまうねん」

男「ダメなんですか？」

ママ「100パーセントから始めても、そのうち嫌いなとこも見えてきて減点されてまうやん」

男「なるほど」

ママ「それに、いきなり100パーセント好きになるって無理強いやん。それを100パーセントじゃなく、0パー

緊張の種類

瞬間的緊張

- 人前に出た時。失敗できない時
- 短時間である程度はとれるが すぐに戻る
- 潜在能力とはあまり関係ない

慢性的緊張

- 性格的な原因が強い
- 時間はかかるがとれると 緊張しにくくなる
- 潜在能力と関係が深い

悪影響

- 硬くなる
- 表情、話し方が硬く、かむ
- 暗い、怖い、堅物の空気になる
- 頭が真っ白
- 頭でっかち
- 何も感じない
- 感情が出せない
- 楽しめない
- エネルギーの低下
- 勇気がなくチャレンジできない
- 弱気になる。逆に強がる。
- 素直になれない
- 躊躇する
- 身構える
- 慎重になり過ぎる
- 実力を発揮できない
- 感性が鈍る
- 潜在能力を発揮できない
- 想像力がない
- 成長しづらい

緊張をとる練習方法

◉肉体的アプローチ
ワーッ、強い呼吸、
グッ・パー、肩ストン

◉楽しみやすくなる:ジブリッシュ
◉不安をとる:努力、準備の仕方
◉躊躇をとる
◉数をこなして慣れる
◉考え方を変える心理的アプローチ
- 二段階思考
- [illegible]

◉集中力の使い方
◉リラクゼーション
◉感情解放

緊張の原因

自信のなさ

◉能力の評価
- 失敗への恐怖
- 成功へのプレッシャー
- 目標が大きい
- 背伸び
- プライドを失う恐怖
- 自分の実力を知る恐怖
- 弱みを見せたくない
- バカにされたくない

◉人間性の評価
- まじめ
- 嫌われたくない
- 常識、良識、ルールを守りたい
- 理想の人間になりたい
- 気配り過ぎ
- 甘えられない
- 心を見透かされていると思う
- 警戒心、だまされたくない
- 自意識過剰
- 他人の目が気になる

◉誤解されたくない
- 嘘をついている
- 媚びている
- マネしている

◉慣れ
- 慣れない場所、作業、人
- 自分の知識、体験を超えたもの
- 自分が変わることへの恐怖
- 自分を見失いそうな恐怖

セントから始めるねん」

男「えっ！」

ママ「で、最終的に役の好き度が50パーセントになったとしよ。……同じ50パーセントでも、100パーセントから減点されてより、0パーセントから加点されての50パーセントの方が好きが強いねん」

男「へ〜、そうなんだ」

ママ「みんな、好きになろうとして100パーセントから始めるのが当然と思ってるけど、『好きになるのはゼロスタートの加点法』やで。こういうのがさっきのプリントの塗りつぶしの上に書いた『考え方を変える心理的アプローチ』の『**二段階思考**』やで。**二段階で考えたら、物ごとがスッキリして、余計な葛藤が減る。葛藤が減るということは緊張も減る**ということやで」

男「（スーッさんの言ってた二段階だ）なるほど。二段階で考えるとスッキリしますね」

ママ「で、これは役づくりだけじゃなく人間関係にも言えるねんで」

男「はい」

ママ「そやから、仕事で初対面の人にいい印象を持たれへんかっても、そのうち加点されて『思ってたよりいい人やん』って思われると思ってみ。気楽やろ」

男「そうですね。……もし、いい印象を持たれたら？」

ママ「それはそれでええやん。その時には、減点される前に契約とっとかなアカンで〜」

男「……」

ママ「つまり、**好かれても嫌われても、なんとかなる。そう思ったら緊張も減る**やろ」

男「まぁ、そうですね」

ママ「あんたは最初から人のことを好きになろうとするやろ。それ無理強いやで。で、結局は本当には好きになれてないやろ。図星やろ」

男「……」

ママ「それを『別に好きではありません』から始めてみ。人のことを好きになれるから」

男「……はい」

ママ「二つ目。……**『あなたが氷のように潔癖で雪のように潔白であろうとも世の悪口はまぬがれまい』**byシェイクスピアや」

男「……」

ママ「どっちみち悪口言われるんやったら、どうでもええやん。そう思ったら気楽やろ」

男「……そうですね」

瞬間的緊張と慢性的緊張

ママ「じゃ、始めるで。まず簡単に緊張の種類（60ページ）を言うで」

男「はい」

ママ「まず、**『瞬間的緊張』**。**これは人前に出た時とか失敗できひん時になる緊張。あんたのプレゼンの緊張をとりたいっていうのはこれやな**」

男「はい、そうですね」

ママ「あと、**『慢性的緊張』**。**人って日常生活でもちょっと緊張してる**ねん。嫌われたくないとか、才能ないと思われたくないとかで、**他人からの評価を気にして予防線張ってるやろ。予防線って慢性的緊張やねん。**これは『マジメ』と関係があるねん」

男　「……はい」

ママ　「**瞬間的緊張は浅い緊張やから、『慣れ』でとれるけど、**慣れるまでにあんたはクビになる」

男　「間違いないです」

ママ　「**練習で瞬間的緊張をある程度とるのは時間はかからへん。方法はこの前やった『ワーッ』とかの『肉体的アプローチ』**やな。けど『肉体的アプローチ』だけやと、浅いからすぐ戻ってしまう」

男　「どうしたらいいんですか？」

ママ　「**慢性的緊張も一緒にとるようにする**ねん」

男　「慢性的緊張と一緒に？」

ママ　「そうや。**慢性的がとれたら瞬間的も戻りにくい**ねん」

男　「そうなんですか？」

ママ　「**慢性的緊張は深い緊張やから時間はかかる。慢性的緊張には俳優特有の練習で『リラクゼーション』『感情解放』とさっきの『考え方を変える心理的アプローチ』**が効果的やねん」

男　「緊張と感情解放って、やっぱり関係あるんですか？」

ママ　「めっちゃある。**緊張をとって心を緩ませて感情解放させる方法が『リラクゼーション』**。感情解放させて心を緩める方法が『感情解放』っていう練習やねん」

男　「感情解放されて心が緩むって普通で言ったら逆ですよね？」

ママ　「そうやな。『リラクゼーション』は、鍵を使って扉を開ける感じ、『感情解放』は、力づくで鍵を壊して扉を開けてしまうって感じかな」

男　「でも感情は直接操作できないんですよね？　操作できないものをどうやって先にやるんですか？」

ママ　「普通の方法ではできひんな。さっき言うた、外面から内面に影響させる『誘導』と同じで特殊な方法やねん。この感情解放の逆からのアプローチが理解できたら手っ取り早いねんけどな〜。ただ訓練されてないと難しい」

男　「やっぱり感情解放は難しいですか？」

ママ　「今のあんたは他のができてからの方がいいから、今回は時間もないし、やめとこ」

男　「なしですか。ちょっと怖かったから安心したけど、少し残念だな」

ママ　「感情解放なんか何も怖がることないで。面白いし、気持ちいいねんから」

男　「面白い？　気持ちいい？　どういうことですか？」

ママ　「出したことのない感情が出てきて、びっくりして面白いねん。号泣した後ってスッキリして気持ちいいやん。そんな感じやな」

男　「僕、号泣したことないんです」

ママ　「えっ、ないの？　したほうがええで。人間、絶対に悲しかったり悔しかったりうれしかったりで号泣の要素持ってんねんから、それ吐き出さな腐るで」

男　「腐るって……」

ママ　「ホンマに腐るんやで。鈍感になったり、自分に素直じゃなくなったり、人にも優しくできひんかったり。ストレスで病気になるで！」

男　「たぶん、子どもの頃に感情を吐き出すのは、はしたないって教育されてきたからだと思います」

ママ　「はしたない？　じゃ、私、はしたない？」
男　「（はい、はしたないです）いえ、そんなことないです」
ママ　「そうやろ」
男　「吐き出したいです！　緊張もとりたいし、マジメもとりたいし、吐き出したいです」
ママ　「大丈夫やて。感情を吐き出すのは、絶対に誰でもできる」
男　「絶対なんですか？　難しいんですよね？」
ママ　「誰もが持ってる本能やから絶対にできる。感情の扉のボタンを見つけて押したらドカーンや」
男　「ドカーンって、感情解放ってことですか？」
ママ　「そうや、見つけるのにちょっと手間どるけど、ボタンを押す勇気が必要なだけや」
男　「……。あの深い緊張がとれるってどんな感じですか？　僕なったことないんです」
ママ　「**普通の人は深い緊張がとれてる状態を体験したことない**と思うわ。今、スポーツの世界で『ゾーン』とか『フロー』って言うてる超集中状態と同じやな。芝居の世界ではロシア語で『**サモチューフストビエ**』、日本語に訳したら『**舞台上における創造的な感覚**』って言うねん」
男　「創造的な感覚。想像つかないな」
ママ　「メッチャ面白いで。現実感がなくなって、なんでもできるような気分で心地いいねん。顕在意識《けんざい》から潜在意識の領域に入ってるから潜在能力パッコーン、インスピレーション、バンバンやで。その入り口くらいやったらジブリッシュでも行けるねん。そやからジブリッシュは大事やねん」
男　「はい！」
ママ　「舞台上の面白い話教えたろか」

男　「はい、お願いします。素人の僕に分かるかな？」
ママ　「私らメールでも『舞台上』って言葉よう使うねんけど、変換したら『豚以上』って出てくるねん。メッチャ面白いやろ！　やばいで、誤解されるやん！」
男　「（なんの話や！）……」
ママ　「『舞台上には輝いてるあなたがいた』が『豚以上には輝いてるあなたがいた』やで。褒めてへん、けなしてるやん！」
男　「……」

緊張はざっくりとって丁寧に整える

男　「**瞬間的緊張は**、『**肉体的アプローチ**』と『**考え方を変える心理的アプローチ**』ですね。『ワーッ』っていうの、あれ効きました」
ママ　「身体を使うと効果的やねん。あんたスポーツやってた？」
男　「はい。マラソンを」
ママ　「マラソンか。ちょうどええ。レース前に緊張はしても、レース始まったら緊張せえへんかったやろ」
男　「確かにレースが始まったら緊張はしませんでした」
ママ　「つまり『**肉体的アプローチ**』**は疲れさせること**やねん。マラソンは走り続けて疲れるし、個人競技で他人任せにできひんから覚悟も決まりやすいねん」
男　「あー、なるほど」

ママ　「これが野球やったら違うねん。守ってる時はあんまり動けへんし、ピンチの時に守ってて、エラーをしたら負けって場面やと、自分のところにボール飛んでくるな、他の人のところに飛べって気持ちになって覚悟ができにくい。動いてないのと逃げ道があるから緊張しやすいねん」

男　「すごい分かります」

ママ　**「瞬間的な浅い緊張は肉体的アプローチでかなりとれるんやけど、これは潜在的なものとはあんまり関係ないから、マジメさをとることはできひんし、才能パッコーンとも関係ないねん。慣れるには恥ずかしい経験をいっぱいしたほうが早いねん。成功せんでもええから意識的に恥ずかしいことをやるねん」**

男　「意識的に恥ずかしいことですか？」

ママ　「そうや。芝居の練習でも、大きい失敗をたくさんやった子の方が成長する。それもチャレンジした前向きな失敗やで。無気力なんはアカンで。**意識的にするってことは覚悟を決めることやん**」

男　「そうですね」

男　「あの、緊張してる時って心拍数が上がるから、それを平常時くらいに押さえたら緊張はほぐれるって聞いたことあるんですけど。疲れるまでやったら心拍数が上がりますよね」

ママ　「逆療法やな」

男　「逆療法？」

ママ　**「緊張の心拍数の範囲があって、興奮状態はそれを超えた心拍数やから緊張を忘れる**ねん」

男　「でも、興奮状態ではいいプレーはできないですよね」

ママ　「そう、演技も興奮してたらできひん。順番があるねん」

男　「順番ですか？」

ママ　「**最初に興奮状態でもいいから大きな緊張をとる。それから興奮度を抑える。**ヤスリがけと一緒やで。ヤスリがけも目の荒いので、ざっくり削ってから細かいので丁寧に整えるやん。『ざっくりやって、丁寧に』。二段階で考えなアカンねん」

男　「『ざっくりやって、丁寧に』ですか」

ママ　「そうやねん。で、**興奮度を抑える時には呼吸法がええねん。**メッチャ緊張してる時に深呼吸やっても、そんなには効けへんやろ」

男　「そうですね」

ママ　「で、ゆっくり大きな呼吸と一緒にやったら効果的な練習があるねん」

男　「なんですか？」

ママ　「『**手上げ呼吸**※』って言うねん。肘を曲げて、両腕を前に出してみ。その腕をゆ～っくりと上下させるねん」

男、やってみる。

ママ　「もっとゆっくりと。できるだけゆっくりのスピードで。呼吸もゆっくり大きく、止めない」

男　「あ～、これ落ち着きますね。ただの深呼吸より落ち着きます」

ママ　「そうやろ。腕と呼吸への意識の配分と、自分に合ったスピードを見つけたらもっと落ち着くで」

男　「はい」

成長は三歩進んで二歩下がる

数日後。とらのあな店内に深刻な顔で男が入ってくる。

男「ジブリッシュ、家でやってたら楽しくなくなってきました。感じないんです」

ママ「きた！」

男「きたって。なんかうれしそうじゃないですか？」

ママ「マンネリやろ。マンネリは誰でも絶対になるし、一生続くで。こういう山を何度も越えて、心の操作のことを分かっていくねん」

男「一生ですか？　せっかく面白くなって成長してきたと思ってたのに後退してしまった」

ママ「すっごい話したるわ。今、あんた、成長したのに後退したって言うたやろ。**成長って『三歩進んで二歩下がる』**これ絶対やねん」

男「三歩進んで二歩下がる？」

ママ「そう。で、**残った一歩が本当の成長**やねん。そやのに、三歩を自分の実力やと思って、二歩下がる時に慌てて自滅していくライバルがいっぱいおってん。私は二歩下がるもんって分かってたから全然慌てんと、こんなもんやって思ってた。三歩はまぐれでできるレベルやねん」

男「でも、小さなミスをほったらかすのはよくないですよね」

ママ「科学の実験とかはそうやろうけど、少なくとも生身の人間がやる演技とか、パフォーマンスの場合は違うねん」

男　「なにが違うんですか？」

ママ　「出来を数値化できひんから、判断は感覚でしかないやん。自分のことは自分が一番分かるって言う人がおるけど、分かる部分もあるだけで、全部分かったら天才やで」

男　「……」

ママ　「演技でも、ちょっと悪くなったのをメッチャ悪くなったって勘違いするのが多いねん。勘違いかもしれへんねんから、気にせえへんのが実は得策やねん。小さい波で後退してるのは気にせえへんでも二歩で終わるから大丈夫や。成長の過程で何回、小さい波があると思う？　そのたんびに慌ててたら自滅するで。確かに大きい波の時には早く気付いた方がいいけど、『あれ、いつもの小さい波よりは大きいな』の時だけでいいんとちゃう？」

男　「でも後退の時って心配になりますよね」

ママ　「三歩進んで二歩下がるを知らんからやねん」

男　「二歩下がるのを指をくわえて、ただ見てるだけなんて違うような気がするんですけど……」

ママ　「三歩進んで二歩下がるが基準値やねん。その基準値はジャンルによって違うで。野球のバッターが、10回のうち8本ヒット打ちました。けど次の10回では4本でした。確率は半分に落ちたけど、慌てるかっていうたら絶対に慌てへん。野球って10回のうち3本、三割打ち続けたら一流って言われるねん。日米合わしても近代野球で四割打った選手はおれへん。全盛期のイチローでも四割打ってないねんから。野球は三割が一流、四割は神、つまり六割以上はアウトになる。これが基準値。けど、ジャンルによっては数値化できひんし基準値知らんやん。そやからアウト二つ三つで慌てて自滅していくねん。私が四割打ったらキャバクラ行きまくるで。モテモテやん。今行かずしていつ行くね

男　んってな」
ママ　「（ママをよく見る）えっ……」
男　「なに？」
ママ　「えっ。……お、男ですか？」
男　「アホか、例えや例え。超おんなやっちゅうねん！　抱いてきたんちゃうで、抱かれてきてんで！」
ママ　「あぁ、すみません」
男　「あ、いま私が抱かれてるの想像したやろ！　勝負下着の色は……」
ママ　「あー、そういう話はいいです」
男　「あっそ。で、納得しましたか？　右肩上がりで一直線に成長したら、ゲイツもジョブズもピカソもゴッホもダ・ヴィンチもモーツァルトもエジソンも、今月中に抜いてまうやん。え〜っ、抜く気？」
ママ　「ま、まさか……」
男　「安心した〜。……この三歩進んで二歩下がる法則、ライバルには教えへんかってん。そしたら勝手に自滅していくから、台本隠したり、衣装破ったりする必要ないやん」
ママ　「そんなことしてたんですか？」
男　「そやから、してないって。する必要がなかってんから」
ママ　「そんな世界なんですか」
男　「普通はそうやで。ホステスと一緒やで」
ママ　「怖い世界ですね」
男　「そうやねん。どんぐりの背比べしてる子らは実力以外でのし上ろうとしてるからホンマ怖い」

男　「あ〜、どんぐりの背くらべ……。でもいい話聞けました」

ママ　「成功って、才能より性格とかこういうことに気付くかで決まるねん。三歩進んで二歩下がる。これに気が付かんかっただけで才能を台無しにした人がどれだけおるか。性格を変えなアカンねん」

男　「はい、覚えておきます」

ママ　「それで、ジブリッシュやっても感じひんようになったってことやな。考えられる原因の一つは『感じようとし過ぎている』ってことかな。**感じようと『し過ぎる』ってことは心に無理強いしてることやん。心は無理強いさせられると休止状態になるねん**」

男　「あ、そうか」

ママ　「そうやで。もっと感じよう、もっと成功しようって、ハードルを上げててポジティブやん。ポジティブっていいことやと思われてるけど、心が無理しててしんどない？　しんどいと拒絶するねん」

男　「……」

ママ　「私天才やん。ポジティブで天才なったんとちゃうで、ネガティブで天才になってんで」

男　「えっ、どういうことですか？」

ママ　「さっき三歩をキープしようとして自滅するって言うた、あの子らはポジティブやん。私は二歩下がることは仕方ないって諦めてた。ネガティブやん。ポジティブ自滅、ネガティブ天才」

男　「（大声で）ネガティブ？　でもポジティブの方が大事ですよね！」

ママ　「なに？　どうしたん？」

男　「ポジティブの方が大事ですよね！　ネガティブの方が大事なわけないですよね、ね、ね！」

ママ　「相当なポジティブ教やな」

男　「ポジティブ教なんてバカにした言い方しないでください。僕はポジティブで救われて、ここまで来れたんですから」

ママ　「……こ、ここまで」

男　「……（独り言）絶対にネガティブがいいわけがない、絶対に」

ママ　「……」

男　「……す、すみません、なんか熱くなっちゃって」

ママ　「……ポジティブもネガティブも一長一短、使いようかな」

男　「ネガティブに使いようなんてあるんですか？　悪いって意味でしょう？」

ママ　「ネガティブは悲観的って意味やで」

男　「悲観的でしょ。悲観の何がいいんですか？」

ママ　「悲観的も状況によっては使えるねん。これはそのうち話すわ」

男　「……は、はい。……（空気を変えようと）えーと、なんだっけ、もっと感じようとしてはいけないか〜。プレゼンがうまくなっても、もっともっとって思わないってことですね」

ママ　「そうやな」

男　「んっ？　もっと幸せになりたいと思って、空回りして不幸になっていくのと似てますね」

ママ　「まったく同じや」

男　「まるで人生論ですね。こんな小さな練習の心構えができたら、日常の感じ方、考え方も自然と変わって、楽しみやすいタイプになって緊張もしにくくなるんですね。う〜ん、すごいな〜。……あれっ？　前に楽しいならもっと貪欲に進めって言いましたよね？」

ママ「あ〜、おっぱいの先な」
男「あ、はい。『貪欲に進め』と、『感じようとし過ぎない』って矛盾してませんか？」
ママ「してないよ。車も一速入れて、エンジンの歯車がかみ合って二速三速って上げていくやろ。あんたの最初のジブリッシュは一速のままで二速に入れようとしてなかったから、二速に入れろ『貪欲に進め』やん。けど後者は、感じようと焦ってるから、いきなり三速に入れて空回りしてるようなもんやん」
男「なるほど〜、順番じゃないとダメってことですね。急ぐと心がイヤがる」
ママ「そ〜！　分かってきたやん！　エッチで言うたら……」
男「エッチはもういいですよ」
ママ「……う〜ん」
男「いいですって！」
ママ「うるさい言わせろ！　……あんたのは」
男「僕じゃないですよ」
ママ「……いきなり三速入れておっぱい触ってるつもりやけど『あれっ、硬いな〜。気持ちよくないな〜』やな。当たり前やん、ブラジャー外してないねんから。一速で服を脱がせて、二速でブラジャー外す。三速でやっとな生おっぱいやん。三速までうまくいったら、四速に入れていいねん。いきなり四速は……ア、カ、ン！」
男「……」
ママ「四速！　ほらっ！　ほらっ！　おっぱいの先！　フゥ〜ッ！」

男　「もういいですよ」

ママ　「急いだら相手がイヤがるで〜。ジブリッシュで急ぐ人は、エッチでも急ぐんやろな……」

男　「……」

ママ　「急いでしまうんや……」

男　「急ぎませんよ！　別のこと考えてたんです」

ママ　「また〜、この流れで何を考えるん？」

男　「さっき一つは『感じようとし過ぎる』って言いましたよね。じゃ、感じなくなった他の理由はなんだろうって」

ママ　「ウソやろ〜、こんな面白い話の時にそんなこと考えてたん？　そこからなんとかせなアカンな」

練習でいっぱい失敗する

男　「他に考えられる理由教えてください」

ママ　「……『謙虚』かな？」

男　「謙虚ですか」

ママ　「そうやな。大体調子いいのは2、3日しか続けへんねん」

男　「2、3日ですか？　たったの？　なぜですか？」

ママ　「人間って数回うまくできただけで、天才じゃないかと慢心するし、何回も同じことやってたら慣れて、惰性でやってしまって気が抜けて謙虚じゃなくなるもんやねん」

男　「それはどう対応したらいいんですか？」

ママ　「天才じゃないということと、気が抜けるもんって心にとどめておくことかな」

男　「そんな分かりきったことでなく、何か練習方法ってないですか？」

ママ　「分かりきったって言うたけど、たぶん心にとどめとくってできひんで。人間の心ってそんな簡単に意思では動いてくれへん。俳優は舞台で一番緊張する初日より、気が抜けてまう二日目の方が悪くなるって知ってるのに、やっぱり二日目は悪いねん。舞台は二日目に観に行ったらアカンで」

男　「じゃ、気が抜けないためにはどうすればいいんですか？」

ママ　「失敗することや」

男　「え〜、失敗しないために練習方法があるんじゃないんですか？」

ママ　「違うねん。**本番で失敗せえへんために、練習でいっぱい失敗しとかなアカン**ねん。私、練習で調子のいいのが続いて、こういう時こそ気が抜けへんようにって集中したのに、抜けてまうねん。それが何回も続いたら調子のいい時こそ気をつけようって『心の底』から身に染みて分かってん。それが練習の段階やったから、本番ではどんなに調子のいい演技が続いても気が抜けたことは一回もない」

男　「そうでしょうけど」

ママ　「失敗するの嫌やねんやろ。**失敗は筋肉痛やで。筋肉つけるには筋肉痛は絶対に避けて通られへん。**痛いと思うか、充実感と思うかや」

男　「とり方次第ってことですか」

ママ　「そうやで。まだ続きがあるねん。気を引き締められても、引き締め過ぎたらマジメになって、自由じゃなくなって、身構えて、感じひんようになる」

ママ　「スタート地点じゃないですか」

男　「それを避けるために、心の歯車がかみ合ってるかをチェックするセンサーが必要やねん。ホンマに楽しいか、ノッてるか？　謙虚さを持ててるか、持ち過ぎてないか？　そのセンサーを調整するのにジブリッシュが効果あるねんで」

ママ　「ジブリッシュで心のセンサーですか。でも毎回、歯車合わすって面倒くさいですね」

男　「面倒くさいから、ただ頑張ればええってやってまうねん」

ママ　「そうですね」

男　「本来は『成功』を目的にして、『頑張る』が手段にならなアカンのに、『頑張る』のが目的になってるねん。それは、どう頑張ればいいか工夫することが面倒くさいから怠けてるねん。考えんと怠けて効果のない頑張りをずっと続けてんねんで」

ママ　「はぁ……」

男　「私は、『楽をするためにはどんな努力も惜しまない』やねん」

ママ　「んんっ、それって矛盾してませんか？」

男　「矛盾ちゃうやん。効率のいい練習になるように考えられたら、あとが楽やん」

ママ　「……あ、そうか」

僕は思った。謙虚のなさから来る『慢心』と『惰性』。そして『謙虚過ぎない』ようにすること。今まで、謙虚を一くくりにしか考えていなかったので、こんなにも種類があると分かっただけでも成長できるかもしれない。

ママ　「あんた考える時、口開く癖あるな」

男　「あっ」

ママ　「今日はここまで！　明日はマンネリのもう一つの対処法やで」

○喫茶店内

翌日。喫茶店で男とスーツ男が話している。

スーツ男　「えっ？　ママがプリントを作ってきてくれたんですか？　考えられないな」

男　「飲むスピードが落ちないようにって言ってましたけどね」

スーツ男　「う〜ん、それでも。ママはいつもメモとれって酸っぱく言ってましたから」

男　「そうなんですか？」

スーツ男　「はい。天才はメモ魔だって。忘れてしまうものは、大したアイデアじゃないって言う人がいるが、そんなことを言って大仕事をした人を見たことないって」

男　「それもそうですが、メモをとると頭でっかちになりそうで……」

スーツ男　「頭でっかちはよくないですが、通らないといけない道で、それを怖がって避けると、結局知識はスカスカなんですね。いっぱい素材を集めてから整理するんです。前に言った、『広く準備してシンプルに研ぎ澄ます』です」

男　「あ、そうか二段階でしたね。最初からシンプルだとスカスカでベストじゃないですもんね」

マンネリを耐えるよりも新しい刺激を足す

○スナック・とらのあな店内
ママと男がいる。

男　「昨日考えたんです。謙虚さも原因だけど、飽き性も原因じゃないかなって」
ママ　「飽き性？　ええやん、私も飽き性やし、人間は誰でも飽きるもんやん。しょうがないねん」
男　「でも……」
ママ　「飽き性ってネガティブな言葉やから嫌やねんやろ？」
男　「……はい」
ママ　「飽きるもんはしょうがない。それは認めなアカンねん。認めな、次の対応がとられへんやん」
男　「対応ですか？」
ママ　「そう、飽きたらその練習をやめるか、もっと深めて飽きの壁を乗り越えるかやろ？」
男　「深めたいです！」
ママ　「深めるために飽き性を直そうとするやろ。けど、飽き性も心やから直接は操作できひんねん」
男　「できないんですか？」
ママ　「そう。そんな直接な方法では無理……。工夫するねん」

男　「工夫？」

ママ　「芸術も科学も飽きたから、工夫して深めて発展してきてんで。で、その時に忍耐とかバカ正直が正しいと思って工夫せえへんのが間違いやねん」

男　「でも、忍耐とかバカ正直って良い意味で使われますよね？」

ママ　「あんたで言うたら、緊張をとるという大きな目標のために、調子が悪くても毎日練習を続けるっていう忍耐はええねんで。けど工夫もせんと、ただ**『頑張ればいつか何とかなるって』言うのは、頑張るとか忍耐とか努力って言葉で満足してて間違いやねん。その満足が工夫をさえぎってる**ねん。二段階で考えな」

男　「二段階か……」

ママ　「**二段階で考えたら、物ごとがスッキリ見えて、心の葛藤も減って、緊張もしにくくなる**で」

男　「緊張も？」

ママ　「そうやん？　今の話でどういう忍耐は良くて悪いかが分かったやろ？　葛藤が減ったやん。**葛藤は悩みの種。悩みは不安の種、不安は緊張の種。**アンダースターン？」

男　「あ、あっ、アンダースタン」

ママ　「で、今日は『感じようとし過ぎない』『謙虚』以外の方法やったな」

男　「はい」

ママ　「**『新しい刺激』を足す**ねん」

男　「新しい刺激ですか？」

ママ　「そうや。『感じようとし過ぎない』『謙虚』もええねんけど、心は操作しにくいって言うたやろ」

ママ　「そうですよね。操作できないんですよね」

男　「俳優が舞台に出て、お客さんに意識がいったらアカンやん。けど意識がいったらアカンって思ってること自体、お客さんに意識がいってるわけやん」

ママ　「そうですね。プレゼンの時の僕がそうです」

男　「演技の場合はお客さんじゃなく相手役に意識を持っていけばいいねん。これよう覚えときや。意識って減らそうとしても減らせられへん。じゃ、『別のものに意識を持っていく』やねん。そしたらお客さんへの意識はなくなるから」

ママ　「なるほど、気をそらすと同じですね。プレゼンの場合だとお客さんではなく内容かな」

男　「そう。でも今回はもう一つ上のレベルやで。演技の場合、相手役に意識を持っていけって言うても、何べんもセリフ聞いてたら新鮮さがなくなって、やっぱりマンネリになるやん。ジブリッシュで『感じよう』としてもアカンかったように、相手のセリフを『感じよう』としても無理やん。無理やのにバカ正直に『感じよう』とだけしてて、ドツボにはまってまう。ここで工夫やねん」

ママ　「はい」

男　「例えば、相手の『好き』ってセリフを今までは信じてたけど、もしかしたら『罠』かもしれへんと思って聞いてみ。そしたら新鮮に聞こえるから」

ママ　「罠？　罠か。確かに新鮮になりそうですね」

男　「こういうのが『新しい刺激』やで。工夫する必要分かったやろ」

ママ　「……はい」

男　「演技っていい演技に作り上げていくのも難しいねんけど、**マンネリになるのを防ぐ方がもっと難**

しいねん。ジブリッシュって演技とかプレゼンとかの縮小版やで。感覚似てるからな」

男　「そうですね」

頑張る一色にズルを入れるのが工夫

ママ　「マンネリになったらアカン、緊張したらアカン、ちゃんと伝えなアカンとかな」

男　「はい」

ママ　「で、今回のジブリッシュでの『新しい刺激』や。例えば『変顔でジブリッシュ』※やってみ」

男　「変顔ですか？」

ママ　「そう変顔。ゆがめたり、ひょっとこみたいな顔してみたり」

男　「……」

ママ　「出た！　またや。何か不満ですか？」

男　「……」

ママ　「ええからやってみ。誘導やん」

男、変顔にして、いつもよりバラエティーに富んだジブリッシュになっている。

男　「……面白いです」

ママ　「面白いやろ。もっと表情に影響された声とか話し方にしてみ」

男　「（いろいろやってみる）……確かに面白いです。でも、なんかズルしてるような気がします」

ママ　「出た出た出た！」

男　「ジブリッシュって話し方限定ってルールですよね。前に声を変えろとか抑揚をつけろと言われた時は、同じ話し方に関わることだったんで納得したんです。でも、調子が悪いからといって、話し方以外の表情を使うのはズルい気がするんです」

ママ　「むちゃくちゃ言葉って言う名前やから話し方限定って思ってしまうのもしょうがないねんけど、限定なんか言うてないで。これをやってはいけない、ルール通りじゃないといけないっていうのをとってみ。**ルールが多いと自由じゃなくなる**で」

男　「……」

ママ　「ルールを破ると周りからどう見られるか気になるとか、ルールを破ってる自分が嫌とか、ルール内でやらないと成長しないとかって思うねんやろ。けど、そのルールの枠をつくってるのはあんた自身やで。ルールの枠が間違ってたらどうするん？　あんたはルールブックか？」

男　「じゃルールは何のためにあるんですか？」

ママ　「ある程度の方向付けかな。とると言うより緩めてみ。ルールなんかざっくりでええねん。あんたのルールの枠は間違ってると思うで」

男　「なんでそう思うんですか？」

ママ　「マジメってそういうもんやん。自分のつくった常識とか良識の枠から出られへんことやん。間違ってるかもしれへんルールなんかとって、ズルしてでも成功させるつもりでやるねん。その**ズルはできる人からは『工夫』って呼ばれてる**んとちゃう？」

男「本当にやってはいけないルール違反だったら?」

ママ「批判されたらええやん。『ルールは守ってて批判はされへんけど、不自由で成長できません』っていうのと、『たまには本当にやったらアカン、ルール違反して批判されるけど、基本的に自由やから成長しやすい』っていうの、どっちになりたい?」

男「……自由の方です」

ママ「そうやろ。最初の時、スポーツ選手が音楽聞いてるのは不謹慎に思うって言うてたやん。試合前は試合のことを考える。**プレゼンの前はプレゼンか、緊張をとることを考えるのがあんたのルールになってて、そのマジメさがベストの状態を探すというより『頑張る』一色になって、『緩急』つけられんと『急』ばっかりになっててんねん。**余裕がないから発想も偏ってんねん。スイカには塩やで」

男「スイカには塩?」

ママ「スイカには塩のように反対のものを掛け合わせたら効果的やのに、あんたの発想は、甘い食べものには甘いものを合わすべきって固まってるねん。あんたはスイカに砂糖かけてるようなもんやで。ひねりがないからくそマジメって言われるねん。スイカには塩、ケーキにコーヒー、和菓子にお茶。ベストの組み合わせやん」

男「……」

ママ「分かる? **自分のルールに縛られんとベストの状態を捜せ、工夫しろって話しやで。**前に自分で言うたやん。こんな小さな練習の心構えだけで日常の感じ方、考え方が変わるって。人生で成功するために、ルール違反って後ろ指さされるかもしれへんリスクをしょって、ズルしてでも成功させるって気持ちにすることやねん。けどそのズルは大体は工夫っていうねん」

男　「なんか感動しました。僕、変われるような気がします！」
ママ　「変われるよ！　マジメとりたいねんやろ！　ルール違反、ズル。めっちゃ不マジメやん！」
男　「はい！」
ママ　「けど、今日はゴメンな」
男　「何を言ってるんですか！　本当に感動しました」
ママ　「ちゃうねん。エッチで例えてあげられへんかったから……」

第三話◎集中する

自由になるために「型」にはめる

数日後。とらのあな店内でママがくわえジョーカーで鼻歌を歌いながら料理を作っている。

男、トイレから戻ってくる。

男　「くそっ！　くそっ！　くそっ！」

ママ　「おしぼり、出しといたで」

男　「俺はこんなもんじゃないんだ！」

ママ　「(出た名言！)ちょっと待ってや～。四つもいっぺんに注文するねんも～ん。ヤケ食い大歓迎やで！」

男　「……(表情としては泣いている)くそーっ!!」

ママ　「(そんなに悔しくても涙でえへんねや)……」

男、水割りを一気に飲む。

ママ　「ええ飲みっぷりや～ん。それやでそれ」

男　「あー、子どもに戻りたい！」

ママ　「……」

男　「(独り言)俺は天才、俺は天才」

ママ　「は～い、できたで～、お待ちどうさま～。自己暗示は効けへんで～」

男　「僕を天才にしてください！　子どもの頃は神童って言われて期待されてたんです」

ママ　「神童？　誰に？」

男　「おじいちゃん、おばあちゃんです」

ママ　「……。天才っていうても、私の教えてるのは緊張とマジメのとり方だけやで」

男　「違います。ママの教えてくれるのには緊張とマジメをとる以外の何かがあると分かったんです」

ママ 「……どうせ同期の天才なんて言われてる、性格の悪い子に『お前何をやってもダメだな』って見下れたりしたんやろ？　それは悔しいな」

男 「……」

ママ 「で、その子は女にだらしないのに、女性社員からは人気があったりする。……あんたの好きな女の先輩も、その同期が好きかもしれない。……会社内でうわさになってるくらいだから、もう付き合ってるかもしれない。いやまだ付き合ってないだろう。クリスマス前のプレゼン大会でいいとこ見せてデートに誘いたい」

男 「……」

ママ 「当たりやろ？」

男 「……な、なぜ分かるんですか?!」

ママ 「目を見たら心の中はお見通しや」

男 「ス、スゴ過ぎる……。スゴいですね!!　超能力じゃないですか！」

ママ 「天才女優やで。私の言うことは全部信じるんやで」

男 「はい！　もちろんです！」

ママ 「ええこと教えたるわ。年上の女ってダメな後輩のことは好きなもんやで」

男 「ホントですか？　いや信じます。ヤッター！」

ママ 「かわいがりたいもんやで。……ダメ過ぎたらアカンけどな」

男 「う～、僕は？」

ママ 「う～、アウト！」

男　「う〜、信じなきゃいけないのか……」

ママ　「悔しいやろ。じゃ、グッと飲も」

男　「（テーブルを叩いて）う〜、なんで俺は俺なんだ……」

ママ　「飲もうや〜」

男　「勝ちたいです。……いや、勝ちたいってわけではないですけど」

ママ　「どっちやのん？　勝ちたいん？　勝ちたないん？　その先輩、好きなんやろ？」

男　「動機が不純でした」

ママ　「それ、同期が不純と、動機が不純をかけてるの？　面白いやん！」

男　「かけてません。動機が不純の方だけです」

ママ　「おもろな〜。……それ、他人と競争するんじゃなく、ライバルは自分自身ですってヤツ？　女にモテるために仕事を頑張るのはアカンってヤツ？　それ、間違ったマジメのルールやで」

男　「間違ってますか？」

ママ　「あのな、動機なんかなんでもええねんで。ロック歌手なんかモテたいから始めてんねんで。最初から『ロックで世界を変える』言うてる子なんか成功せえへんで」

男　「なぜですか？」

ママ　「動機が嘘やからや。偽善や。モテたい、それでモチベーション上げればええやん」

男　「そんなのでいいんですか？」

ママ　「当たり前やん。けどモテたいって理由だけでは行き詰まるけどな。そうなってから変えればええやん。『スタートはなんでもええ』やねん」

男「スタートが間違ってたら、そのあと悪影響ないですか？」

ママ「ないない。**スタートは単純にモチベーションが上がるのを選んだ方がええねん。**最初からご立派なことを言う人はつぶれていく。これは世の常やねん」

男「そうなんですか？」

ママ「そうやで。実力もない時に立派なことを言うたらプレッシャーになるだけやん」

男「なるほど」

ママ「けど途中で変えなアカンで。最初と最後は考え方を変える。二段階で考えるってことやな」

男「……はい」

ママ「演技でいうと、人のマネはアカン。けど自分とまったく違うキャラクターの時は、友達でも芸能人でもいいから話し方とか、動き方とかマネしてみるねん。そしたら今まで感じたことない感覚が芽生えてきたりするから、それを叩き台にしてマネではないキャラクターに変えていくねん」

男「マネから入ってもいいってことですか？」

ママ「そう。『マネはアカン。だから僕はマネはしません』ってやってたやろ？」

男「はい」

ママ「マーロン・ブランドって俳優を知ってる？」

男「あ、『ゴッド・ファーザー』の」

ママ「そう。アカデミー賞とった、あのキャラクターはゴリラのモノマネからつくってんで」

男「動物のモノマネですか？」

ママ「モノマネしてるうちに、気分も変わってくるねん」

男　「気分が。すごい練習方法ですね。やっぱり難しいんですか？」
ママ　「難しいし、時間がかかる」
男　「どれくらいですか？」
ママ　「気分が変わるまでには数ヶ月やな」
男　「数ヶ月も！」
ママ　「けど、できるようになったら、10年位は練習せんでもすぐにそのキャラクターができるねん。数ヶ月で10年やで。めっちゃ得やん」
男　「へー、すごい。マネをすればいいんですか？」
ママ　「自分を完全にその動物の『型』にはめるねん」
男　「型に？」
ママ　「そうや。他の型にはまらんかったら自分のまんまやん。キャラクターに変身できひんやん。型にはまるって、不自由になるからアカンと思ってるやろ？」
男　「はい」
ママ　「自由になるために型にはめるねん。**最初は型にはめて、まず叩き台をつくって、それからアレンジする。**キャラクターに変身するのもそうやし、何かを身に付ける場合は基本とか方法論の型にはめる。そうせなゼロからスタートってことやん。あんた、ゼロから発見していく才能ある？　人生ってそんなに長い？」
男　「……そうですね」
ママ　「この動物のモノマネは私がやってた演技法のやり方で『アニマル・エクササイズ』っていうねん」

男　「アニマル・エクササイズ」

ママ　「なっ、アカデミー賞の演技が動物のモノマネがスタートやで。途中で変えなアカンけど、スタートはなんでもええねん。アンダースタン？」

男　「……アンダースタン」

ママ　「で、その天才っていう子も小さい世界の天才やろ。そういう子は勝手に落ちていくよ」

男　「なぜですか？」

ママ　「前に言うたやろ、**謙虚さが大事**って。見下す人は絶対に落ちていく。練習が伸びるのも謙虚さ。仕事も謙虚さ。その子が謙虚さなくして、あんたが謙虚さ持ち続けたら自然と立場は変わるよ」

男　「謙虚さ……ですか」

ママ　「あんた謙虚の大事さ分かってないやろ。聞き慣れてるから新鮮味がないねんやろ。謙虚さって深いで〜。『初心に帰れ』『基本が大事』『天狗になるな』全部、謙虚さやん」

男　「……はい」

ママ　「その子のこと天才って言うてるけど、天才なんかおれへんで」

男　「(自分のことは言うくせに……)はい」

ママ　「天才って何が違うと思う？」

男　「持って生まれたものが違います」

ママ　「極論やな。大きく違うのは『集中力』やねん」

男　「集中力？」

ママ　「そう。集中力つけたら、持って生まれたものの差を縮めるか、逆転も可能やで」

男　「そんなに集中力ってスゴイんですか？」
ママ　「天才の源やな。どう、希望が持てるやろ」
男　「はい！」

集中力が緊張を忘れさせる

ママ　「しゃあないな、前に集中力の話は今度するって言うたやん。それ教えるわ。あんたが天才になれるとは思ってないけど、緊張をとるのに関係あるから」
男　「お願いします」
ママ　「前は、気をそらせって言うたら集中してないみたいで不謹慎って言うてたやん」
男　「はい、言いました」
ママ　「集中力は何をやるにも必要やねんけど使いようやねん。あんたらサラリーマンの場合は、事務仕事する時に集中力って言葉を使うやろ」
男　「はい」
ママ　「それも集中力。けどそれは勤勉ってレベル。芸術家、俳優、スポーツ選手、あとサラリーマンでもクリエイターみたいな人に必要なんは、もっと深い集中力で、ひらめき、インスピレーションと関係があるねん」
男　「インスピレーションって、深いリラックスのサ、サ、なんとかの時も言ってませんでしたか？」
ママ　「サモチューフストビエ。言うたな」

男　「あ、それ。サモチューフストビエ。超集中状態みたいなやつですよね」

ママ　「そう。**リラックスと集中力ってホンマはセットで、どっちが欠けてもサモチューフストビエの状態にはなられへん。**深い集中力じゃなかったら勤勉レベルで終わってまうねん」

男　「リラックスと集中力はセットですか」

ママ　「そうやねん。緊張とろうとしたら緊張のことばっかり考えるやろ。そやからアカンねん。緊張は直接は操作できひん。じゃ、操作できる緊張の外堀から攻めていこうっていう、『緊張解除、二段階外堀攻略法』や」

男　「難しそうですね」

ママ　「ビビらしたろうと思って漢字12個使ったった」

男　「……」

ママ　「ジブリッシュも、楽しみやすくして緊張しにくくしようってことやん。操作できひんものは外堀から」

男　「外堀からですか……」

ママ　「いろんな練習とのつながり考えるんやで。演技の練習でも、それぞれの練習がつながらんと孤立してしまってたら全然成長せえへんねんで」

男　「はい」

ママ　「でや、集中したら緊張はとれるねん。じゃ、集中力を高めて緊張をとっていこうってことやん」

男　「集中したら緊張とれるんだ」

ママ　「そうやで。なにかに夢中になったら時間のたつのも忘れるやろ。同じように**何かに集中して緊張**

を忘れさせるねん。前に言うた、お客さんに意識が行ったらアカンと思ってること自体が意識行ってることやん。その時は相手役とか設定に意識を持っていく。すると自然とお客さんのことは忘れる、と似てるな。**緊張に意識を持っていくんじゃなく、他のものに集中して緊張を忘れさせる**」

男　「あー、そうだった。『気をそらす』ですね」

ママ　「そう。でも**今回は『気をそらす』プラス『そらした先で集中する』**やな。一人でジブリッシュする時の緊張やったら、そらすくらいでええねんけど、**強い緊張やったらそらした先で集中せな意識が戻されてしまう**ねん」

男　「そらし方にも種類があるんだ」

ママ　「で、集中とリラックスみたいに反対に思えるもんを混ぜるとスッゴイ効果やねん」

男　「そうなんですか」

ママ　「集中とリラックスがセットって知ってる人は多いねんけど、ほとんどの人はできてないねん。集中しようとすると眉間にしわを寄せて力む、リラックスしようとするとダラダラするだけで集中できてないことが多いからな。両方を混ぜるって難しいから片方しかできてないねん」

男　「難しいんだ……」

ママ　「混ざると足し算ちゃうで。掛け算やから体験せえへんと想像できひんくらいやで。スイカに塩も想像を絶するおいしさやろ?」

男　「(そこまでは……)はい」

ママ　「反対のものを混ぜる例で言えば、発声って前に声を出すと思ってるやろ?」

男　「違うんですか?」

ママ　「違うねん。後ろやねん。そしたら頭蓋骨に共鳴してよう響く声になるねん。で、高い声は後ろの下、低い声は後ろの上に出すイメージでやるねん」

男　「全部反対ですね」

ママ　「全部反対やからすごくなるねん。普通高い音は上を意識するやん。そしたら薄っぺらい声になってまうねん。高い音は下、厚みのある声になるで。オペラを目の前で聞いてみ。心震えるで」

男　「へー」

ママ　「他にもいっぱい反対のもんを混ぜてスゴなるのあるのに、みんな知らんねん」

男　「すべてが反対のものを混ぜればいいってことはないですよね？」

ママ　「そりゃホットケーキに蜂蜜みたいに同類を合わせていいこともある。けどそれは足し算。想定内」

男　「はぁ」

ママ　「反対のものは掛け算やねん。……45＋45は？」

男　「えっ、え〜90」

ママ　「45×45は？」

男　「え〜と」

ママ　「な、掛け算は想像つけへんやろ」

男　「でも難しいんですよね……」

ママ　「ちゃんと練習したら、あんたレベルでもできる」

男　「……」

ママ　「スゴイで〜、サモチューフストビエ」

男　「僕の場合はゾーンですね」

ママ　「この店では、サモチューフストビエって言うて」

男　「（やっぱり女優だったから演劇用語にはこだわりがあるんだな）……はい」

ママ　「で、そのサモチューフ、ス、ト、ビ、エ……。長いな……」

男　「えっ、長い？」

ママ　「サモチューにしよか？」

男　「略すんですか？」

ママ　「言いにくいやろ？　サービスやで」

男　「僕のためにですか？　いいですよ、考えた人に怒られるじゃないですか？」

ママ　「大丈夫や、もう死んでる」

男　「……」

ママ　「で、サモチューの練習せんと、どう見えるかだけの見せ掛けの演技ばっかり気にしてる、どんぐりの俳優たちがいっぱいおるねん。必要性が理解できひんのかな？　それか目先のことしか見えてないからか、根底から良くしようと思えへんみたい。『急がば回れ』やん」

男　「そうですね」

混同される集中と緊張

ママ　「今やってみよか。何も考えずにちょっと集中してみて。集中できたら合図ちょうだい。腕と頭を

男　触るけど気にせんといてな」
「今？　はい。よ〜し（大きく息を吸って気合を入れ、口を真一文字に結ぶ）」

男、1分後に集中したと合図を出す。
ママ、後ろから男の頭を抱えてゆっくりグルッと回す。次に腕を持ち上げて重さを量っている。

ママ　「はい、ええで。どうやった」
男　「結構、集中できたと思います」
ママ　「うん。集中できてたとしよ。力んでない？」
男　「力み？　そういえば力みに似てますね」
ママ　「そうやろ。**力みって緊張やん。緊張と集中って似てるねん、三流には**」
男　「三流って……。似てるだけで普段の緊張とは違いますよ」
ママ　「集中しようとしてなった緊張と、普段の緊張は感覚が違うから勘違いしてまうねん」
男　「そうなんですか？」
ママ　「不服そうやな。実際、腕も首も硬くなってたで」
男　「（首を回したり腕を上げる）確かに少し硬いですね。でも僕は身体より心の緊張をとりたいんです」
ママ　「前に言うたやん。心と身体って影響し合ってるって。心は直接は操作できひん、**心が緊張して身体も緊張してるんやったら、操作できる身体を緩めて心に影響させる**ねん。お風呂とかマッサージって身体がほぐれて、心もほぐれるやろ」

男　「そうですね」

ママ　「一緒やで。で、集中とリラックスはセットやから、**力みのない『本当の集中力』を高めて、深いリラックスに誘導しよう**って話やん」

男　「あ、そうか」

ママ　「けど緊張に似てるって気付いただけでもマシやな。気付けへん人、いっぱいおるで」

男　「そうなんですか？」

ママ　「うん。演技でも集中しようとして緊張になってるのに、いい状態やと思ってる子いっぱいおるねん。何でやと思う？」

男　「鈍感なんですか？」

ママ　「おっ、自分が気付いたからって見下す同期の子のような意見！」

男　「違いますよ。じゃ、分かりません」

ママ　「いい状態ってどういうものか知らんからやねん。集中しようとしてなった緊張も、いつもと違う緊張やからええと思ってまうねん。興奮状態をええと思ってしまう子もおるで」

男　「知らないんじゃ判断できないですもんね」

ママ　「なんで知らんと思う？」

男　「分かりません！」

ママ　「即答やな。やり慣れてないからやねん。意識して集中するってそんなにせえへんやん。そやからいい状態が分からんと、心に力が入ってしまってんねん。マジメな子ほど頑張ってしまうねん。さっき集中するのに大きく息、吸ってなかった？」

男　「吸いました」

ママ　「呼吸ちょっと止めてなかった？」

男　「止めてたかもしれないです」

ママ　**「呼吸って吸った時に身体に力が入って、吐いた時に抜けてリラックスする**ねんで」

男　「へー」

ママ　「そやから『息抜き』って休憩のことで、リラックスのことやん。吐いてリラックスさせて集中高めんねん」

男　「あー、なるほど」

ママ　「止めるのは最悪」

男　「う……」

ママ　「呼吸って吸うことより吐くことが大事で、吸うことは『あんまり』意識せんでもええねん。なんでやと思う？」

男　「……う〜ん」

ママ　「ほっといても吸うからやねん。吸わな死ぬやろ」

男　「そうか」

ママ　「**吸うことを意識すると過呼吸みたいになる**で。で『あんまり』っていうたのは、『鼻からゆっくり深く吸う』のは意識した方がええからやねん」

男　「結局、吸うことも意識するんですね」

ママ　「そうや。ゼロ百ちゃうで」

男　「ゼロ百？」

ママ　「100パーセント吐くことを意識するのも、0パーセントの意識も違うってこと。オール・オア・ナッシングはノー・グッドやで。ちょうどええのを見つけなアカンねん」

男　「ちょうどいいのを見つけるのは分かってますよ」

ママ　「分かってても、あんたのタイプはゼロ百を目指してまうねん」

男　「……」

目指すは〝絶妙な〟中途半端

ママ　「じゃ、問題な。中途半端っていい意味？　悪い意味？」

男　「そりゃ悪い意味に決まってますよ」

ママ　「ブー！　答えは状況によるねん」

男　「そんなのズルいですよ」

ママ　「けど、あんたは『中途半端』はどんな状況でも良くないって感じで確信持って言うたやん。あんたのタイプは白黒つけたがって、中途半端はグレーに感じて否定してまうねん。けど物ごとってゼロ百でも白黒でもない、間のグレーやねん。薄いグレーがいい時もあれば、濃いグレーがいい時もある。バランスやねん」

男　「……はい」

ママ　「バランスって聞けば納得するねんけど、中途半端っていうと完全否定になるやん」

男　「でも、中途半端って悪い意味の時に使いますよね」

ママ　「あんた、ナイスバランスでやってる時に、他の人から『中途半端』って揶揄されたら、自信なくして、バランスを変えるやろ。言葉の響きに負けてるねん。そやから、あんたにこの言葉を贈る」

男　「なんですか」

ママ　「**目指すべきは『絶妙の中途半端。ナイス中途半端』やで**」

男　「……」

ママ　「あんたは前に歯車合わすの面倒くさいって言うたやん。それって、ちょうどええグレーにするのが面倒で、白か黒かにしたがるってことやねん。一方に寄り過ぎたらアカンことの方が多いねん。それって、視野の狭さにもつながるねんで」

男　「……そうか」

ママ　「そうやで。……あと気合入れてなかった？」

男　「入れました」

ママ　「それ力みやん。ちょっと無理強いやん。**一流の気合いは力みになれへん気合いやで。心が力むのは二流。身体まで力むのは三流。**あんたや」

男　「は〜（ガクッ）」

ママ　「一流のスポーツ選手が気合入れて力んでると思う？　身体、硬くなってると思う？　硬くなったらスピード落ちるやん。給料減るやん」

男　「じゃ、気合いを入れなければ良かったんですか？　入れなかったら普通のままですけど？」

ママ　「最近、ジブリッシュやってて楽しいねんやろ？　気合い入れてる？」

男　「入れてないです」

ママ　「集中は？」

男　「最初の頃は集中してましたが、『気をそらせ』って言われてからはそんなに集中してないです」

ママ　「まったくって集中してない？」

男　「やってることではないですが、集中っていう言葉じゃないな」

ママ　「やってることに『ちょっと意識を傾ける』って感じ？」

男　「あ、そうです」

ママ　「で、面白いんやろ？　緊張もしてないんやろ？　それがちょうどええ集中のバランスやねん」

男　「えっ、そうなんだ！」

ママ　「**集中はすればいいってもんと違う。やみくもにしても力むだけ。バランスと方向が大事**やねん。あんたはみんなが知らん、集中のええ状態をわかり出してきてるねんで」

男　「えー、なんかうれしいな！　みんなは知らないんですか？」

ママ　「テレビゲームやスポーツとかで無意識に集中してるのは、割といい集中で、誰でもなったことあると思う。けど意識的に集中しようとして、いい集中になる人は少ないな」

男　「ジブリッシュってそこまですごいんだ。でも、あれがいい状態？　思ってたのと違いますね」

ママ　「違うやろ。集中してるって手応えがないやろ？　それでええねん。**やり慣れてないと手応えを感じるまでやってまうから力んでまう**ねん」

男　「なるほど、そうですね！　今までは手応えを感じるまでやっていました」

ママ　「そうやねん、知らんかったやろ？　で、それが一速やねん」

男「一速？　じゃ、二速三速があるんですね？」

ママ「四速がサモチューやな。そこまで行ったら手応えのある、スッゴイ集中力に変わるねん」

男「えっ、変わるんですか？　どんな手応えなんですか？」

ママ「私の場合やけどな、……UFOの扉が開く時の『キュイーン』って音。あれが聞こえるねん」

男「『キュイーン』ですか？」

ママ「うん、他の人は知らんけど私の場合はそうやねん。……そういうふうに**最初と最後では別もんに変わるねん。けど最初から最後の状態を目指したらアカンで**」

男「前に言ってた『準備と本番では違う考え方をする』ってやつですね。でも、『別もん』に変わるって知らなかったら、最初から最後の状態を求めちゃいますよ」

成功者の話は劇薬

ママ「あんな、世の中で言われてることは、大体最後の状態のことを言うてんねん。本屋行ってみ。どのジャンルでも初級編はあっても中級編ってあんまりないし、あっても読んでない人が多いやん。初級編って『集中は大事ですよ』ぐらいで、中級編のステップアップするプロセスが分かれへんやん。成功者が自伝でプロセスも書いてたら参考にすべきやのに、派手でスゴい話ばっかり印象に残って、地味なプロセスって覚えてないねん。で、成功者がいろんなプロセスを通って発した言葉が名言になって独り歩きして、それだけを聞いた人が、勘違いしてしまう。テレビでも成功者の番組があったら最後の状態の『ゾーン』のとこをクローズアップしがちやん。そうやって、みんなの情報は最後の状態しか知らんようになって、それを目指してしまうねん。けど、いきなり最後の状態を目指すのはアカン。ゴールとして正しくても、順番を飛ばしたらアウトやねん。成功者の話は劇薬やねん」

ママ「劇薬ですか？　でも正しいから世の中で広まってると思うんですけど……」

男「**最後を目指すって、ヒットも打たれへんのにホームラン狙ってるのと同じ**やで。そしたら三振ばっかりやん」

ママ「う〜ん」

男「ちょっと、この最初と最後の話は置いとこ。集中のプロセスの話に戻るで。さっき集中した時どうやったん？」

ママ「『無』になろうと集中しました」

男「どうやって？」

ママ「どうやって？　……分からないです」

男「そうやろな。知らん人多いねんけど、**集中って基本的には『対象』がなかったらできひん**ねん。『無』になろうとするのは対象がないから、いつもより『物静か』くらいにしかなれへんねん」

ママ「対象ですか？　瞑想って『無』に意識を持っていくんですよね」

男「『無』って、無やねんから対象になれへんやん。**瞑想は『呼吸』に意識を持っていく**ねんで」

ママ「えっ、そうなんですか？」

男「そう。無になろうって結局は心に意識が行ってるから無と違うやん。**最初は意識を呼吸にそらして、最後に心が無になるようにする**ねん。なっ、最後を目指したら三振するやろ。二段階でやるねん」

男「なんかいろいろ出てきて難しくなってきたな」

ママ　「何も難しくないやん。基本はみんな同じ。心は操作できひん。無理に操作しようとしたら力んでしまう。そらす。誘導。みんな共通やで」

男　「う－ん……。そうか－……」

ママ　「そう。さっき、あんたがやった集中は、息を吸った、息を止めた、気合を入れた、対象がなかった、心を直接操作しようとしたのが間違いやから、力んでもうてん。力んでたら、ひらめきは出てけえへんで」

男　「う～ん……。僕はひらめきはないですけど、力んでもできると思うんですが？」

ママ　「絶対に無理とは言えへん。けどスゴいひらめきって、お風呂に入ってる時とか、散歩してる時に出るって聞いたことない？」

男　「あー、あります」

ママ　「両方、リラックスしてるときやん」

男　「そうか。……ジブリッシュでは緊張せず集中できるようになったのに他での集中には活かせてないんですね」

ママ　「ジブリッシュでいい集中ができるようになっても、応用する時はコツがいるねん。それは、やってて歯車が合ってないって感じることで、『気持ち悪い』ってことに気付くことやねん」

男　「なるほど」

ママ　「で、何に意識を持っていったらええか捜す癖をつけるねん。そやから歯車が合ってるかをキャッチする能力が必要やねん」

男　「そのためにジブリッシュしてたんですか？　メッチャクチャ深いですね」

ママ「深いけど、ジブリッシュやってて深いことしてるって感じする？」

男「しないです。今までが無理してて、今は頑張ってない感じです」

ママ「そうやろ。そやから心にしんどいことさせたらアカンって言うててん」

男「なるほどー。いろいろつながりますね」

ママ「もう一つ硬くなった理由があるねん」

男「えーまだ？　あれだけのことでこんなに間違いがあるんですか？」

ママ「口を結んでたやろ？」

男「えっ、そうですか？　分からないです」

ママ「あんた、モノを考える時、口をポカーンって開ける癖あるやろ。あれはリラックスにはええねんで。**アゴって感情解放や緊張にすごい関係ある**ねん。それやのに、さっき集中するときは口を結んでてん。無意識に集中する時は開いてるのに、意識して集中すると結んでまう。そやから集中ってやり慣れてないって言うてん。あんたも無意識では**口開けた方がリラックスして集中よくなる**って分かってんねんで。そういうのに気付いていくことやねん。なんとなく分かってることを意識して分かるようにせな使われへんねんで」

男「はい。無意識にやってるのか。希望が持てますね」

ママ「けど欠点があるねん」

男「なんですか？」

ママ「モテへん」

男「えっ？」

ママ　「あの顔じゃモテへん」

男　「えーっ。口開けた方がいいのに。……どうしたらいいですか？」

ママ　「う～ん。『集中力のためにわざと口を開けてます』って張り紙を背中に張ったら？」

男　「（マジメに聞いたのに）……」

ママ　「ま、張る勇気があったら緊張もしにくくなるやろうな。はっはっはー」

男　「……」

ママ　「でや、集中しようとして緊張するのはあんただけちゃうねん、みんな集中って緊張と同じようになってもうてんねん。なあ、『緊張感持ってやる』ってどういう意味？」

男　「ダラダラしないでちゃんとやるって意味じゃないですか？」

ママ　「それ集中やん？　少なくとも『緊張』よりは『集中』に近くない？」

男　「う～ん、集中の方が近いかな」

ママ　「そやのに『集中感』でなく『緊張感』っていうことは世の中では、集中と緊張ってごっちゃになってるん違う？　意味がバラバラやん。そら誤解するわ」

男　「そうですね」

ママ　「そやから、他で『緊張感持って』と言われてもマジメになるんと違って、息を吐いて、口ポカーンで、**対象を見つけて、意識を傾けるくらいに集中するねんで**」

男　「はい」

集中力は工夫で高められる

ママ「次に対象の見つけ方や。集中ってまず簡単な対象から入るのがやりやすいねん。けど、飽きやすい。飽きたらちょっとずつ難しくして飽きにくくする。やりやすくしてからやりにくくする。対象は興味のあるものを選ぶ。じゃないと集中は続けへんから。どう、当たり前やろ?」

男「……まぁ、そうですね」

ママ「そう、当たり前のことやねん。パズルゲームと同じやで」

男「パズルゲーム?」

ママ「簡単やったら最初は楽しいけど、すぐに飽きてまう。難し過ぎたら面白くない。夢中になれるパズルゲームは、今の自分のレベルか、それより少しハイレベルやねん。それくらいが興味が湧いて集中しやすいねん。普段は無意識でそうやってるのに、仕事になると、難しく考えて、背伸びして、やりやすかったら成長せえへんと思って変なやり方をしてんねん」

男「そうですね。ゲームはやりたいからやってて楽しめるように工夫してますが、仕事では、やらなければいけないと思ってるから、面白くなくて当然で、楽しもうって工夫してませんでした」

ママ「そう! 分かってきたや〜ん。口では楽しんでやろ〜って言うても、工夫せんと無理やり楽しもうとしてるだけでは余計にしんどいやん」

男「そうですね」

ママ「で、興味や。興味のあるものを見つけるか、興味があるように植えつけるねん」

男「植えつける?」

ママ　「このグラスを集中して見てみって言うても興味がないから5分で飽きるやろ。じゃ、この100円のグラスを1000円で売るにはどう細工したらええか考えてみ。集中続くで」

男　「……本当だ。今、ちょっと考えただけで一瞬で集中してました」

ママ　「ええか、これは覚えときや。前にリラックスと集中はセットっていうたやろ。実は興味もそこに入って、**集中とリラックスと興味は三つ子の兄弟で、三つが影響しあって深くなっていくねん**」

男　「三つ子の兄弟ですか」

ママ　「そう。**興味のある対象があるから集中できる。集中したら緊張せえへん。つまり緊張をとるために興味のある対象**が必要やねん。メッチャ外堀」

男　「本当に外堀からの攻略法ですね」

ママ　「なっ。**緊張した時、三流のあんたは緊張に意識が行く。一流の私は興味を植えつけることを考える。**これが二人の差やねん」

⦿緊張した時の意識の方向

男（三流）――→緊張

ママ（一流）――→興味（対象）

男　「……はい」

ママ　「……じゃ、毎日できる集中の練習方法や」

男　「はい」

ママ　「電車や喫茶店で会話をしてる人の近くに行って、会話が気にならんように仕事のことに集中してみ。気にしたらアカンと思ったら気になってしょうがないから。興味を持って集中するねんで」

男　「面白そうですね」

ママ　「コツはな、今集中できてるかなって確認せえへんことやで。確認した瞬間、意識が後ろ向きになって、集中が切れて、会話に気がいくから」

男　「確認しないですね。ちょっと待ってください。メモとりますから」

男、手帳に書き込む。

ママ　「それからこれが一番大事なことやけど」

男　「はい」

ママ　「女の前に手帳をほったらかしてトイレに行ったらアカンで」

男　「えっ……」

ママ　「手帳に日記を書いてんねんな」

男　「えっ……もしかして、読んだんですか？」

ママ　「当たり前やん。地球上で読まん女なんかおらんで」

男　「じゃ、さっきの先輩の……超能力じゃ……」

ママ　「ないない。目を見て心が読めたら飲み屋なんかやってないよ」

男　「……クソッ」

第四話◎躊躇をとる

滑舌を良くする方法

○喫茶店内
スーツ男と男がコーヒーを飲んでいる。

スーツ男「それはそうでしょうね」
男「えっ、やっぱり女性の前に手帳を置いてトイレに行ったら、みんな見ますか?」
スーツ男「見ない人は地球上というより、宇宙でいないでしょうね」
男「(大げさな)……。でも背中に張り紙はないでしょう? 会社ですよ」
スーツ男「でもやったらウケるでしょうね」
男「ウケますか?」
スーツ男「1万パーセントうけますね。間違いないです」
男「うーん、ウケるのか……。いやいや、会社はウケを狙うとこじゃないし」

スーツ男　「やってみてくださいよ、保障しますよ」

男　「……ウケるのか」

スーツ男　「しかしママがそんなに丁寧に集中のことを教えたっていうのがびっくりですね。私から言うことはないですね」

男　「そんなに丁寧に教えてもらったんだ」

スーツ男　「う〜ん、覚醒してるのかも……」

男　「えっ？」

スーツ男　「急がないと、腐ってしまう」

男　「腐る？」

スーツ男　「肉と女は腐りかけが一番おいしいっていうじゃないですか？」

男　「(すごいこと言うな)……」

スーツ男　「きっとこれが最後の覚醒で、ちょうど腐りかけなんですよ。ママの人生に一回きりの腐りかけをなんとかしてあげたいんです。お願いしますよ、あなたにかかってますからね！」

男　「えっ、えっ、そんな！　僕も急ぎたいんです。明日の練習発表でダメならやばいんです。どうしたらいいと思いますか？」

スーツ男　「私には分かりませんよ。本当にお願いしますよ」

〇スナック・とらのあな店内

ママと男がお酒を飲んでいる。

ママ「明日までにできるようにしてくれって無理やわ！」
男「お願いします。確かに少しずつ良くはなってるんですが、元がひどかったので……」
ママ「そんなにひどいん？」
男「まぁ……。もしかしたら左遷かクビも考えられるんです」
ママ「3ケ月先まで余裕あるんと違うん？」
男「課長が……」
ママ「課長？　……まぁええわ。3ケ月先の予定でやってたのに」
男「なにか方法はないですか？　素人がお芝居やる時に手っ取り早く下手には見えない方法って？」
ママ「じゃ、プレゼンここでやってみて」
男「……は、はい」

男、プレゼンテーションをする。

ママ「……なかなかの大物やな」
男「えっ……。実は見込みあったりして？」
ママ「あんたを教えると私まで下手になりそうなくらいひどい。これで良くなってきたん？」
男「……」
ママ「何も伝わってけえへんし、聞きとられへんわ」
男「ママの前だからいつもより緊張してしまいました」

ママ　「3ケ月先やから基礎からやってってんけど、応急処置せなアカンな。なんでそんなに緊張するん」
男　「うーん、緊張したらかんでしまい、またかむと思うともっと緊張して。悪循環なんです」
ママ　「そうやな、その不安からとろか。滑舌の練習しよ。……私が滑舌の表を作る間、あんたは命懸けて飲んでて。一本くらい空けや！」
男　「はい。命懸けて！」

ママ、表を作っている。

ママ　「ついでに顔の緩め方も書いといた。……って、全然飲んでないやんか！」
男　「す、すみません」
ママ　「しゃあないな～。はい（プリントを渡す）」
男　「すごい！」
ママ　「**特に『滑舌棒』**※**はすごい効く**で。私、初めてやったときウワッって声が出たもん」
男　「ちょっとやってみます。（箸をかみしめて話す。聞き取りにくい）ミャミャ、きょんなにきゃいてきゅれてあいがとうごじゃいましゅ（ママ、こんなに書いてくれてありがとうございます）」
ママ　「なに？　ドンペリ入れてください？　分かった！」
男　「（箸を外す）ドンペリなんて言ってないですよ！　ウワッ！　しゃべりやすい！　ドンペリなんて言ってないですよ。ドンペリなんて言ってないですよ。しゃべりやすい！」

⦿滑舌と顔の緩め方のエクササイズ

顔全体	口をいっぱいに開け、目は見開く。 次に顔の中心にキュッと縮める、を繰り返す。
	顔の右半分を見開き、左半分は縮めるを繰り返す。反対もやる。 顔の上半分は右に寄せ、下半分は左寄せを繰り返す。反対もやる。 表情で「8」の字を書く。
眉間	しわを寄せたり伸ばしたりを繰り返す。 手でマッサージする。
こめかみ	片目を思い切りつむり、こめかみも縮める。片方ずつ。両方一緒に。 手でマッサージする。
アゴ	口をポカンと開け、ほぐすように下アゴを動かし、アゴの重さを感じられるようになると良い。強くやると顎関節を痛めるから気をつける。
鼻の下	伸ばしたり、縮めたりを繰り返す。
笑顔	頬が痛いくらい口角を挙げるのを繰り返す。
唇	口を横に大きく伸ばし、キュッと縮めるのを繰り返す。 上唇を右斜め上に伸ばし、下唇を左下に伸ばす。反対もやる。 唇を軽く閉じ、息を吐きながら「ぶるぶる※」振るわせる。
舌	舌を思い切り、出したり引っ込めたりする。 舌を出し、鼻に付ける気持ちで上げ、アゴに付ける気持ちで下げるを繰り返す。 舌を出し、左右に伸ばす。 口の中で舌を左右にひねる。 舌先で内頬をなぞり円を描く。 舌先を震わせて「トゥルトゥル」と音を出す。
滑舌	滑舌棒。箸などの棒を横にして口の奥深くまで入れかみしめ、舌の不自由な状態で話し、棒を外すと舌が自由で話しやすくなる。 「レロレロ※」「ラレロラレロ」「ルリラルリラ」を早口で繰り返す。
慣れない言葉	使い慣れていない言葉は何度も口に出し、慣れておく。

ママ　「うるさいわ、何べんも！　ドンペリ言え！　……けど、しゃべりやすいやろ。もっと長い時間やったら、もっとしゃべりやすくなるで」

男　「もっとですか」

ママ　「そうやで」

男　「あー、これだけでも気が楽になってきた。ママが緊張は操作できないから外堀から埋めていくって言うのが分かりました。滑舌の不安がなくなったら緊張もだいぶとれそうです。（涙ぐむ）まだ終わってないんですが、なんて……お礼を……言えばいいか……」

ママ　「ドンペリって言え！」

自分に嘘をついてその気にさせる

○イタリアンレストラン店内
夜七時。繁華街のレストランにママと男がいる。
男のおごりで話題になっている10年前のリバイバル上映の映画を観に行った帰り。
男はカジュアルな服装、ママはいつもより胸が開いたホワイトタイガー柄のワンピース。

ママ　「見てみ。みんな私の胸に釘付けやで。ちょっとサービスしたろ（胸元を広げる）」

男　「やめてくださいよ！　恥ずかしいじゃないですか！」

ママ　「久しぶりに街に出たら浮かれてまうな。ここもお洒落な店やし。映画もありがとうな」

男　「どういたしまして。評判になってるとはいえ、10年も前の邦画をママが観たがるとは思いませんでした」

ママ　「うん、ちょっと気になってな。あんたとじゃなかったらもっと良かってんけど」

男　「大丈夫ですよ、今日はなんて言われても平気ですから。好きなの頼んでください」

ママ　「けど、この前のプレゼンの練習発表でちょっと褒められただけやろ？」

男　「そうなんですよ。でも周りもびっくりしてましたし、僕自身もびっくりしちゃって」

ママ　「油断したらアカンで。線香花火は消える前にパッと燃えるもんやで」

男　「はい。不思議な感覚なんです。滑舌に不安はなかったんですが、緊張はしてたんです。でも緊張が気にならなかったんですよ。だから、滑舌が良くなった以上にできたんです。どういうことなんですか？」

ママ、メニューを見ている。

ママ　「うん、なに？　そうやろな。(ウエイターに)ウニと長エビのパスタセットとビールお願い」

男　「僕も同じの。(ママに)聞いてなかったでしょう？」

ママ　「聞いてるよ。当たり前のこと言うてるなぁと思って。あんたは緊張が全部とれなアカンと思ってたやろ。緊張しててもできるねんで。最初は誰でも緊張しながらできていくもんやん。**全部とれなアカンって思うから、緊張しながらでもできるっていうチャンスを逃してたんで**」

男　「そうですね」

ママ　「準備って万端にしたほうがいいやろ？」

男　「それはそうですね」

ママ　「けどそこまで準備できひんこともあるやん。今のあんたやな。滑舌が良くなっただけやねんから。そんな時、小心者は準備万端じゃないのがバレるって思ってまう。**完璧主義とか潔癖症は準備万端じゃないのが許されへん。それは準備したものをやろうとするからやねん**」

男　「準備したものじゃなければ何をすればいいんですか？」

ママ　「本番で新しい発見したろ、っていう気持ちでやるねん」

男　「……はい」

ママ　「けど心のさじ加減一つズレただけで、準備したものをやろう、つまり繰り返しでやろうって、保守的になるねん。それはマンネリの始まりやねんで。**準備不足でも準備万端みたいな顔して、本番で新しい発見する気、つまり開拓しようって気持ちがいるねん。けどあんたはそれを嘘ついてるみたいで嫌がるやろ**」

男　「準備万端な顔は……。嘘はつきたくないです」

ママ　「なっ。そら、ついたらアカン時もあるで。けど、これはついていい嘘や。滑舌に不安がなかっただけで、他は準備できてないのに少しできたって、無意識的に準備万端な気分になってたってことやん。無意識的に自分に嘘ついてるやん。それを意識的でやればどうってことやん」

男　「うーん……」

ママ　「**嘘つかれへん人は、自分を『その気』にさせられへんねん。**マジメの壁を越えられへんねん。前に『ズルって工夫』やでって言うたやろ。嘘ついてその気にさせる工夫やん」

男　「……はい」
ママ　「無意識に保守的な心構えから開拓する心構えになって、予想以上にできたんと違う？」
男　「そうですね。……無意識にか。なんとなく分かってることを意識して分からないといけないってことですよね」
ママ　「そうやん、あんた、成長著しいやんか！」
男　「やったぁ」

成功したい気持ちには躊躇が残る

ママ　「で、映画はどうやった？」
男　「うーん、僕はイマイチでしたね。期待したほどではなかったな。ママは？」
ママ　「（ニヤリ）ふぅん、期待したほどではなかったか〜、残念やったな。私は面白かったけどな」
男　「なんか嫌な笑い方しましたね」
ママ　「そう？　なぁ、もう一回、あの映画観に行ってくれへん？　一人で」
男　「えっ、もう一回？　いやー、面白くないって分かってるのにまた行くのは苦痛ですよ。今、仕事も忙しいし、プレゼンの練習もしないといけないし」
ママ　「あっそう。じゃ、ええわ」
男　「すみません。……主演の男の子は大げさで下手だし。……なのに今は演技派で売れっ子って不思議なものですね。僕はお母さん役をやった主演女優の控え目な演技の方が好きでしたね。最近は見

ママ　ないですけど……。プロから見てどうでした？」

「両方良くないな。リアルな演技をやろうとする俳優は、大げさな演技はアカンって思って控え目になってまうねん。けど、私から言わせたら、大げさも控え目も同じくらいアカン。ちょうどええのがちょうどええだけやねん」

男　「ま、ちょうど良いのがちょうど良いのは当然ですけど」

ママ　「あの男の子が演技派になって、女優が見いひんようになったのは当然やな」

男　「なぜですか？　両方良くないのに？」

ママ　「演技って、気持ちっていう中身があってそれを表現するもんやん。中身がないのに大きく表現するとすぐバレてまうねん、男の子みたいに。そやから俳優は大きく表現するのを怖がって躊躇して、こじんまりとまとまってしまうねん。それが、あの女優やな。小さくやけど一応はまとまってるから、周りは『上手ですね』っていう。で、言われた方は『あ、これでいいねんや』って思って、それがこじんまりって気付けへんねん。こじんまりレベルは腐るほどおるから、仕事がけえへんようになるねん」

男　「なるほど」

ママ　「男の子は気持ちは足りてないけど大きく表現することに躊躇がない。**今は下手でも躊躇がない人はいろんなものを吸収しやすい。**あとは気持ちをつくっていけばいいねん。表現が箱やとしたら、気持ちは中身やな。箱が大きいから中身がいっぱい入るやん」

男　「気持ちをギュウギュウ詰めにして、表現を押し広げることはできないんですか？」

ママ　「できひんことはないけど難しいし、自分の箱が小さいって気付いてへんし、気付いてても大きい箱にする勇気がないし、まず方法を知らんやろな」

男　「気付かないものですか？」

ママ　「周りは『上手ですね』って言うねんもん。たまに批判されても聞く耳を持てへんやろな。けど『上手ですね』って言うてるのも心の中では『下手くそより上手ですね』って意味やねんで、悪気はなくな。まぁ、社交辞令やん。それを信じてそこで止まってどうするん？」

男　「あ、『途中で止まるなその先に行け』ですね」

ママ　「そうや、おっぱいの先や！」

男　「(周りを気にして) そういうのは小さい声で言ってくださいよ」

ママ　「大器晩成ってあるやん。あれ『小器朝成』になれへんかったことやで」

男　「小器朝成ですか。でも、まず少しできるようになりたいし、なんでもできるようになるのは最初は少しからですよね。それが小器朝成になってしまうんですか？」

ママ　「大器晩成と小器朝成では伸びる方向が違うねん。小器朝成は小手先やねん」

男　「器用貧乏ってことですか？」

ママ　「そうや。**控え目な演技は、短時間で少しだけ褒められるレベルにはなる。大げさな演技は、時間がかかるけど、メッチャ褒められるレベルになる。**どっちがええ？」

男　「時間がかかっても、メッチャ褒められる方です」

ママ　「時間がかかるってことは、その間は下手くそって言われ続けるってことやで。耐えれる？」

⊙大げさな(躊躇がない)演技は大きく伸びる

大げさな演技 × 長時間 ＝ 大器晩成(メッチャ褒められるレベル)

控えめな演技 × 短時間 ＝ 小器朝成(少しだけ褒められるレベル)

男　「うーん……」

ママ　「本当に才能がないのかも知れへんねんで。不安になって自分から辞めてしまえへん？」

男　「うーん……」

ママ　「そやから大器晩成の人は少ないねん」

男　「納得です」

ママ　「小器になれへんためには躊躇をとることやねん。みんな一緒やと思ってるけど、緊張の手前に躊躇があるねん」

男　「そうですね、同じ意味に感じますね」

ママ　「私の演技の教え方は、気持ちとかリアリティーつくるとか、緊張とる前に躊躇をとるねん。小さい演技はそれ以上伸びひんからな。実はこれが近道やねん。**躊躇してたらリラックスして演技できひんやん。**そしたら気持ちなんか無理に決まってるやん」

男　「でも躊躇をとるって難しそうですね」

ママ　「簡単や。あんたに教えた中で一番簡単や」

男　「えっ、簡単なんですか？　じゃ、なぜ最初にやらなかったんですか？」

ママ　「あんたには理解できひんと思ったからや。初めてのジブリッシュの時、躊躇したやろ」

男　「……そうでした。……今ならどうですか？」

ママ　「実は次にやるつもりやってん」

男　「えっ、できるかなぁ？」

ママ　「できるよ。成功せんでええねんから」

男　「成功しなくていいんですか？」

ママ　「そうや。練習の効果を得るためには成功せなアカンけど、躊躇とるのはやればええだけやねん。躊躇もとれてへん状態で成功しろって無理に決まってるやん」

男　「よく、失敗してもいいからやってみろって言いますもんね」

ママ　「それも違うねん。失敗してもいいって言われても、ちょっと成功しようとするやん。それがジャマやねん。**ちょっとでも成功したいって気持ちがあったら躊躇が残る**ねん。けど本人は躊躇がなくなったって勘違いしてしまって結局、小さくまとまって俳優人生終わってまうねん」

男　「そんなもんですか？」

ママ　「そうや、気持ちもリアリティーもいらんから、全力で大げさにやれ！　ちょっとでも成功するな！　思いっきり失敗しろ！　って言うねん」

男　「それじゃ、形だけになりませんか？」

ママ　「形だけでええねん。中身いらんねんから誰でもできるやん。『ついでに中身も』なんて欲張るから何にも得られへんねん。二兎を追うものは一兎も得ずやで。成長せえへん人の理由は、『せっかち』『欲張り』『謙虚のなさ』『自意識過剰』やで。才能違うねん、性格に問題があるねん。そんな性格直したいやろ？　私が天才っていうことは性格がええってことやで。私みたいになりたいやろ？」

男　「（それはちょっと……）はい！」

ママ　「ええ返事やん！　前に言うたやん、この練習すれば性格変わるって。瞑想の時に、最終形の『無』を最初からやるんと違うて『呼吸』に意識を持っていくって言うたやろ。演技の場合は、躊躇をとることから始めて、緊張もとって気持ちにいかなアカンねん」

男　「具体的にはどうやるんですか？」

ママ　「例えばセリフとか動きを、形だけでええからオーバーアクションでやるねん。躊躇する理由って、成功したい、みっともない失敗したら恥ずかしい、やろ。わざと失敗しろって言うてんねんから恥ずかしないやん。**全力で大げさにやると、成功しようって気持ちのストッパーがとれて、気楽になって、表現の壁も感情の壁もとれる**ねん。それから気持ちをつくっていってみ、すっごい効果があるから」

男　「なるほど、わざと失敗させるのか」

ママ　「けど、これが理解されへんねん。ちょっとでも成功するなって言うてるのに、心のどこかで成功を求めて欲張ってるから、恥ずかしがってできひんねん。せっかちになって、急がば回れより遠回りしてもうてんねん」

隣の席の女性が「そうね、ありがとう」と言葉を残し、テーブルから立ち去る。

男　「ん？　……知り合いですか？」

ママ　「いや、顔見てないから……。どんな顔やった？」

男　「トンボみたいなサングラスしてたんで……。僕らの話、聞いてたんですね」

ママ　「（あの声……）」

ウエイターがビールを持ってくる。

男　「乾杯。ママ？」
ママ　「……うんっ？　あ、乾杯」
男　「……あの、店で教えてもらいながら飲むのを酒から、ウーロン茶に変えたいんですけど……」
ママ　「……」
男　「いや、酒を飲むと集中できないんです」
ママ　「……バレた？」
男　「で、ボトルと同じ値段でウーロン茶のボトルを入れるのはどうかなって？」
ママ　「ボトルの値段でウーロン茶?!」
男　「はい」
ママ　「ええよ！　ええよ！　どんどん飲みや。ウーロン茶は健康にいいからな」
男　「はい、助かります」
ママ　「酒、あれはアカン！　脳と心を腐らす」
男　「そうなんですか？」
ママ　「そうや。それを商売にしてる私って、ホンマ罰当たりな小悪魔や（ビールを飲む）」

大げさ過ぎる練習で躊躇をとる

○スナック・とらのあな店内
ママと男がいる。

ママ　「躊躇をとる練習やるで。最初は今までどおりにプレゼンやってみ。一回目いくで、ハイ！」

男、プレゼンテーションを普通にやる。ママはスマートフォンで動画を撮っている。

ママ　「次は『※**やり過ぎる**』いくで。全力で大げさにやってみ。二回目、ハイ！」

男、全力でやる。

ママ　「ちゃうちゃう！　もっと大声でやってみ。まだ、ちゃんとやろうってしてる」

男　「これ以上だと何を言ってるか分からなくなりますよ」

ママ　「それでええからやってみ。その前に『ワーッ』やってからやろ。三回目、ハイ！」

男　「ワーッ、ワーッ！（全力の大声で）『みなさん、こんにちは!!　今日、紹介するのは……』」

男、やり終える。

ママ　「よっしゃ、もう一回、普通にやってみ。四回目、ハイ！」

男、最初のようにやる。

ママ　「どう？」
男　「うーん、少し楽な感じもありますけど……。良いのか悪いのか分からないって感じです」
ママ　「良くなってるで」
男　「そうですか？」
ママ　「（スマートフォンを出し）見てみ」

男、自分のプレゼンテーション動画を見る。

男　「本当だ。一回目と全然違って表現が大きくなってますね。大きくしたつもりはないのに」
ママ　「なっ。**最初にやり過ぎると、躊躇が薄れて、こじんまりになれへん**ねん」
男　「ちゃんとやろうっていう、マジメが薄れるってことですか？」
ママ　「そうやな。普通は丁寧に始めるやん。それでできてもこじんまりやねん。それから大きくやろうとしても、大きく表現するって恥ずかしさが重石になってできひんねん。今みたいに大きくやって、恥ずかしさも、大きく表現することの躊躇もまずとるねん。大は小を兼ねるやで」
男　「本当におっしゃるとおりです」
ママ　「けどまだ小さい」
男　「えっ」
ママ　「えっ、て今のが完璧やと思ってるんと違うやろな？　そやからあんたは途中で止まるねん」
男　「すみません」

ママ　「今度は、今やったヤツの三倍大げさにやってみ。全力よりは小さくやで。五回目、ハイ！」

男、プレゼンテーションを三倍大げさにやる。ママ、動画を撮っている。

ママ　「どう？」

男　「さっきとは違う感じなんですが……。よく分からないです」

ママ　「メッチャええで。見てみ」

男、動画を見る。

男　「あー、ホントだ！　四回目のよりイキイキして見えますね。ちょうどいい表現の大きさですね。でも、所々やり過ぎだな。うーん……」

ママ　「ええねん、それで。**三倍でやってちょうどってことは、今までのは三分の一やったってこと**やで。まとまってるけど、こじんまりとやねん。この前の映画の女優と同じ状態や」

男　「そうなんですか」

ママ　「あの女優は、役づくりを丁寧にはしてんねんけど、丁寧やから小さくなってまう。時間をかければ少しずつは大きくなるけど限界があって、それが映画の演技や。あんたは最初に一回大げさにやっただけで、丁寧につくり上げていった女優と同じくらいの大きさになってるねんで。一回やで一回。二回やってみ、三回やってみ。どっちが近道ですか？」

男　「こっちですね」
ママ　「そうやろ。けどやり過ぎのところもあるやん。それを次に調整していくねん。みんな最初からやり過ぎひんように調整しながらやるから全体的に小さくなるねん。誤解せんといてや。アピールする演技とか、大きく表現するための理由でやってるのと違うで」
男　「はい」
ママ　「マジメになると小さくなって心も萎縮するからやで。そのマジメの壁を破って、自由さを手に入れるためやで」
男　「はい」
ママ　「『やり過ぎて調整』。二段階やで」
男　「ここでも二段階か。今まで最初にやり過ぎるなんて考えたこともなかったです。でも……」
ママ　「でも何？」
男　「やってて自分では分からないんです」
ママ　「そんなもんやで。分かる時もあるけど、今までに体験したことのない感覚はすぐには判断できひんねん。気にすることない、すぐに分かるようになるから」
男　「はい、安心しました」
ママ　「これ覚えときや。成長過程では、よく分からん時期って絶対にあるねん。それを、『分からんのは良くないと思って、元に戻して成長を妨げている』ことがよくあるねん」
男　「見つめる鍋は煮えないと同じですね」
ママ　「そうやな。じゃ、さっきやり過ぎたと思うところだけ、少し控え目にやってみ」

「やり過ぎて調整」を繰り返す

男、プレゼンテーションをやる。

ママ「そうやん、ええ感じになってきたやん」
男「はい、今のはやってて少し実感できました。(涙目)うーっ、ありがとうございます」
ママ「なに泣いてるん！　まだ途中やで。早いねんなんでも」
男「まだ？」
ママ「当たり前やん、何回言わすん？　今のは表現の大きさが良くなってきただけやん。個性がないやん。色がついてないやん。どんな感じでやりたいん？」
男「うーん、明るく好印象を与えるようにかな」
ママ「そのためにどうやったん？」
男「笑顔でやるようにしました」
ママ「んー、笑顔が多かった印象はないな」
男「そうですか？」
ママ「うん。あんた、笑うとこ決めてるやろ。全部笑ってやってみ」
男「えっ全部？　さすがに変になりますよ」
ママ「前にあんたに全部反対をやれば10点から90点になれるって言うたやろ。笑うとこと笑わんとこの判断が真反対やったらどうするん？　あんたは真反対になるタイプやで」

男　「うぅ、だから10点か……」

ママ　「**考えても分からんやろ。じゃ、やってみるねん。**笑ってなかったとこも笑ってみたら『あっ、これもありや！』って、新しい解釈とか、表現とかが見つかったりするねん。さっき全部大げさにやって、後からやり過ぎたとこを調整したやろ。同じように全部笑って、後でさすがにここは笑えへんなってとこは調整するねん」

男　「なるほどー、そうかそうか。同じ感覚ですね」

男、全部笑ってプレゼンテーションをやる。ママは動画を撮っている。

男　「うわー、違う。もっと笑ってもいい場面がありました。あー、こんな伝え方もあるんだなーって。僕の価値観が変わっていく感じがします！」

ママ　「そやろ。けど笑いのパターンが少ないな。『**いろんな笑い方**』[※]やろ」

男　「いろんな笑い方？」

ママ　「そうや。地球上に何種類の笑い方があるか知らんけど、あんたのやってるのはその中のほんの一部やん。ズルい笑い方とか、嫌な笑い方とかせえへんし、するような人生送りたくないやん？」

男　「はい」

ママ　「台本にズルい笑い方の場面があっても、自分にズルい笑い方をする価値観がなかったら読み取れへんやん。読み取れたとしてもやり慣れてないから、ぎこちない笑い方になるやん」

男　「そうですね」

ママ　「そやから基本の練習では設定も何もなしで自分のやったことのない、いろんな笑い方だけをやるねん。そしたら『うわっ、なんやこの感じ。知らん感情や』っていう気持ちが誘導されて、使えるようになるねん」

男　「ジブリッシュと考え方は同じですね」

ママ　「そうやな、設定も完成形も決めてないからな」

男　「設定とか完成形を決めないでやるって、新しい発見をしやすいですね」

ママ　「そやろ。……コツはな、一つの笑い方やって、次に完全に別の笑い方に変えるんと違うて、一つ目に何かを足してアレンジしていくねん」

男　「何かを足すんですか」

ママ　「そうや。完全に別の笑い方に変えていくと、一回一回がゼロからスタートになって深くなれへんねんけど、足し続けると、やったことのないディープな笑い方になりやすいねん。やってみ」

男、笑い始める。

ママ　「そう、それに変顔を足して笑ってみ。そう、そう。じゃ、それにライオン足してみ。……次は遠慮した感じを足してみ。……次はひょうきんなカッパを足してみ。変になってもいいから気にせんと。……他にも適当に足していってみ。……その気分で何を言うてるか分からんでいいから、とにかくジブリッシュやってみ。……どう？」

男　「……なんだろう、これ？　感じたことのない気分というか感情というか。白衣を着た弁護士が教会でおどけながら掃除してる感じなんです。なんですか、これ?」

ママ「知らんよそんなの。それがインスピレーションやねん。インスピレーションに理由を求めたらアカン。……面白いやろ?」

男「すっごい面白いです。インスピレーションも面白いし、やったことのない笑い方が……こんな笑い方が世の中にあるんだって発見ですね。で、その笑い方につられて気分も変わるんです」

ママ「そうや。ジブリッシュだけでもできるねんで」

男「僕のジブリッシュはそこまでいってませんでした。やっぱり先はあるんですね」

ママ「当たり前やん。で、緊張してる?」

男「してないです。力んでもないです」

ママ「そやろ! **なんでインスピレーションが来るかっていうたら、ゴールを決めてないからやねん。**具体的なイメージを持てへんことやねん。こういう感じになりたいっていう**ゴールを決めたら、そうなろうとして脳が束縛されるや**ん。束縛は強制で自由と違うからインスピレーションは来てくれへんねん。脳にしんどいことさしたらアカンねん」

男「でもスポーツとかではイメージトレーニングをするって聞きますよね?」

ママ「うん聞く。けどインスピレーションは別やねん。演技でも具体的に役のイメージ持たなアカンって思われてるけど、あれ、半分間違いやねん」

男「半分間違い? どう半分なんですか」

ママ「今、笑顔を入れたいってイメージでやったやん。そういう完成形のイメージはざっくりと持つねん。けど、具体的にどういう笑い方をするかはイメージ持ってないやん」

男　「はい」

ママ　「それを、具体的にここではこういう笑い方って決めたら、どうなったと思う？」

男　「たぶん、硬くなってぎこちなくなったと思います」

ママ　「そうやろ。役づくりでも同じやねん。**『完成形のイメージはざっくり、直近のイメージは持たずにやりながら見つける』**やな」

男　「う〜ん、ここでも二段階ですね。イメージも使いようなんですね」

ママ　「次は今のいろんな笑い方を混ぜてプレゼンやってみ。笑い方の種類がぴったりじゃなくても気にせんでいいから」

男、いろんな笑い方を混ぜてプレゼンテーションをする。

男　「全然今までと違います」

ママ　「そやろ。次は、全部思いっきり声に抑揚つけてプレゼンやってみ」

男、やる。

ママ　「次は全部なんらかの表情つけてみ」

男、やる。

ママ「次は全部に仕草を入れてみ」

男、やる。

男「すごい自由になる感じがします。可能性が広がる感じがします」

ママ「そうやろ。まだ笑顔、声の抑揚、表情、仕草を全部混ぜて、調整せなアカンけどな」

男「うーん、すごいですね。演技ってこうやってつくっていくんですね」

ママ「違う。こんなんで演技つくったら見せ掛けの演技にしかなれへん」

男「えっ?」

ママ「演技は感情がいるからもっと難しいって言うたやん。演技ではセリフの話し方や表情の練習をやったらアカンっていう考え方があるねん」

男「へー、そうなんですか」

ママ「感情ができたら話し方、表情は勝手に変わるって考えやねん。それは、感情ができてないのに話し方、表情だけで感情表現したらアカンっていう意味では正しい。けど、感情ができても自分のやったことのない話し方、表情が自然と現れるなんてことはほぼないねん」

男「そうでしょうね」

ママ「感情と話し方、表情がピタッとはまれへんことってよくあるねん。理由は歯車が合っているかのセンサーがないからやねん。そやからまず感情をつくってから、仕上げに今みたいに笑ってみたり、

⦿躊躇をとるプレゼンテーションの練習法(一例)

大げさ(全力)→ 普通 → 3倍 → いろんな笑い方 →
すべてに抑揚 → すべてに表情 → すべてに仕草

※やり過ぎて調整を繰り返す

男　表情を入れたりしてピタッとはまるとこを探すねん」

ママ　「そうですね。さっきいろんな笑い方をやって少し気分も変わったんですけど、あれくらいの感情では演技できないですよね。でも、ここでも歯車が合っているかのセンサーが出てくるんですね。恐るべしジブリッシュですね」

男　「後は家で練習し。覚えときや、『やり過ぎて調整』やで。まず躊躇をとるねんで」

ママ　「はい。『やり過ぎて調整』。まず躊躇をとる」

第五話◉発声する

私も緊張をとりたい

○喫茶店内

男の昼休みの時間。スーツ男と男がコーヒーを飲んでいる。

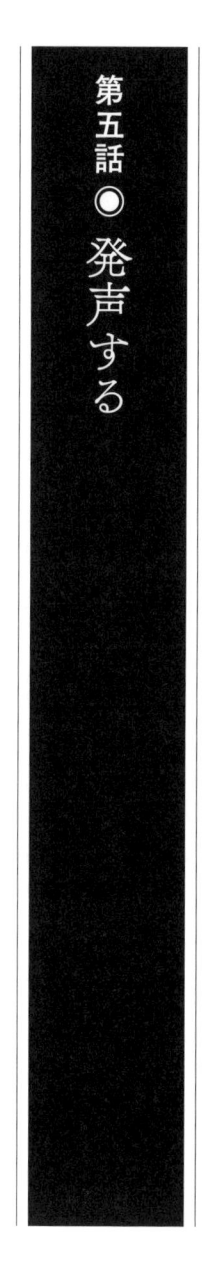

スーツ男　「こんな時間にすみません。もう一人の女優が舞台をやってもいいと言ってくれまして。資金も出資してくれるんですよ。それで会いに行かないといけないので」

男　「よかったじゃないですかー」

スーツ男　「ありがとうございます。後はママがＯＫ出してくれれば……」

男　「それは僕次第ってことですね。うーん、責任を感じるな」

スーツ男　「お願いしますよ、本当にお願いしますよ。日本の至宝があなたにかかってるんですよ」

男　「そんなにプレッシャーかけないでくださいよ〜。僕もいい感じになってきてるんですよ」

スーツ男　「本当ですか？　それはよかった」

男　「今日、ちょっと試してみようと思うことがあるんです」

スーツ男　「……そうですか。何か分からないですけど頑張ってくださいね」

○会社内

課長のデスクの前に男が立たされている。

課長　「あのさ、遊びに来てるんだったら辞めてもらっていいんだよ。どういうつもりでやったんだ？」

男　「実は……」

課長　「いいよ、言い訳は。こんなの初めて見たよ。最近はプレゼンの練習発表の調子がいいみたいだけど、底辺の人間がやったってたかがしれてるんだからな」

課長、紙をヒラヒラさせる。紙には「集中力のためにわざと口を開けてます」と書いてある。

男　「口を開けると緊張がとれて……」

課長　「口開けて、よだれ垂らして営業に行くのか？　犬？　お前は犬？」

男　「すみません……」

課長　「すみませんじゃないんだよ、犬かって聞いてるんだよ。給料はドッグフードでいいか？　部長に見つかってたら俺が怒られてたんだからな。……希望の左遷先でも考えてな！　以上！」

男、ガックリと落ち込んで自分のデスクに戻ると憧れの女先輩が近づいてくる。

女先輩　「課長の言うことなんか気にしなくていいよ。離婚してストレス発散してるみたいなの」

男　「は、は、はい」

女先輩　「奥さんにカツラがバレたらしいの」

男　「えっ、奥さんにも隠してたんですか？」

女先輩　「そうみたい。でも、どうして、あんな紙を背中に張ったの？」

男　「笑いがとれるって言われたので……」

女先輩　「笑い？　えっ、笑い？　……どうしたの、最近、何かあったの？」

男　「えっ？」

女先輩　「プレゼンの練習発表が調子がいいのは聞いてるんだけど……。彼女できたの？　だから頑張って

男　るの？　浮かれて紙を張っちゃったの？」
女先輩　「彼女なんかできてないです！」
男　「そう？　……私……見たの。女の人とイタリアンのお店に入っていくの」
女先輩　「えっ？」
男　「水商売の人でしょ。やばいんじゃない。だまされてるんじゃないかって心配してたの」
女先輩　「水商売じゃないです！」
男　「そう？　たちの悪そうな水商売の人に見えたんだけど……。何やってる人？」
女先輩　「（あ、水商売だ）……うーん、せ、ん、せ、い、かな」
男　「先生？　何の？」
女先輩　「いや……じょ、ゆ、う……かな」
男　「女優？　そんな知り合いいるの？　えっ、お芝居習ってるの？　その先生？」
女先輩　「いや、お芝居なんて……」
課長　「そこの二人！　さっさと仕事しないと左遷させるぞ」
女先輩　「はい。……（小さな声で男に）落ち込まなくていいよ」

僕は仕事のあと女先輩を思い切って喫茶店に誘った。ママとの誤解を解くためだ。
水商売と言えば水商売だが、プレゼンの練習のために通っていて、けっして彼女ではないと。憧れの先輩だし、説明も得意でないから少し緊張したが、いつもほどではなかった。どういうことを教わっているか。ジブリッシュや集中力の話などを具体的に説明、実践して見せた。

なんだろう、この感覚。話すうちにだんだん緊張がとれ、ノッて説明できた。きっと昨日のママとの練習で説明するのがうまくなっているんだ。

女先輩　「……説明上手ね。すごい」
男　「本当ですか？」
女先輩　「うん。その調子でプレゼンもしたんだ。いいなー」
男　「……」
女先輩　「……私もその店に連れて行ってもらえないかな」
男　「先輩が？　どうしたんですか？」
女先輩　「……」
男　「やめといたほうがいいと思いますよ」
女先輩　「……秘密なの」
男　「いや……。なんていうか、性格に問題がある人なんですよ」
女先輩　「やっぱり。……怖い人？」
男　「怖い？　うーん、怖くはないな。なんだろう、おっさんなんですよ」
女先輩　「おっさん？」
男　「心は性格の悪いおっさんなんです」
女先輩　「性格の悪いおっさんか……。いいわ、そこはガマンする。お願い」
男　「えっ、えっ、どうして？　どうしたんですか？」

女先輩　「……私も緊張をとりたいの。マジメをとりたいの」
男　「先輩が？　緊張するんですか？」
女先輩　「するわよ」
男　「なんでもうまくやってるじゃないですか？」
女先輩　「……」
男　「僕は先輩を目標にしてたのに」
女先輩　「あんなの目標にしちゃダメ。嘘つきよ！　あんなの死んじゃえばいいのよ！」

僕は何も言えなかった。ママと出会う前の僕のような、何か切羽詰まったものを感じたからだ。いつも笑顔のあの先輩から……。

何も言えない僕の右手を先輩の両手で握られ懇願されると即座に了承していた。そして左手で先輩の両手を握り返した。チャンスと思ったからだ。こういうのを最低の行為と気付いていながら気付いていないフリをし、フリをしている自分に嫌悪し、嫌悪しながらもやめないことにも嫌悪し、またそれに嫌悪し。……最後に、男ってこんなものだよなと言い聞かせた。

腹式呼吸と発声の練習

○スナック・とらのあな店内

男がママに女先輩を紹介している。ママはジョーカーを吸っている。

ママ　「ふーん、分かった。じゃ、先輩ちゃんも一緒に来たらええよ」
女先輩　「ありがとうございます」
ママ　「めっちゃかわいいや〜ん。私もタイプやで、先輩ちゃん」
女先輩　「も？」
男　「あ、あ、なんでもないです」
女先輩　「ありがとうございます。ママ、きれいですね」
ママ　「まぁ〜、私もなかなかやったけど、先輩ちゃんは清楚ちゃんやな」
女先輩　「ママはかっこいいですね。……あの、そのタバコいい匂いがしますね。なんの匂いかな？」
ママ　「メイプルチョコレートやねん。私の妖艶さが増すやろ」
女先輩　「あ〜、メイプルチョコレート。はい、似合ってます。カッコイイです。……あ〜いい匂い」
ママ　「これジョーカーっていうて、発売中止になってたのが最近復活して、伝説のタバコって言われてんねん。伝説の女優が吸う伝説のタバコやな」
男　「僕はマジメ過ぎますが、これは自信持って言います。……ママ、タバコやめた方がいいですよ」
ママ　「……う、る、さ、い！」
男　「……」
ママ　「そうや、今この子に観に行ってって頼んでる映画があるねん。一緒に観に行ってくれへん？」
女先輩　「いいですよ、ワァー楽しみ！（男に）いつ行く」
男　「えっ、あー、……い、いつでも大丈夫ですよ」
女先輩　「なんていう映画？」

男　「えーと……」

ママ　「（男に）あ、ごめん！　今は仕事で忙しいんやったっけ？　無理って言うてたな」

女先輩　「そうなの？」

男　「い、いや……。なんとか……時間とれるかな」

ママ　「無理せんでもええねんで。男は仕事に命かけなアカンからな。（女先輩に）なっ？」

女先輩　「……はい。……そんなに忙しいの？」

男　「いや、あの用件はキャンセルになったから一……大丈夫です。行けます。行きます」

ママ　「ふーん、都合よくキャンセルになってよかったな。都合よくな」

男　「……都合よかったです。……あの……ウーロン茶のボトルキープお願いします」

ママ　「五本くらいいっとく？」

男　「えっ、は、はい。……じゃ、五本」

ママ　「じゃ、今までこの子に教えたことはこの子に聞くことでええの？」

女先輩　「はい。彼の練習のスピード遅らすわけにいかないので」

ママ　「じゃ、そうして。たまにジブリッシュとか見たるから」

女先輩　「はい、ありがとうございます」

ママ　「せっかく来てくれたから今日は歓迎パーティーしよか。カラオケやろ」

男・女先輩　「……」

ママ　「なんや、二人ともカラオケ苦手なん？」

女先輩 「あんまり歌は……」

ママ 「普段、一人でも歌えへんの？」

女先輩 「……はい」

ママ 「音痴？ 音痴なん？ 音痴なんやろ」

男・女先輩 「……」

ママ 「歌ったら、楽しくなるし、ストレス発散にもなるで。あんたらストレス発散が下手やろ」

男 「そうですね」

ママ 「カラオケなんか下手でええねん。楽しめばええだけやで、って……それができひんのか」

男・女先輩 「……」

ママ 「……よっしゃ、音痴直したろか？」

男・女先輩 「えっ？」

ママ 「そんなことできるんですか？ って顔やな。できるんですよ、ある程度までは」

女先輩 「お願いします！ 直したいです！」

ママ 「音痴も直したるし、ええ声の出し方も教えたるわ」

男 「でも発表まで時間がないですよ」

ママ **「歌も緊張をとる練習やで。声と心って影響し合ってるから、緊張をとるのにも関係あるねん」**

女先輩 「そうなんですか？」

ママ 「うん。ものすごい精神的ショックを受けて、声を何年も出されへんってこともあるからな」

女先輩 「知らなかったです」

ママ　「**ええ声を出す腹式呼吸をやったらリラックスにもなる**ねん。そっちからも緊張とっていこ」

男・女先輩　「はい！」

ママ　「まず、発声やな。『あー』って大きな声出してみて」

男・女先輩　「はい。あ〜」

ママ　「はい、いいよ。それ胸式呼吸やねん。腹式呼吸でやらなアカンねん。二人、そこのソファの上であおむけになってみ」

男と女先輩、ソファであおむけになる。

ママ　「両足揃えて30センチ上げたらストップ、腹筋に力を入れたままの状態で発声してみ」※

男と女先輩、発声を始める。

ママ　「そう！　もう少し低い声にしてみ。高い声は喉を絞めるから。そう、太い、いい声になってきた！……どう？」

男　「今までより大きな声が出てるのに喉が全然痛くないです」

女先輩　「私も。これが腹式呼吸なんですか？　ずっと腹筋に力を入れて声を出すって不思議な感じ」

ママ　「そうやろ。腹式って普通はせえへんし、難しいからな。具体的にはどんな感じ？」

女先輩　「変な言い方なんですが、身体の中心からマグマが湧き上がってくる感じなんです。リラックスはできてないと思います」

ママ 「マグマか、面白いな。表面ではない奥のほうから力が来たんやろ。それでええねん。リラックスっていうと全身の力が抜けるもんと思ってしまうやん。リラックスのためだけの練習ではそれでええけど、実際に発声とかに応用する時は部分的には必要な力が入っててええねん」

女先輩 「へ〜、そうなんだ」

ママ 「その時に他の筋肉にも力が入るのがアカンねん。発声でいうたら腹筋に力が入るのはええ。けどアゴに力が入ったり、喉を絞めるようなのはアカンねん。今、二人ともええ感じやったで」

男 「難しいんですね。今のでいいんですか?」

ママ 「とりあえずは腹式で発声はできてる。じゃ、次は真っ直ぐ楽に立って」

男と女先輩、立ち上がる。

ママ 「前にあんたに言うた、『後ろに発声』※っていうのをやるで」

女先輩 「え、声を後ろに出すんですか?」

ママ 「そう。ちょっと聞いてて」

ママ、モノマネ芸人がやるＦ１の車が右から左に通り過ぎる『ブゥーン』という音マネをする。

女先輩 「スゴい。音の遠近感が変わりますね」

ママ　「今のは少しやればできるよ。今の左右に通り過ぎたのを前後に通り過ぎるのに変えるで」

ママ、Ｆ１の車が前から後ろに通り過ぎる『ブゥーン』をやる。

女先輩　「スゴい。本当に通り過ぎたみたい」

ママ　「左右も前後もやり方は同じやねん。これを前方50メートル向こうの人を呼んでるのから後ろ50メートルに変えていくで」

ママ、前に『おーい』と大声を何度も出し、少しずつ後ろに『おーい』と出すようにする。

ママ　「分かる？　同じ『おーい』でも音の響きが違うやろ？」

男　「はい。なんだろう、音に厚みがある感じです」

女先輩　「うん。鼓膜に響きます」

ママ　「そうやろ。やってる私も鼓膜に響くもん。Ｆ１で通り過ぎた声と大体同じやり方やねん。それに慣れたら、後ろへの発声だけに変えるねん。紙にやり方を書いたるから、Ｆ１でもやってて」

二人、〝ブゥーン〟とやるが、なかなかできない。

ママ　「まぁ、こんなもんかな」

ママ、プリントを渡す

男・女先輩「ありがとうございます」

ママ「ちゃんとやろうとして、慎重になったらアカンで。まずは気持ちいいようにやるねん」

男「どう気持ちいいんですか？」

ママ「うーん、気持ちよさを説明することはできひんな。今やったのよりもっと気持ちよくなる方法をみつけるねん。『気が済む』出し方を見つけることが大事やねん。とにかく『気が済む』やで」

男「はい。僕の人生、何をやるにも上手にやろうにとらわれて、気が済むって感じではなかったです」

ママ「うん。じゃ、やってみ」

二人、発声練習を始める。

ママ「ほらアゴに力が入ってる。アゴで調整しようとするからなるねん。アゴは垂れ下がってるイメージやで。……舌が奥にいってるから気道が細くなって声も絞められてるで」

◉発声の仕方と注意点のメモ

- 最初は前方50メートルから少しずつ後方に移していくやり方が声の変わるのを感じやすい。
- 後方50メートル向こうにいる人を呼ぶように前を見たまま大声を出す。
- アゴは軽く引く。アゴに力を入れがちになるので気をつける。
- 口を指1、2本分開ける。口は縦でなく横に広く開ける。
- 唇は前に突き出すのでなく、横に広げ、後ろに引っ張られるイメージ。
- 舌は平たくし口内の下に置き、舌先が下の歯に軽く触れる。喉を開く。舌を奥に引っ込めると喉の気道が狭くなってしまう。
- 足は肩幅に広げ、足の裏からパワーを吸い上げて声に出すイメージ。

男　「難しいですね。でもストレス発散できてる感じがします」

二人、30分ほど発声練習を続ける。

イメージは脳を縛る

ママ　「これは絶対にできるから安心し。コツは下半身が東京タワーみたいなイメージでやるねん」

男　「今で言ったらスカイツリーですね」

ママ　「いや、東京タワーやな。東京タワーの方が大地から養分を吸い上げてる大木みたいやろ。発声も大地からパワーを吸い上げてる感じやねん。そしたら下半身が安定するから」

男　「うーん、そうか。スカイツリーはヒョロッとしてますもんね」

ママ　「私には東京タワーはピタッとくるねんけど、あんたがどうしてもスカイツリーでやりやすいねんやったら、そっちでもええで。他の人が使ってるイメージも自分に合うようにせなアカンねん」

男　「自分に合わせたイメージトレーニングですか」

ママ　「そのイメージトレーニングっていうのも違うかも。私も便宜上イメージって言葉を使うけど。……昔、発声練習の時に東京タワーのイメージでやるように言われてんけど、イメージに縛られてできひんかってん。で、イメージ持たんとやったら勝手に『わぁ、今東京タワーになってる。声もええ感じや』ってなって、実際それから急に声が出だしてん」

男　「へ～」

ママ　「イメージ持ったら縛られて、持たんかったらできてん。イメージとかイメージトレーニングって効果的な時もあるけど万能ではない。過大評価され過ぎてるねん。イメージも持ち方次第やで」

男　「持ち方ですか……」

ママ　「前にも言うたやん、**イメージを持つと脳が縛られる**って。**ゴールとして持つより道しるべやで**」

女先輩　「そうなんですか？　仕事やスポーツでもイメージが大事ってよく聞きますけど」

ママ　「違いわな、心が伴うかどうかやねん。仕事で新しい企画を考える時のイメージは心と関係ないからええねん。スポーツも精神とか関係あるけど一番は身体やん。身体は操作できるから、とりあえずはええねん」

女先輩　「……」

ママ　「で、心とかインスピレーションは操作できひんから、イメージ通りできてなかったら自分を否定してしまうやん。否定したら心は萎縮してもっと感じひんようになってまうねん。そやからゴールとして持つんと違って道しるべやねん」

女先輩　「……」

ママ　「けどついゴールとして持ってしまって自分を苦しめてまうねん。前にあんたが言うたやん。もっと幸せになりたいって思って空回りしてるって。あれは幸せのイメージがあって、それになれてない現状を否定してる状態やねん」

女先輩　「……深いですね」

ママ　「私は人生論は説きたくないねんけど、お芝居やってて同じやな〜って思うことが多かってん」

女先輩、「いい人じゃないの」と男に目で合図をする。

男、「油断しちゃダメですよ」と目で合図をする。

女先輩　「あのー、話を戻しちゃうんですが、発声に下半身が関係あるんですか?」

ママ　「あるねん。発声って喉とか胸式でやってしまうと薄っぺらい声になる。じゃ、胸式のもう一つ外堀の腹式にしよ。お、結構ええやん。じゃ、もう一つ外堀の下半身からやってみよってことやねん」

男　「なるほど」

ママ　「これ緊張のとり方と同じやで。**緊張は直接はとられへん。じゃ、身体を疲れさせて緊張をとろう。楽しみやすくして緊張しにくくしよう。他への集中力を上げて緊張を忘れさそう。みんな直接と違うやろ。外堀からやるねん。**たぶん、外堀からやるって、なんにでも言えると思うな」

女先輩　「仕事でもそうです。問題解決のカギは別のとこにあることが多いです」

ママ　「なっ。私の肝臓が悪いのは肝臓が悪いの違うねん、酒やねん。けど酒が悪いの違うねん、飲まずにいられへん生活やねん。けど生活が悪いの違うねん、社会やねん。私の肝臓は社会の縮図やねん」

男、女先輩に「ねっ、性格に問題あるでしょ」と目で合図する。

女先輩、「そうみたいね」と目で合図する。

意識の八割を先に持っていく

ママ「じゃ、歌おうと言いたいとこやけど、既成の歌やとちゃんとやろうとしてしまうやろ」
男「……どうするんですか？」
ママ「作曲しよ」
男「えっ、作曲？　無理ですよ」
ママ「大丈夫やて。ジブリッシュで適当にリズムに乗って抑揚つければいいだけやから」
男・女先輩「……」
ママ「こうやるねん。ジタガブ～レチン～、パタ～ギンヒュレジ～♪　適当でええねん。やってみ！」
男「は、はい。ジュタブレンッスエンダ、ピオンヒンヂ～♪」
ママ「ええやん、サンバ調やな！　はい先輩ちゃん」
女先輩「ウ～ヒコ～パンフビ～、タ～ダバ～♪」
ママ「ええやん！　バラードやん！」
女先輩「もうちょっと歌っていいですか？」
ママ「えっ、いいよ！（男に）あんたも歌い」

二人、ジブリッシュで適当に歌っている。
女先輩が、だんだんノッてくる。男はイマイチ乗れていない。

女先輩　「面白いです。でも聞いたことある歌に似てますけど」
ママ　「ええねん最初はなんでも。あんたは？」
男　「……僕は……少しは面白いんですけど……」
ママ　「そんなには面白くない感じやな。理由ははなんやと思う？」
男　「音楽の才能ですか？」
ママ　「そんな大げさなもんちゃうよ」
男　「じゃ、集中力ですか？」
ママ　「まぁ、それもあるやろうけど。……『あっ、今の違うな～』って後悔しながら歌ってるからやねん。**否定は楽しくないから、心が萎縮してまう**ねん」
男　「うーん、そうですね。違うなーって思ってました」
ママ　「先輩ちゃんはどうやったん？」
女先輩　「……よく分からないまま続けました」
ママ　「うん、最初は分からんでもええ。二人の違いは意識の方向やねん。あんたのは歌い終わった音に意識がいっぱい行ってるねんけど、先輩ちゃんは終わった音に二割の意識と、これからどんな感じで歌おうかって、八割の意識が先に行ってるねん。歌い終わった音にも少しは意識が行かなアカンで。つながりがおかしくなるからな」
女先輩　「そんなことまったく考えていませんでした」
ママ　「何も考えんとできることもあるけど、できひんかったら意識の配分を考えたら問題点が分かるやろ。『意識の方向』と『意識の割合』を正せばかなりのものは解決するねん」

男　「（急に歌いだす）ラ～レンチダゾエ、ピュ～チンデソ～♪　あっそうですね意識が後ろに行ってました。面白いです」

ママ　「そうやろ。プレゼンに似てるやろ」

男　「そうですね。僕、プレゼンのとき言い終わった言葉を気にし過ぎていました。同じですよね？」

ママ　「同じやな。歌もプレゼンもセリフも。日常会話も同じやで。**八割は先に意識を持って行く**ねん」

男　「日常会話も同じか。プレゼンの時はちゃんとやろうとして非日常的な話し方になってたんだ」

音痴を直す超細分化

ママ　「じゃあ、今までのは家で練習しといて。先に進むで。さ～。本命の音痴対策やで」

男　「はい。……ドキドキします」

ママ　「歌の練習って一曲をフルに歌うことが多いねんけど、それをもっと細かく分けるねん。実際に曲の一番だけとか前半だけみたいに分けてやることも多い。けどもっと細かく分けるねん」

女先輩　「一小節とか？」

ママ　「一小節でも長い。例えば『たそがれエレジー物語』って曲でやると……」

男　「そんな曲があるんですか？」

ママ　「私が作った名曲や。泣けて笑えるで。『なんだかんだ言われても～、ドサクサにまぎれて～♪』って始まるねんけど、最初の『な♪』か『なん♪』っていう、できるだけ短いのを練習するねん。音程はどうか、声質はどうかって」

男　「超細分化ですね」

ママ　「超短いからすぐ繰り返しできるやろ。これが一曲歌った後やと、始まりがどうアカンかったかって忘れてまうやん。最初はちゃんとやろうとせず、回数をこなすねん。そしたら**ちゃんとやろうって身構えるのもなくなるから。身構えるのをとるための助走やな。**まずは**質より量**やねん」

女先輩　「練習って量より質って思ってたんですが？」

ママ　「最終的にはな。けど最初から質を求めたら『違うな違うな』って否定して萎縮してまうやん。まず質より量で始めて、身構えるのをとって、慣れさして、工夫して量より質にするねん」

女先輩　「スタートと終わりではやり方を変える二段階ですね。教えてもらいました」

ママ　「そのとおり。次に『な』の音程と声質がいい感じになったら次に行くねん」

男　「『ん』ですか？」

ママ　「ブー。途中の『ん』だけやってもつながりがないから、『なん』やな。次に『なんだ』って長くしていって、『なんだかんだ言われても』までいって、一区切りついたら、次は『ドサクサ』の『ド』だけからまたやるねん。曲のテンポやメロディーによっては『な』みたいに一音では切られへん場合は『なん』って二音でもええで。とにかくできるだけ短く区切って練習するねん。音痴でも『な』だけを何回もやってたら音程とれるようになるねん」

男　「でも、そんなに短くやっても楽しくないんじゃないですか？」

ママ　「前にジブリッシュの時、楽しいって聞いたやん？　歌も楽しまなアカンねんけど、音痴のままやから、それ以上は楽しみにくいねん。そうなったら、**技術的に上達させるのが楽しくなる方法**やねん。技術的な練習の時は、楽しいかどうかは横に置いとかなアカンねん」

男　「置いておくんですか？　ずっと、楽しまなきゃって思ってました」

ママ　「歌が好きやのに音痴が直れへん人っておるやん。楽しんで気分はノッてるねんけど、気分ばっかりに意識が行って音を合わそうって意識が雑やねん」

男　「う〜ん、そうなんだ」

ママ　「そうやで。エッチでも自分だけ気分ノッて、雑な男がおるやん。ノッてる気持ちを横に置いといて、丁寧にやらな嫌われるで」

女先輩　「やだ〜！」

ママ　「あれっ、下ネタいける口？」

女先輩　「え〜、嫌いじゃないですけど〜」

男　「（ガッビーン！）……」

女先輩　「なんか、今の話を聞いたらリラックスしてきました」

ママ　「リラックスした？　それは好きな話やってるからやで。これからは緊張したら下ネタやな」

女先輩　「はい」

男　「（ガッビーンガッビーン！）……」

ママ　「下ネタ続ける？　練習の話にする？」

男　「練習の話！」

ママ　「あっそ。……細分化も大事やねんけど、全体もとらえなアカンねん。歌でいうたら、何回か全部を歌って、次に細分化して一区切りまで行ったら、細分化したところを続けて歌う。そうせな流れが分かれへんやん。全体、細分化、全体、細分化ってやるねん」

女先輩「はい」

ママ「でな、最初は間を空けずに反復練習して身構えるのをとる。とにかく考えんと数をこなす。で、『質より量』から『量より質』にする時は、急いで不正確よりゆっくり正確にやる、やねん」

女先輩「『質より量』から『量より質』。急いで不正確よりゆっくり正確ですね」

ママ「そう。で、ゆっくりばっかりやってると、また身構えてまうから、たまに失敗していいから急いでやるねん。それは成功するためじゃなく、身構えるのをとるためだけの理由やねん」

女先輩「これも二段階に考えるってことですね」

ママ「そうやな。ジャンルによって少しは違うこともあるやろうけど、大体のものの練習ってこんな感じにやるねん。プレゼンなんかはそうやろな」

女先輩「演技のセリフも『な』みたいに一言に細分化した練習をやるんですか?」

ママ「演技でそこまで細分化したらわけが分からんようになるから、もっと大きい分け方やな。登場のとこだけとか。まずは気持ちをつくって、何回もいろんな登場の仕方をするねん」

女先「はい」

ママ「それはお客さんにどう見せるかじゃないねん。気持ちができてても、その気持ちのままの登場の仕方になれへん時もあるから、ピタッと気持ちと合う入り方を見つけるねん」

女先輩「ピタッとですか」

ママ「そうやな。……じゃ、好きな歌で一音ずつ練習やろか」

男と女先輩、歌の練習を始めるが、男が乗り気でない。

女先輩　「どうしたの？」

ママ　「先輩ちゃんが下ネタ嫌いじゃないって言うたから傷ついてんねん」

男　「……そんことないですよ」

ママ　「モテへん男は、女は天使と思ってるねん。ガールズトークなんかえげつないもんやで。なっ？」

女先輩　「いや〜だ〜！　なんか喉かわいちゃった、ママ、ジュースもらえますか？」

ママ　「はーい、ジュースね」

ママ、ジュースをとりにその場を離れたとき、女先輩が男に耳打ちする。

女先輩　「ママに話を合わせてるだけだからね」

男　「……はい！」

第六話◎乗りやすくする

独り言で考えをまとめる

○スナック・とらのあな店前

男が店に入ろうとすると中からママの会話の声が聞こえる。

ママ「そやから、それはあんたの考えやろ。あんた一人でやってるんとちゃうねんで」

男、入るのをためらい、扉に聞き耳をたてる。

女先輩「(後ろから) 遅くなっちゃった。……どうしたの?」

男「あ、先輩。……ママ、誰かと深刻な話をしてるみたいなんです」

女先輩「えっ、そうなの? ……どうしよう、今日はやめて、どこかに行く?」

男「えっ、は、はい。行きます」

ママ、ビールケースを持って出てくる。

ママ「あら、いらっしゃい。……入れへんの？」

男「えっ？」

女先輩「……いいんですか？」

ママ「何が？　いいよ」

男「い、いや、やめた方が……」

ママ「なんやあんた。入ろうとしてる先輩ちゃんを止めるって、営業妨害するん？」

男「いえ、そんなつもりは……」

○スナック・とらのあな店内

三人、店に入る。男、女先輩、店内を見渡す。

ママ「何してるん？」

男「いや、……誰かいらっしゃいませんでしたか？」

ママ「いてないよ。なんで？」

男「いや……、なんか……、声が聞こえて……」

ママ「……？　あ、またやってた？　……独り言や、独り言。知らんうちにやってまうねん」

男　「誰かと話してるようでしたけど？」

ママ　「あ、そう。今日は誰とやったっけ？　独り言で誰かと話してまうねん」

男　「誰かと話してるんですか？　……妖精とか？」

ママ　「そんな不思議ちゃんと違うで。大体は知り合いやな。独り言やるやろ、それと一緒やん」

男　「独り言なんて言わないですよ。先輩は？」

女先輩　「ううん、言わないと思う」

ママ　「嘘やん！　ほんま？　へ～びっくり」

男　「やめたほうがいいですよ」

ママ　「なんで？」

男　「なんでって。……独り言ですよ！」

ママ　「うん、独り言。一人の時しかしてないから迷惑かけてないやろ」

男　「でも今みたいに外に聞かれてバレることもありますよ」

ママ　「まぁ、別にええけどな」

男　「気持ち悪がられますよ」

ママ　「気持ち……悪い……」

男　「僕だから良かったですけど」

ママ　「……」

男　「気付かないでやってるって、やばいですよ」

ママ　「は～い、僕ちゃんよくできまちたね～」

男・女先輩　「……」

ママ　「私に意見するって1兆年早い！　はっは～ん、そうか、独り言せえへんのか」

男・女先輩　「……」

ママ　「よし、今日は独り言やろ。独り言の効果教えたる」

男　「はっ？　独り言に効果があるんですか？」

ママ　「当たり前やん。あるから知らんうちにやってんねんやんか。知らんうちにやってるものはメッチャええ方法かメッチャ悪い方法やで。ええ方法の時は本能に従ってるからで、悪い時は本能を無視して頭で「これはこうあるべき」って理想像に縛られてるか、怖くて逃げてる時やねん。私の独り言はええ方法。あんたの口ポカーンもええ方法やで」

男　「……」

ママ　「独り言は自分の考えをまとめるのにええねん」

男　「考えがまとまるんですか？」

ママ　「まとまるよ。あんたはいつもどうやってるん？」

男　「僕は声に出さないで頭だけで考えてます」

ママ　「頭だけでええ時もあるねんけど、独り言には勝たれへんな」

男　「なぜですか？」

ママ　「頭だけで考えてても同じとこで堂々巡りしてし先に進めへんことあるやん」

男　「あー、確かに先に進まないことありますけど、独り言だといいんですか？」

ママ　「いいよ、抽象的で終われへんから」

男　「抽象的？」

ママ　「頭やと漠然としたイメージになりがちで発展しにくいけど、口に出すにはある程度具体的にせなアカンやろ。そしたら次にもっとイメージが膨らみやすくなるねん」

女先輩　「分かります、それ。私もノートに書くと膨らみやすいです。一緒ですよね」

ママ　「うん。抽象的じゃないから進みやすいのは同じじゃな。書くことのメリットは見えるから確認して、そこからまたイメージが膨らむことやねん。けどデメリットもある。それは的確な言葉を選ぼうとしてマジメになって考えてたほどの量は書かれへんねん。それと書くって、独り言より遅いから率直な気持ちや考えが薄れてまうねん」

女先輩　「あー、書きたい気持ちがあるのにどう書けばいいか悩んじゃって、書けないことあります」

ママ　「そやからまず独り言でいっぱいしゃべんねん。間違っててもええからしゃべって内容の幅を広げとくねん。独り言やったらノートがなくてもええねんから満員電車でも簡単にできるやん」

男　「満員電車はちょっと……。でも、間違ったことを言ったらそれに影響されたりしませんか？」

ママ　「ないとは言われへん。けど、それを怖がってたら何も始まれへんやん。間違いは気にせんと深くも考えずにしゃべってたら、予想外のことを言うたりするもんやねん。この予想外が大事やねん。予想外って『新しい発想』や『新しい考え方』やで。そうやって、まずはいっぱいしゃべって素材を集める。そのあとに選別する。『広く準備して研ぎ澄ます』やで」

男　「あ、二段階か。はい。うーん、いい話ですけど、今日のは緊張をとることからは外れるわけですね」

ママ　「私が外れたことある？　直接じゃなくて外堀からって何回も言うてるやん。外れてるように見える下ネタも分かりやすくするためやん。サービスやで。私の趣味でしゃべってるんと違うで。うん、それは確信持って言える。下ネタは趣味と違う！」

男　「あー、外堀からか」

ママ　「最後まで聞け！　趣味と違う！」

男　「……はい」

ママ　「そう、趣味ちゃうからな。……で、やり方はな、最初は自分一人で話してるねんけど、途中から誰かと話してるねん。けどまた一人になったりもする。そこに細かい決まりはないねん。誰かが出てきても、ちゃんと見えたり声が聞こえたりはせえへんで。たまに聞こえるくらいやな」

女先輩　「独り言にやり方なんてあるんですね。知らなかった」

ママ　「これは自分流のやり方で他の人はどうやってるか知らんけど、楽しかったりスッキリするんやったらどんなやり方でもええねん」

女先輩　「何を話してるんですか？」

ママ　「何やろ、無意識のことが多いからな？　問題解決、アイデア、勉強、興味のあることかな」

女先輩　「ふ〜ん」

ママ　「独り言でも話って誰かとやるほうが楽しいし、相手に分かるように会話を組み立てなアカンから具体的になるねん。で、それが耳から聞こえるから、頭で考えるだけより頭が働きやすいねん。独りアウトプットやな。アウトプットしたほうが理解深まるやん」

女先輩　「そうですね」

ママ　「けど何も思いつけへんことあるやん。そしたら、同じ意味でいいから違う言葉に変えたり、話す順番を変えるねん。それをきっかけに思い付くことがあるから」

女先輩　「へ〜、そうなんだ」

ママ　「それでもアイデアが出えへんかったら、何回でも同じ話をするねん」

女先輩　「飽きませんか？」

ママ　「飽きるよ。わざと飽きさせるねん。そしたら脳が次のアイデアを欲してるんかな。アイデアが出やすくなるねん」

女先輩　「わざと飽きさせるんですか？　面白〜い」

ママ　「人間は飽きる。じゃ、それを『逆に』利用したらええねん。そうせなもったいないやん」

女先輩　「そうやってアイデアを出すんですね。独り言に効果があるって初めて知りました。……でも、ママにも問題があるんですか？」

ママ　「『当たり前田のクラッカー』やん！　問題解決もあるし、役づくりのアイデアとか、演出プランとか考えてたな。……ちょっとあんたらやってみよか。聞かれたくないやろうから部屋の両サイドに分かれてやってみ。そうやな、テーマは仕事のアイデアでもやろか」

成功のために無駄を惜しまない

女先輩と男、独り言をやる。二人とも、調子よくいかない。男はほぼ無言状態になっている。

男　「あの……何を話せばいいか……言葉が出てこないです」

ママ　「みたいやな。なんでしゃべられへんかって言うたら、一言一句に意味を持たそう、核心を突こうとするからやねん」

ママ 「でもそのためにやるんですよね」

男 「最終的にはな。けど最初から効果を求めたらアカンって言うたやん。**最初から効果を求めたら身構えてまうから、助走が必要**やねん。独り言で思いつけへんねんやったら、極端な話、昼ご飯どこで食べて、おいしかったとかでいいから、とにかくしゃべり出すねん」

ママ 「そんなー、仕事のアイデアに昼ご飯は関係なさ過ぎですよ。それじゃ時間の無駄ですよ」

男 「核心突くとこから入れるんやったらそれでええけど、無理やったら入りやすい外堀まで行かな入られへんねん。あんた、広告代理店やろ。広告代理店のアイデアなんか、いたるところに転がってるねんから」

ママ 「うー、なんか無駄だなー」

男 「できる人とできひん人の違いってそういうとこやねん。**一見、無駄に見えることを無駄と思うか思えへんか**やねん。これ才能やで。できひん人の練習、アプローチは直接的なものだけ。こういう間接的なものもアプローチの一つって思ってる人は伸びるねん。捨て石って言葉があるやろ。成功のために犠牲を払うことで、いきなりは無理ってことやん。立ち幅跳びより助走のある幅跳びの方が完全に飛べるやん。助走が大事ってことやん。それを無視したらアカン」

男・女先輩 「はい」

ママ 「前に歯車を順番に合わさなアカン、いきなり四速は嫌われるでって言うたやん。先輩ちゃん、四速っていうのはエッチの本番のことな」

女先輩 「えっ、やだー。……でっ？」

ママ　「おっ、ノッてきたな。助走っていうのは一速やな。エッチの一速ってキスやん。キスは心と身体の準備やのに、助走なしで核心突こうとする人は、キスなしで本番しようとしてるのと同じやん。先輩ちゃん、キスなしってどう思う?」

女先輩　「サイテー！　そんなの絶対によくな～い」

男　「（あ～聞きたくない！）……」

ママ　「（男に）そうなんやて！　男はキスを付け合わせぐらいにしか思ってないけど、女は付け合わせちゃうからな、ほぼ本番やで。エッチではキス。練習、アプローチは助走。これを大事にできるかどうかでその後の結果に差がでるねんで～。趣味で下ネタ言うてるんと違うで～」

男　「う、う、う～……」

ママ　「一言一句に意味を持たすって、一やって一得ようとするようなもんやん。せっかちで欲張りで、努力や時間にケチやねん。性格悪いってことやな。私は十やって一得られたら上出来やと思ってる。欲張ってなくて謙虚で性格ええやろ」

男・女先輩　「……」

ママ　「**無駄に見える九のおかげで一を得られる**ねん。前に言うたやん。ジャンルによって確率の数字が違うって。野球は三割打ったら一流、四割打ったら神。独り言でのアイデアは、10分しゃべって一個あったらええほう。10分で一個って1時間で六個もあるねんで。頭だけで考えても思考停止するし、核心から入ろうとしても無理やからゼロ。それを外堀からしゃべったらつかみやすくなるねんから、やらな損やん。すぐできるし、タダやし」

女先輩　「……あの、できないっていうのは性格が悪いんですか……」

ママ　「そうやん、せっかちで欲張りでケチで謙虚さないねんから」

男　「性格が悪いって言葉より、考え方が違うって言う方が的確だと思うんですけど」

ママ　「あんたは、『プレゼンは苦手なんです』とか、『シャイボーイなんです』ってノンキなこと言うて逃げてきてんで。なんや、ボーイって。シャイって、人からどう評価されるかが気になってる気持ちの塊やん。それをシャイなんて耳障りのいい言葉にして逃げてるねんで。できひん理由を性格が悪いって思ってみ。ノンキなこと言うてられへんで。……まぁ今までは間違ったことを教えられてきたから仕方ないとしても、私がなんで今までできひんかったか、それをどういう考えで、どういう練習やればいいか教えてて、これでできひんかったら、性格が悪いっていうのが理由やねん。自分は性格が悪いですっていう十字架背負って生きていくことになるねんけど、……覚悟できてる？」

女先輩　「……そうですね、心の底では性格悪いです。自分で気付いてます。だからここに来ました」

男　「……僕は……覚悟が弱かったと思います」

ママ　「ええやん。気付いたら変われるよ。性格が悪いとは言うたけど才能ないなんて言うてないからな。そんなこと誰にも言うたことも思ったこともないで」

男　「そうなんですか？」

ママ　「『前田のクラッカー』やん。できひん人は才能ないからちゃうねん。心がせっかちやからやねん。才能伸ばすのは難しそうやけど、せっかち治すのはできそうやろ？」

男　「はい。僕にも才能ないって思ったことないんですか？」

ママ　「『前田』やん」

男　「ママって、お釈迦様のようですね」

ママ　「お釈迦様って、私、女やで、女。抱いてきたんちゃうで、抱かれてきたんやで！」

男　「すみません。つい、うっかり」

ママ　「もう〜、うっかりばっかり〜、しっかりいったり〜、そうせな私がっかり〜♪」

男・女先輩　「（韻を踏んでる）……」

女先輩　「聖母マリアですよね」

ママ　「聖母マリア？　聖母マリア。マリア。……ええね〜。なんか、調子でてきた。……あんたは才能ないんと違う。方法とか考え方を知らんかっただけやん。ジブリッシュええ感じになってきたやん！　それ能力やん！　他の人はできひんねんから。スポーツは基本的な体力が関係あるから向き不向きがあるけど、少なくとも演技を本気でやって伸びひんかった子を見たことがない」

女先輩　「本気か〜」

ママ　「力みにならんかったら、本気はどんだけ本気になってもええ。今のあんたらの本気度は50点くらいやな。可もなく不可もなくや。それでもジブリッシュができてきたのは考え方を変えたからやで。さっき、他の人に対して才能ないって思ったこともないって言うたけど、本気になられへん人は……無理やな。才能以前の話やな」

男　「50点か……もっと頑張らないとな」

女先輩　「伸びるってどれくらい伸びるんですか？」

ママ　「コメディーやのに泣かされて、シリアスドラマやのに笑わされるくらいやな」

女先輩　「コメディーで泣かされ、シリアスで笑う？　逆じゃないんですか？」

ママ　「コメディーで笑って、シリアスで泣くって普通やん。それの上のレベル」

女先輩「え〜、スゴい！」

ママ「みんな最初は、せっかちで欲張ってたから演技悪かったけど、せっかちがなくなったら急に演技が良くなるねん。せっかちで欲張りな心で感性が豊かになるわけがないって気付くねんやろな」

女先輩「（男の肩に手を置き）プレゼンも希望が持てるね」

男「はっ、はい！」

ママ「なっ、性格のええ私を目標にやっていこ。掛け声でもやろか！　目指せママ、オー！」

男・女先輩「……」

ママ「掛け声は出せへん、と……。じゃ、さっきの続きやで。『昼ご飯』みたいに入りやすいとこから独り言やっていくねん。そうやってるうちにテンポも出てノッてきて集中力も高まるから。まず乗らな脳は冴えへんからな」

女先輩「えっ、集中してから始めるんじゃなくて、始めてから集中するんですか？」

ママ「そうやで。最初から集中できたらええねんけど、できひんやろ。**集中してから練習を始めるのと違って、始めながら集中する**ねん。**集中は結果的なもんやから、最初から求めたらアカン**」

集中はノッている状態

女先輩「学生の時、部活で練習の最初から集中しろって言われてきたのは間違いだったんですね」

ママ「う〜ん、間違いではないけど、最初から集中できてたらプロやん。技術の向上と一緒に集中力も向上するねんから。よくやってまう失敗は、勉強でも練習でも一人でやる時、集中してから始めよ

女先輩　うとするやん。で、結局やれへんままやねん」

ママ　「よくあります、そんなこと」

男　「集中してる状態ってノッてる状態やで。始める前からノッてるって、走る前からランナーズハイになるようなもんで、そんなん無理やん。そやから始める前から集中ってほぼ無理やねん」

ママ　「でもこの前、テレビでイチローが……」

男　「あんたとイチローは同じレベル？　イチローくらい努力して、修羅場を体験してきた？　違うやろ？　高いレベルの人は高いレベル用のやり方やねんから、同じことをやるのは無理やねん。成功者のやり方はあんたには劇薬って言うたやろ？　死ぬで」

ママ　「あっそうでした。でも死ぬは大げさですよ」

男　「命はとられへんけど、才能が死ぬのはホンマやで」

ママ　「……そうですね。今までの自分は死んでました」

男　「集中してたらそれでええけど、してなくても1分だけとりあえず始めてみるねん。そしたら集中とかやる気のスイッチが入るから。これすごい大事なことで、人類の存続に関係するねんで」

ママ　「人類の存続？　それは大げさですよー」

男　「大げさちゃうねん。（男に）今からガールズトークするけど聞く？　ガールズトークは聞かん方が身のためやで。夢壊れるで」

男　「えっ、そうなんですか？　……うーん、じゃ、やめときます（指で耳をふさぐ）」

ママ　「先輩ちゃん、彼氏とエッチしたいなーと思っても、疲れてやりたがれへん時ってあるやん。世界中の男が疲れてエッチ拒んでみ、人類終わるねんで。そういう時は、おっぱいの先でツンツンするねん。それでアカンかったら彼の手をとっておっぱいにこすりつけるねん。そしたら男って、あんなに疲れたーって言うてたのにスイッチが入ってまうねん」

女先輩「そうなんですか？」

ママ「そうやで。きっかけあげたらもう止まれへん。単純な生き物やろ」

女先輩「ホントに単純ですね。腹が立つときもあります、単純過ぎて」

ママ「そこはな、腹を立てんと単純を理解して逆に利用したったらええねん」

女先輩「また逆に利用ですか？」

ママ「そうや、逆に利用って便利やろ。自分でスイッチ押せへんねんやったら、押すようにきっかけあげるねん。お手伝いやな。それって優しさやん。やまとなでしこやん。人類存続の救世主やん」

女先輩「ツンツンってすごいですね。ただのきっかけなのに、それが人類を救うって」

ママ「そうやねん」

男「（耳をふさいだまま）まだですか？」

ママ「（指でOKサイン）もうええで」

男「（指を離す）……なんの話だったんですか？」

ママ「聞いたら死ぬで。まぁ、女用のやる気のスイッチの押し方やな。んっ？　押させ方か」

男「うーん、気になるな。でも夢壊れるのは嫌だし……」

ママ「はいっ、話し戻すで！　何の話やったっけ？」

男「集中はノッてる状態ですね」

女先輩「そうか、集中ってノッてる状態なんだ。……ジブリッシュで楽しくなりやすくして、乗りやすくして、それで集中しやすくして、緊張を忘れやすくするってことですね」

ママ 「そう。集中できてるかっていうよりノッてるかって確認する方が分かりやすいかもな」

女先輩 「ノッてるかー。歌うのは楽しくなってきたけどなー……」

誰でもノッて踊れる方法

ママ 「歌は楽しいか……。よしっ、あれやろ!」

男 「なんですか?」

ママ 「あんたら、ディスコとか行けへんやろ? 土曜の夜にフィーバーせえへんやろ?」

男 「ディスコ? フィーバー? フィーバーはしませんね」

ママ 「踊るのが恥ずかしいねんやろ。踊り教えたるわ」

男 「えっ踊りですか? できないですよ」

ママ 「ええから! ディスコ行ったら楽しまなアカン、ノッてないとアカンと思って、乗ろう乗ろうとして乗れてない人いっぱいおるねんけど、心は操作できひんいい例や。じゃ、どうしたらええか? まず曲の音をちゃんと聴くねん」

男 「聴いてると思いますよ」

ママ 「ちゃう、なんとなく聴いてるだけで意識は乗ろう乗ろうって、ほとんど心に行ってるねん。ちょっとやってみよか。※音楽をかけるから、乗ろうとせんでいいから、音を聞いてリズムに合わせて手を動かして」

男　「リズム？　（両手を上下に単調に振る）こんな感じでいいんですか？」

ママ　「それでええ。乗ろうとせんでいいで」

音楽をかける。二人、手でリズムをとる。

ママ　「そう、ええで。じゃ、肘もリズムに合わして。……そう。肩もやってみ。……頭も振ってみ。……ええ感じやん。じゃ、肩甲骨も。……ええ感じやん、腰もやってみ。……ええやん。それに足踏みも入れて。ステップなんて難しいことせんでいいから。……そうそう、次に左右をバラバラにしてみ。……そうそう」

男　「バラバラ？　難しいですね……」

男と女先輩、悪戦苦闘しながらもバラバラに動かす。少しすると女先輩の動きが止まる。男も止まる。

ママ　「どうしたん？　……踊るのは早かった？　……ごめんごめん。……泣かんでもええやん」

女先輩　「（泣いている）すみません。……ノッてしまいました。……すっごく楽しいです」

男　「僕もです」

ママ　「えっ？　なんや、楽しかったん？　びっくりするやん、泣いてんねんもん」

女先輩　「私、人前で踊るなんて一生できないし、乗るなんて想像もしてなかったです。……でも楽しそうだなって憧れてて……それがたった1分で……たった1分で楽しくなれるなんて。うれしいんですけど、なんだったんだろう、今までの人生って。……私、徳島出身なんですけど、『同じアホなら踊らにゃ損損』の意味が分かりました。たった1分でできるんですね」

ママ　「そうや。楽しまなアカンって言われて、心に無理強いして余計に楽しまれへんようになっててん。今まで教えたことの多くが、今の踊りに集約されてるねんで。**乗ろうとせんと、ただ身体を動かしただけで心が誘導されてんで。**二人とも勝手に動きがアレンジされて、表情にも表れてたやろ。自由やん！　自分流やん！　身体動かすのも下手やのにやで。下手でもできるって分かった？　たった1分でできることを言い訳して逃げててんで」

男　「……本当に1分でしたね」

ママ　「はっきり言うて変な踊りやった。けどそれでええねん、衝動のままやから……。『ちゃんとしてるけど、ありきたりの無個性な踊り』と『変やけど衝動のままの個性的な踊り』やったらどっちがいい？」

男　「うーん……」

ママ　「なっ、初心者はとりあえずうまくなりたいから悩むねん。けどプロレベルになったら確実に個性的な踊りって言うで。その人らも初心者の頃は、ちゃんとした踊りをやろうとして、とりあえずプロにはなったけど、衝動的で個性的に踊るって壁を越えられへんねん。素人に笑われる変な踊りは、目の肥えたプロが感動する踊りやねんで」

女先輩　「そうなんですか、意外」

ママ　「ちゃんとした踊りをやると笑われへん。変な踊りは笑われる。そやから笑われへん踊りをやろうとする。けどそれは個性的になる芽を摘んでることやねん。『小器朝成』になる方法で、大器には

男　なられへん理由やねん」
ママ　「あっ、そうだった」
男　「ちょっと応用になると分からんようになるやろ?」
ママ　「そうですね」
男　「けど、歌の時に楽しむのは横に置いといて音痴直さないと、それ以上は楽しまれへんって言うたやん? 技術やな。踊りでは衝動でいいって、精神面やな。矛盾してるやろ? 技術面と精神面、両方が大事やねん。そんなのは誰でも分かってるねん。けど、この二つを混ぜるのは難しいし、根底から『焦らない』とか『結果を求めない』とか『誘導』『外堀から』ができてないと、自由で衝動的なのを残しながら技術的な練習をしても混ざりにくいねん」
女先輩　「難しそう」
ママ　「けど、今の踊りは下手やのに感動した」
男　「本当ですか?」
ママ　「うん。演技やっててホンマに思うねん。人には歌いたい、踊りたい、表現したい、感情を吐き出したいって欲求があるって。そやからどの地域にも祭りがあるやん。阿波踊りとか」
女先輩　「はい」
ママ　「本能を解放するためやん。あんたら昨日まで踊りたいなんて思ってなかったやろ? それは無意識のうちに本能を押さえ込んでてんで」
男　「今ならそう思います。前はくだらないって思ってましたけど」
ママ　「それを解放することが本来の形やねんから無理してないことやん。無理って葛藤やろ、緊張は心の葛藤やねんから、葛藤せんようにしたらええねん。それは歌え！　踊れ！　ってことやん。しゃべるのも表現と吐き出しやん」

女先輩　「だから独り言も緊張をとるのに関係あるんですね」

ママ　「そう。マジメな人は心が大事って教わったから感じようとする、けど心はいうことをきいてくれへん。『なんでやろ、自分が悪いのかな』って**自分を責めて、自信をなくして、緊張しやすくなっててんで**」

女先輩　「そうですね」

ママ　「**諸悪の根源は、『焦ったらアカンっていうくせに、プロセスを言わんとすぐに結果を求める間違った教え**』やねん。世間は結果のことばっかり求めてくる。そやから、みんな結果をやろうとしてまうねん」

女先輩　「はい」

ママ　「瞑想では呼吸に意識を持っていくのに、『無』になれって結果を求められる。対象を見つけろって言わんと集中しろって言われる。そやから、つい焦ってプロセスを飛ばしてしまうか、少しだけで、やった気になってまうねん。もし、人から結果を求めるようなことを言われても、それに気付いてプロセスを自分で見つけなアカンねん」

男　「気をつけないと、そういうことっていっぱいありますよね」

ママ　「そうや、気をつけなアカン」

女先輩　「……あの、さっきの踊りで誘導されたのは分かるんですが、なぜ誘導されるんですか？」

ママ　「誘導のメカニズムやろ？　心を求めんと動いてたら心は影響されるねん。求めながら動いてたら心は身構えて影響されへん。これは今までも言うてきたやん」

女先輩「はい」

ママ「さっきの踊りのミソは左右バラバラに動かすってことやねん。それまでリズムとって動かしてたやろ。それだけでも心に影響するねんけど、『ちゃんとリズムとろう』ってマジメになって身構えたりもする。けどバラバラにするって動きの枠を外すことやから、マジメの枠を外すことになるねん」

男「あー、なるほどー。……バラバラにするのが大事って他のことにもいえますか？」

ママ「大体は言えるやろな。積み上げてきたものを途中で崩すねん。崩すって怖いし、もったいないやん。そやから崩すことの大事さに気付けへんねん」

女先輩「大変ですね」

ママ「積み上げて、それまでの枠を崩す、再構築され、また枠を崩す、また構築され、を繰り返すねん。お芝居の役づくりも、作品もある程度できたら、**わざと崩さな小さくまとまってまう**ねん」

男「う〜ん」

ママ「面倒くさいやろ。けど成長って一本調子には行けへんねん、よう覚えときや」

男・女先輩「はい」

ママ「人類のためにツンツンも忘れたらアカンで」

女先輩「はい」

男「？」

緊張に慣れさせる

○スナック・とらのあな店内
ママがテレビで古い漫才を観ている。

ママ　「やっぱりツービートは面白かったなー。……今日はこれやろ。絶対に必要や。まだ難しいかな？」

男と女先輩が入って来る。

男・女先輩　「こんばんは」

ママ　「いらっしゃい。はい、説明するで」

男　「いきなりですか？」

ママ　「そうや。今日のは科学的に証明されてる緊張をとる方法やで」

女先輩　「すごい。なんですか？」

ママ　「『※**コマネチ**』や！」

男　「コマネチ？　ルーマニアの体操選手で、１９７６年のモントリオールオリンピックで三個の金メダルを獲得したコマネチ？」

ママ　「……あんたスゴイな。……それ大元の方やろ。ビートたけしのコマネチや」

男　「えーっ」

ママ「嫌やろ？　なっ嫌やろ？　先輩ちゃん、恥ずかしいやろ？　がに股やもんな」
女先輩「ちょっと恥ずかしいです。でもなんでコマネチなんですか？」
ママ「前に恥ずかしい経験をいっぱいしたら緊張に慣れるって言うたやん。プレゼン慣れるまで待ってたらクビになるから、**意図的に慣らすねん。意図的って覚悟がいるから、より効果があるねん**」
男「それが科学的に証明されてるんですか？」
ママ「ＮＡＳＡもびっくり！」
男「……」
ママ「やり方は説明いらんやろ。でや、恥ずかしいやろうから、自分の家でやればいい。誰も見てないのに恥ずかしかったりするから。けど慣れてきたら、人前でやりたくなるもんやねん。家の中だけで女装を楽しんでたのに、人に見られたくなるっていうやん。あれと一緒やな」
男「じょそう？　……助走？」
ママ「助走ちゃう、女装やん。家の中で助走してどうするん？　すぐ壁やん」
男「あっ、女装か」
ママ「コマネチなんか人に見せんでもええねんけど、楽しめるようになったら普段から恥ずかしがるのは減るで。コマネチより恥ずかしいのってないやろ。でな、ジブリッシュで乗るのと同じように、コマネチでも乗りたいねん。そやから動きとか言い方はピシッと決めてや」

男と女先輩、無表情になっている。

ママ　「そんなに緊張せんと。家でいいっていうてるやん、家で」
女先輩　「……あの……ここでやってもいいですか？」
ママ　「ここで？　……ええけど……できる？」
女先輩　「大声で『ワーッ』ってやって、他のことも叫んでいいですか？」
ママ　「……うん。ええよ」

女先輩、椅子から立ち上がる。

女先輩　「（大声で）ワーッ！　ワーッ！　緊張するー！　あー、緊張する！　面白くなりたーい！　私は偽善者！　偽善者！　死ねー偽善者！　面白くなりたーい！　コマネチッ！」
男　「えっ！」
女先輩　「コマネチ。コマネチ。コマネチ。偽善者死んじまえコマネチ！」
ママ　「（男に）人が変わろうとしてるのって何回見ても感動するなー」
男　「……」
ママ　「あれ無意識の状態になってて、心の叫びやで。何を言うたか覚えてないやろな。ああやって心の膿《うみ》を出さなアカンねんで」
女先輩　「世渡り上手！　嘘つくな！　嘘つき嘘つき嘘つき！　聖母マリアのわけがないだろ！　コマネチ！」

ママと男、顔を見合す。

ママ　「……まぁ……まぁ……まぁ……」

僕はびっくりした。先輩が躊躇もなく『コマネチ』をしたから。その時、一瞬で鳥肌が立ったから。そしてママの言うように感動していたから。コマネチだよ、コマネチ。コマネチが感動を呼ぶなんて。僕は女性が下ネタを言うのが嫌いだ。女性は天使だと思っているから。同じ理由で女性のコマネチなんか見たくなかった、幻滅するだろうから。最近、先輩は下ネタが好きだと分かって、幻滅していたのに……美しい。感動する。今、僕の前で天使が舞っている。

ママ　「あんなかわいい子がやって、顔20点のあんたが何ノンキに座ってるん？　よし、私もやろ」

ママもコマネチに加わる。男も遅れてコマネチに加わる。

三人のコマネチは深夜まで続いた。

第七話◎ポジティブを考え直す

ポジティブは失敗しやすい

○スナック・とらのあな店内
男と女先輩が入ってくる。男は少し不機嫌。
ママ　「いらっしゃい。……（男に）どうしたん」
女先輩　「会社の同僚に唐突に嘘つきって言われたらしいんです」
ママ　「嘘つき？　なんで？」
男　「分からないんです」
ママ　「どんな子に？」
女先輩　「水を指すことばかり言うんです。会社のプロジェクトで、『みんなで力を合わせて頑張っていこう』っていう掛け声の時も、『そんな精神論でできたら世話ないよ』って」
男　「あいつはネガティブなことしか言わないやつだから、僕とは合わないんでしょうね」

女先輩　「（男に）気にしない方がいいよ」
男　「大丈夫です、気にしてないです。はーっ……」
ママ　「はーっ、て。気にしてるやん」
男　「いいえ、気にする理由がないですから。僕は嘘をつかないで生きてきたのは断言できますから」
ママ　「痛いな〜」
男　「そうなんです。だからネガ男って言われてるんです。前向きな考え方を教えたいんですけど」
ママ　「違うよ、あんたが痛いねん」
男　「僕が？　今の話のどこに痛い要素があるんですか？」
ママ　「は〜、嘘つきか。……とうとうあの話をせなアカンのかな。いや、まだ分からんやろうな〜」
男　「あの話？　なんですか、言ってください！」
女先輩　「もうネガ男君の話はやめよう、暗くなっちゃう！」
男　「……」
女先輩　「あっそうだ、ママ、映画観てきたんですよ」
ママ　「えっ、どう？　どうやった？」
女先輩　「彼が面白くないって、すごく言ってたんですけど、面白かったです！」
ママ　「（ニヤリ）あっ、そう！　……あんたは？」
男　「（ふて腐れて）……今回は、まぁ面白かったです。80点くらいです」
ママ　「（もっとニヤリ）面白かった？　あ〜そう！　それはよかった。よかった、よかった〜、うん、よかった、よかった、よかった、よかった」

男・女先輩　「……」

ママ　「……そうか、面白かったか」

男　「やっぱり、痛いって説明してください！　なんですか、あの話って」

女先輩　「もうやめよう、ネガ男君が悪いんだから」

ママ　「そやからそれを話したるよ。ポジティブとネガティブの話や」

男　「ポジティブとネガティブ？　それが痛いっていうのに関係あるんですね？」

ママ　「おおアリや」

男　「ポジティブとネガティブ。いつも今度、話すって言ってたので、ずっと気になってたんです。僕もこれに関しては言いたいことがあるんです」

ママ　「あっそ。……映画、面白かってんやろ！　よかったな、人生変わるで～」

男　「人生って。……そこまで面白くはなかったですよ」

ママ　「そのネガ男君の言う通り、あんたは、嘘つきやねん」

男　「嘘つき？」

ママ　「それに気付いてないから痛いねん」

男　「僕のどこが嘘つきなんですか?!」

ママ　「私は嘘が全部アカンって言うてるのと違うで。ついてええ嘘とアカン嘘があるねん」

男　「そうですよね。僕は本当のことを言って人を傷つけてしまう場合は嘘をつきます。でもそれを嘘つきって言われるのは納得できません」

ママ　「それはついてええ嘘やねんけど、あんたは嘘の使い方が逆やねん。それが初めて会った時に、全部反対をやったら10点から90点になれるって言うた話やねん」

男　「なんなんですか。僕はついてはダメな嘘をつかないように生きてきたんです」

ママ　「それは嘘をつけへんのが、ポジティブやから？」

男　「ポジティブ？　……はい、そうです」

ママ　「話する前にポジティブの定義を確認しよう。世間ではポジティブをいろんな意味で使ってるみたいやから」

男　「いいですよ。いくらでも言えますよ！　楽観的、前向き、自由、積極的、肯定的、元気、自信、勇気、正義、チャレンジ、強気、くじけない、明るい、笑顔、大きな目標、悪口を言わない、不可能はない、頭でっかちにならない、成功イメージ……、それと、嘘つかないです」

ママ　「じゃあ、ネガティブはそれの反対ってことでええな？」

男　「そうですね。あー、あと『諦めない』もです」

ママ　「……諦めないね～。で、あんたはポジティブになろうとしてるわけやな」

男　「はい。全部ポジティブになりたいです」

ママ　「全部？　じゃあ、世界一のポジティブになりたいん？」

男　「世界一？　なれるものならなりたいです！」

ママ　「確かにポジティブもええとこはあるねん。けど世間はポジティブを過大評価し過ぎや。私はそこまで大事って思ってない。ネガティブもすごく大事やから」

男　「前にも言ってましたが、ネガティブですよ。ネガティブの何がいいんですか？」

ママ　「ネガティブ、イコール悪いものって思ってるやろ？」

女先輩　「そうですね、悲観的って意味ですもんね」
ママ　「そんなに悪いものちゃうで。逆に全部がポジティブな人間は地球をつぶすで」
男　「地球をつぶす？　そんなバカな。ママの方が嘘つきじゃないですか」
ママ　「私が嘘つき？　分かった。今から1分で『全部ポジティブ』の人間が地球つぶす話をしたる。
……ポジティブって失敗するイメージせえへんやろ？　考えたら、それを引き寄せてしまうから」
男　「そうですね。成功するイメージを持とうとしてます」
ママ　「それって危険察知能力の欠如ちゃうん？」
男　「……んっ？」
ママ　「核開発してる科学者らが、『おい、このボタンなんやったっけ？』『押してみたら分かるんちゃう？』『そやな。気になったことはやった方がええもんな』『細かいこと考えてもしょうがないで。なんとかなるって！』『おー、俺たちは自由やからな』ってやってみ。ドッカンやで！」
男　「……」
ママ　「怖いな～。けど安心し。一流の科学者に『全部ポジティブ』の人はおらんから」
女先輩　「なぜですか？」
ママ　「科学者は研究を続けるっていうポジティブは持たなアカンけど、実験データを悲観的に見なアカンからネガティブやねん」
女先輩　「悲観的に？」
ママ　「いろんな角度から悲観的に分析して、悪い可能性に気付かなアカンやん。それでも欠点がなかったら成功やねん。楽観的に希望的観測でデータを見たら事実が分かれへんやん」

女先輩　「あーそうか。……科学者はネガティブなんだ。確かに希望的観測でものを考えるポジティブの人って信頼しづらいですね」

男　「（女先輩をチラッと見る）えっ……」

ママ　「もちろん、今の例は極端やけど、それに似てることって会社でもあるやろ。慎重やったり、警戒心が強い人を『ダサい』みたいに言うて、大胆ぶるポジティブな人っておるやろ。暴走族が事故するのは運転が下手やからちゃうで。慎重な運転はダサいから、カッコつけて実力以上のスピードを出すからやねん。つまり、**ポジティブはカッコつけるから、失敗しやすい**ってことやねん」

男　「……」

ママ　「今もそうやねんで。私の例え話で嘘やったことある？　前にもこういう例え話やってるのに、学習してないやん。反省してないやん」

男　「……」

ママ　「反省ってどう思う？」

男　「……終わったことをどうのこうの言っても仕方がないので気にしないようにしています」

ママ　「カッコいい〜！　反省は後ろ向きやからダサいってことやな。先輩ちゃんは？」

女先輩　「私は日記を書いてる時に反省しちゃいます」

ママ　「日記書いてるの？　日記は続けた方がええで。自己認識が深まるからな」

女先輩　「はい。自己認識か〜」

ママ　「じゃ、反省と後悔の違いは？」

男　「違い？　ほぼ同じだと思います」

女先輩「私も同じだと思います」

ママ「後悔って字を見てみ。『悔』の字は『〝心〟って意味のりっしん偏』と『毎日の〝毎〟。いつもっていう意味』やん。『後悔』って『心がいつも後ろを向いてる』ってことやん。これはアカン。ネガティブでも、ネガティブ過ぎる。『過ぎたるは猶及ばざるが如し』や。で、反省は『反対に少し目を向ける』って書くやろ。心って字が入ってないし『少し』ってことは、『感情に流されんと、終わった事実に少し目を向けて学べるとこは学べ』ってことやん。未来のために少しだけ後ろに目を向ける。それって人生の復習やん。復習せな勉強も頭に入れへんやろ。後悔はネガティブ過ぎてアカンけど、反省は復習やから、やらなアカンやん」

女先輩「あー、なるほど」

男「字の意味は知らなかったですけど、なんとなくは分かってました」

ママ「(ニヤリ)……なんとなく?」

男「はい。なんとな……あっ」

ママ「そう、前に言うたやん。『なんとなく分かってることを意識して分からないと使えない』って。後ろを向くのはダサい。そやから後悔も反省もごっちゃになって、両方よくないって思ったやろ」

男「……」

ママ「『済んだことはしょうがない』『常に前向きでいる』って、アクション映画の主人公みたいでカッコええやん。気分よさそうで、つい言いたくなるやん」

男「……」

ママ「なんでポジティブがもてはやされるか? ポジティブっていうのは、ストイックに頑張ってる自分をカッコよく感じたり、背伸びしてる自分を大きく感じて、気分がよくなって、モチベーションが上がるからやねん。モチベーションが上がるのはええけど、気をつけな暴走してしまう。そやから、気分がええ時って失敗の始まりやねん」

女先輩 「なるほど」

ママ 「状況に関係なく前向きって『頑固』で、心のバランスを考えてない『ゼロ百』で一段階やな。せめて二段階で考えなアカンって言うたやん。そうせな薄っぺらになってまうで」

女先輩 「薄っぺらですか……」

男 「……（女先輩をチラッと見る）」

ママ 「『カッコつけ』『頑固』。また出たで『できひん人は性格が悪い』が。あんた極悪レベルやな」

男 「……」

大きな目標が緊張につながる

ママ 「もっとせこくなって、終わったことからでも何か学ばな、もったいないやん。けど、せこいってネガティブやからなりたないやろ」

男 「……」

ママ 「ネガティブって、せこくて地味でチンタラしててカッコ悪いねん。そやからあんたはネガティブの効果を見落とすねん。ポジティブの人でもネガティブの効果に気付いてる人もおるねんけど、ポジティブの素人は気付けへんまま終わる。それが『三流のポジティブさん』やねん」

女先輩　「ポジティブに三流とかあるんですか？」

ママ　「何にでも一流二流三流ってあるで。『三ポジさん』は自己満足やねん」

男　「（三ポジさん）……」

ママ　「で、ポジティブは『やる気になれば不可能はない』って、大きい目標を持つやん。**大きい目標は大きい不安と葛藤と緊張になる**ねん。そやから**緊張をとるためにはポジティブを考え直さなアカン**ねん。最初にあげたプリント（60ページ）の、瞬間的緊張にも慢性的緊張にもマジメにも効果がある『考え方を変える心理的アプローチ』の黒塗りは『ネガティブを混ぜる』やねん」

男　「ネガティブを混ぜる？」

ママ　「そうやで」

男　「目標を持たないで、どうやって生きていくんですか？　食べて寝るだけの人生じゃないですか！」

ママ　「持ち方が問題やねん。まあ、もうちょっと聞いて。ポジティブの危険なのは他にもあるで。せっかちになりやすいねん」

男　「それはママに言われて直そうとしています」

ママ　「それでも大元のポジティブを考え直さなすぐなるねん。ポジティブは大きい目標を常に見てるから、無意識的に早く近づきたくなって、せっかちになってまうねん。目の前のことがおろそかになって足元が見えへんようになるねん」

男　「見えてます」

ママ　「本人は見えてるつもりになってるから気がつけへんねん」

男　「見えてます」

ママ　「見えてない。見えてたらあんたみたいになるわけがない」
男　「（カウンターを強く叩く）見えてると言ったら見えてる!!」
ママ　「……」
男　「す、すみません」
ママ　「……分かった、ゴメンな。私すぐにムキになって偉そうにしてまうねん」

ママ、目に涙を浮かべる。

男　「えっ……」
ママ　「ゴメン、ホンマにゴメンな」

ママ、カウンターの中でしゃがみこみ、声を出して泣き出す。

男　「いやっ、そんな。ママ、泣かないでください。……ママ」

男、椅子から立ち、カウンターの中に入ろうとした時、段差につまづきこける。

男　「痛っ。（倒れたまま）……ママ、泣かないでください。僕の言い方が悪かったです」

ママの泣き声がやみ、何ごともなかったかのように立ち上がる。

ママ 「なっ！　目標を持ったら足元見えへんやろ」

男 「(倒れたまま、ママを見上げ)……えっ？」

ママ 「そこの段差がちゃんと見えてたらこけへんけど、私に近づこうという目標を持ってたから足元に気が行けへんかったやろ」

男 「(まだ倒れたまま、ママを見上げ)……えっ？」

ママ 「同じことやん。今、こけたのは物理的に足元に意識が行ってなかったから。人生で足元に意識が行くってもっと難しいで。それだけで才能やで」

男 「(まだ倒れたまま、ママを見上げ)……」

ママ 「**ポジティブは大きい目標を持つから、足元を見るっていう才能を手に入れ損なうねん**」

男 「……う、嘘泣き」

ママ 「当たり前やん。47の女が簡単に泣くかいな」

男 「……」

女先輩 「スゴイ。本当に泣いてるのかと思いました」

ママ 「(ご満悦な表情でジョーカーに火をつけ煙を吐く)そう〜」

男、立ち上がり椅子に戻る。

男　「……（ため息）はぁー」
ママ　「……あと、でかいことを言うのもポジティブだけやん」
女先輩　「そうですか？」
ママ　「そうやん。でかいこと言うてる時って気分いいからな。ネガティブが『よーし、世界一のネガティブになるぞ！』って言えへんやろ」
女先輩　「……は、はい。そうですね」
ママ　「で、早く成功した方がええと思ってるやん。成功に早さは危険なんやで。シェイクスピアも『人より早く成功するやつは、ダメになるのも早い』『賢明に、そしてゆっくりと。早く走るやつは転ぶ』って書いてるで」
女先輩　「シェイクスピアが。さすが女優さんですね」
ママ　「二個も書いてんねんで。何かあってんやろな。嫌なやつへの当て付けとか」
男　「……」
ママ　「でかいことを早くやるって、神の領域やん。罰当たるで」
女先輩　「シェイクスピアか〜。中世ヨーロッパ。ロマンチックだな〜。……ママ、シェイクスピアってやったことありますか？」
ママ　「あるよ」
女先輩　「どうですか、シェイクスピアって」
ママ　「セリフが多い、公演時間が長い、衣装着るのが面倒くさい」
女先輩　「……」

ちょっと今だけ、自分のまんまになる

ママ 「あと、ポジティブの定義で『頭でっかちにならない』って言うてたやん。そしたら、頭でっかちを怖がって考えへんようになってまうねん。『考えたってしょうがない。やろうぜ！』って、いつも言う人おるやん。たまに考えずにやるのも一つの方法やけど、いつもそれでうまくいくわけないやん」

男 「……」

ママ 「考えんでもできるって、メモとか日記をつけへんことやん。独り言をやって、考え方の幅を広げてから、メモをとるのが大事やねん。ダ・ヴィンチやアインシュタイン程度の天才はメモ魔やからいつも瞬間瞬間を感性だけで判断できる天才って、地球の歴史上一人もいてないで。地球初を目指すんやったらええけども〜」

男 「……」

女先輩 「考え方か。私って考えてるのかな」

ママ 「先輩ちゃんに限らず、みんな頭でっかちになるのを怖がってるから、途中で考えるのを止めてまうねん。頭でっかちはよくないけど、通らなアカン通過点やねん。頭でっかちになって、混乱して、それが整理された時に知恵が身につくねん。筋肉痛にならな筋肉つけへんのと同じやん」

女先輩 「あーそうか。筋肉痛と同じなら頭が痛くなってもしょうがないですね」

ママ 「頭でっかちになったらアカンと思って考えへんかったら、確かに頭でっかちにはなれへん。けど、ゼロのまんま、アホのまんまってことやん」

女先輩　「そうですね」

ママ　「考えなアカンのに、考えると頭でっかちになるから考えへん。考えへんから考えなアカンってことに気付かへん。うわっ、ややこしっ！　で、怖っ！　『恐怖のポジティブ、負のスパイラル』やん」

女先輩　「ややこしいから気付かなそう」

ママ　「『せっかち』『頑固』『カッコつけ』『考えない』とかその他モロモロで成功しにくいねんけど、もし、成功しても調子ええから前ばっかり見て、どんどん目標が大きくなる。ブレーキはネガティブやと思ってるから、反省のために立ち止まることがない。ブレーキのない車は絶対に事故する。これは万国共通、宇宙で共通、だからUFOでも持ってる。……UFOって空中でどうやってブレーキかけるんやろっ？」

男・女先輩　「……」

ママ　「ま、ええか。……私、演技で調子のいい時こそ気をつけなアカンって言うたやん」

女先輩　「ポジ男君が最近、失敗が多いのはそのせいかな？」

ママ　「ポジ男？」

女先輩　「天才君のことです」

ママ　「天才君はポジティブ君なん。……で、そのポジ男君は調子悪いん？」

女先輩　「はい。強引に通した企画が失敗続きなんです」

ママ　「(男に)なっ！　予想通りやろ。謙虚さなくしたら傲慢になって足元が見えへんし、過去に成功した方法にしがみついて、新しいことを覚えようとせえへんからな。……あんたも過去にポジティブでうまくいったからって、いつまでしがみついてるん」

男「……」

ママ「こんなに危険やのにポジティブはオールマイティーと思われてるねん。『……あれっ、ポジティブにやってるのに調子よくないな。なんでやろ？　アカンアカン、考えたら頭でっかちになるから考えんとこう、なんとかなる。なぜなら俺は成功イメージを持ってるから。イメージすればかならうはず。……あれ、イメージに縛られて心が窮屈やな。イメージ持つのやめよかな？　アカンアカン、やめたらアカン、頑張ればなんとかなる。なぜなら頑張ってるのを神様は見てるから。……あれ、頑張ってるのにまだ調子よくないな。神様、俺のこと嫌いなんかな？　違う違う、そんなことはない、俺には嫌われる理由がない。なぜなら俺はポジティブだから。……あれっ、ポジティブでやってるのに調子よくないな。なんでやろ？　アカンアカン、考えたら頭でっかちになる……』って負のスパイラルどこまで続くん？　……妄信的やからポジティブ教って前に言うてん。で、妄信的な人は聞く耳を持てへんから、この話はしたくなかってん」

男「（歯ぎしり）……」

女先輩「ポジティブ教か……」

男「（女先輩をチラッと見る）……」

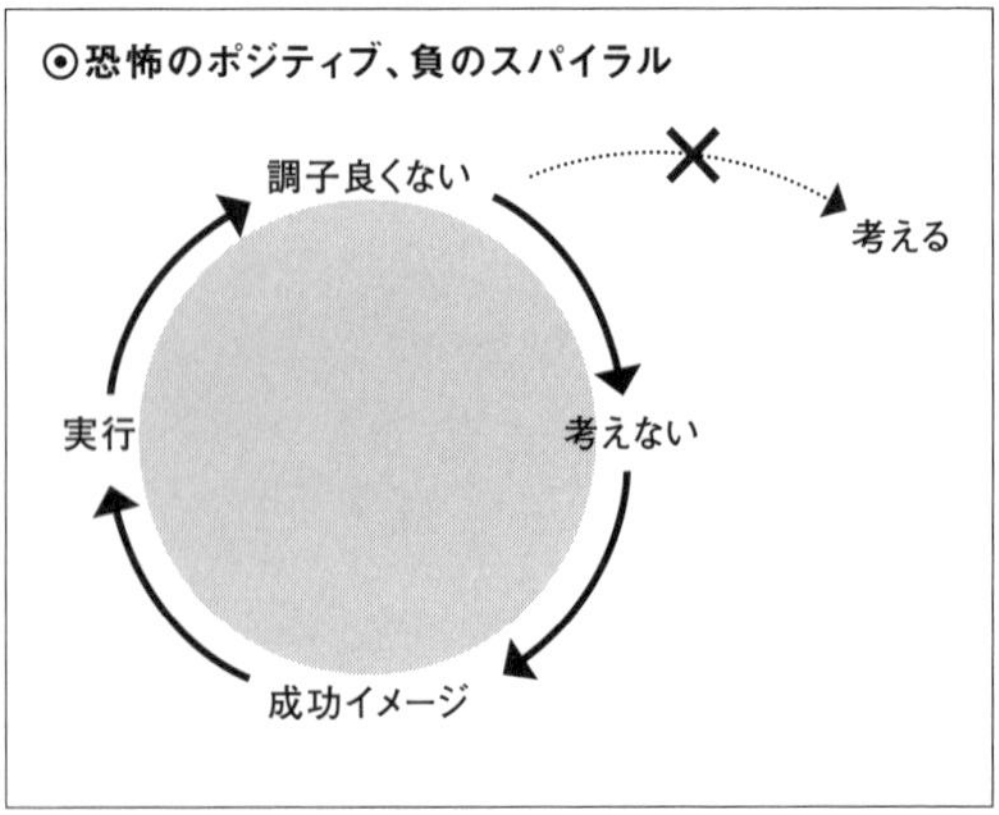

女先輩　「私もスパイラルに巻き込まれてる気がします……」

ママ　「ポジティブは魅力的に見えるから、多くの人がスパイラルに無意識のうちに巻き込まれてるねん。大丈夫や、後で抜け道を教えたるよ」

女先輩　「はい。お願いします」

ママ　「ネガ男君はネガ男って呼ばれてることにどんな感じ？」

女先輩　「あんまり嫌がってないみたいですけど……」

ママ　「やるな～。じゃ、まだ大きな成功はないけど、大きな失敗もなく、堅実に伸びてるやろ」

女先輩　「はい。なぜ分かるんですか？」

ママ　「ネガ男って呼ばれて嫌じゃないってことは、ネガティブって言葉のイメージに縛られんと、ネガティブの効果に気付きだしてるんやろな」

女先輩　「ネガティブの言葉のイメージか……。私はまだ受け入れられないな」

ママ　「けどネガ男君はまだ、なんとなくしか分かってない状態やろな」

女先輩　「なぜ、そう思うんですか？」

ママ　「ホンマに分かってたら嫌味なんか言えへん。それはネガティブ過ぎる。ネガ男君が嫌味を言えへんようになったら、スゴなるで。先輩ちゃん、今のうちにネガ男君に取り入ってたら社長夫人やで」

男　「（もっと歯ぎしり）……」

女先輩　「でも、ネガティブだとなぜ伸びるんですか？」

ママ　「現実主義やからやねん。イメージとかカッコよさに惑わされんと、目の前のものが見えてるねん。ポジティブとか精神論もええけど、それだけやったら地に足が着いてない。世の中では、いろんな

女先輩　何々主義ってあるやん。それぞれの主義で成功してる人はおるねんけど、一番確率が高いのは現実主義やし、違う主義で成功してる人も、中身に現実主義っていうネガティブ要素を持ってるねん」

ママ　「現実主義ってネガティブなんですか？」

女先輩　「ネガティブとかポジティブっていろんな意味で使われてるから、よう分からんけど、『夢』とか『理想』ばっかり言うポジティブな人にはネガティブな発想って思い付けへんやろな。現実を把握できてるから、危険を回避できるわけやん」

男　「（もっともっと歯ぎしり）……」

女先輩　「現実主義か。どうすればいいんですか？」

ママ　「それが『ポジティブ負のスパイラル』からの抜け道になるねん」

女先輩　「さっき言ってたのですね」

ママ　「……まず、カッコつけてない、頑張ってない、『自分のまんま』になることやねん」

女先輩　「自分のまんま？」

ママ　「そう、ニュートラルやな。現実を見るのも『そのまんまを見る』やろ」

女先輩　「誰でも、『自分のまんま』だと悪いとこや弱いとこが出るんじゃないですか？」

ママ　「そう、悪いとこも弱いとこも否定せんと認める。ネガティブな部分も認める。それがスタートラインやねん。ポジティブ目指すのもやめたら、何も頑張ってないから、緊張もせえへんやん」

女先輩　「でも、ポジティブを目指さなかったら、緊張しなくても、努力もしなくて成長もしないんじゃないですか？」

男　「（まだ歯ぎしりしながら）……」

ママ　「そこやねん。『自分のまんま』が誤解されてる理由は。一生、今の『自分のまんま』でええって意味ではないで。正確に言うと『**ちょっと今だけ、自分のまんま**』になってみようやねん」

女先輩　「……」

ママ　「俺はこんなもんじゃないために、俺はこんなもんを受け入れなアカンねん」

男　「……」

ママ　「**理想と現実のギャップを埋めようとするのが葛藤の原因。その葛藤が不安になり、緊張になり、もっと頑張らなアカンと焦り、足元が見えへんようになってまう**ねん」

男　「……」

ママ　「その負のスパイラルを断ち切らなアカンやん。ギャップを埋めるのを、ちょっと今だけ休憩するねん。自分をかえりみるねん。『かえりみる』って、反省の〝省〟って字やで」

女先輩　「……」

ママ　「ポジティブに憧れてるって、フライング状態で、せっかちになってるねん。**自分のまんまっていうスタートラインに戻らな**。けど、戻るってネガティブな感じやから気付けへんねん」

男　「（もっともっともっともっと歯ぎしり）……」

ママ　「ネガティブ過ぎる人は自信がないから、弱くてアカン自分に気付きたくない。そやからポジティブ、プライド、マジメ、良心をよりどころにして、きれいごとを言う偽善者みたいになってしまうねん」

男　「ぎ、偽善者!?」

ママ　「私もネガ男君も嘘つきって言うたのは、『ネガティブやのにポジティブぶるな』ってことやねん。私は緊張をとるためやけど、ネガ男君はポジティブで偽善ぶられるのが鼻についてんやろな」

男　「……う〜偽善者」

ママ　「ポジティブをよりどころにしてると、『大きなポジティブのために小さなポジティブは捨てる』ができひんようになるから、理想とか大きな目標をちょっと横に置いとかなアカンねん。プライドも一緒やで」

男　「（なおも歯ぎしりしながら小声で）偽善者偽善者偽善者偽善者……」

ママ　「あと、『自分のまんま』で誤解されてるのは、『私、自分のまんまで生きるから』って言うて、気遣いをせんと人を傷つける人がおるねんけど、それは勘違いや」

女先輩　「会社でもそういう人います」

ママ　「そうやろ」

女先輩　「『自分のまんま』か……。勇気がいりますね」

ママ　「そうやな」

女先輩　「でもママはよくそういうこと分かりますね？」

ママ　「人にしろ、技術にしろ、緊張やマジメをとるにしろ、それらと演技の成長過程は同じやねん。現実主義、自分のまんまが必要やから」

女先輩　「演技も現実主義なんですか？」

ママ　「そうやねん。演技はせこいせこいネガティブやねん」

女先輩　「えっ、どういうことですか？」

ママ　「それは、おいおい話したる。覚悟しときや。怒濤《どとう》のセコセコネガティブ攻めやからな」

男　「……」

現実の感覚は葛藤が少ない

ママ「成長するには自分の現状を把握できて『今、何が必要か』を理解して、どういう練習をどういう方向性でやるか分かってなアカンねん」

女先輩「そうですね」

ママ「ジブリッシュでも、現状の出来具合を無視して、理想のジブリッシュ像を追い求めてたら、一速二速って入れず、いきなり四速に入れてエンストしてまうやん。まずニュートラルから一速に入れるのが必要やん。で、これはどんな練習にも言えることやねん」

女先輩「はい」

ママ「けど、**理想とか目標を強く持ってると、焦ったり、できひん自分に気付きたくないから『ちょっと今だけ、自分のまんま』になりにくくて、背伸びした練習を選びがち**になんねん」

女先輩「う〜ん」

ママ「で、練習ってやり始めると二つのタイプに分かれるねん。……一つは、少し成長しただけですごく成長したと勘違いするタイプ。早く成長したいって思うと、そういう勘違いになりやすい」

女先輩「せっかちってことですね」

ママ「そうやな。……二つ目は少しはよくなってるのに、全然よくなってないと思うタイプ。これは今やってる練習がすごい難しいと思い過ぎやねん。両方とも現実とズレてるやん」

女先輩「そうですね」

ママ「例えば、演技の練習方法で『アトモスフィア』っていうのがあるねん。雰囲気って意味やな」

女先輩　「アトモスフィアですか」

ママ　「実際に知ってる場所の雰囲気を想像でつくるねん」

女先輩　「はい」

ママ　「例えば子どもの頃に遊んだ公園の雰囲気をつくれたら、その時の感情がよみがえってくる可能性があるねん。そうやって俳優はいろんな感情を出やすくしとかな演技ってできひんねん」

女先輩　「感情がよみがえる？」

ママ　「そうやで。……先輩ちゃん、知ってる公園の雰囲気をつくってみ」

女先輩　「えっ、は、はい」

3分経過。

ママ　「どう？」

女先輩　「え～、難しいです。……全然ダメです」

ママ　「これは難しいからな。けど、難しく捉え過ぎかもしれへん。……ちょっと、この店のこのまんまの雰囲気を感じてみ」

女先輩　「はい」

◉「アトモスフィア」のやり方と現実の受け止め方の類似点

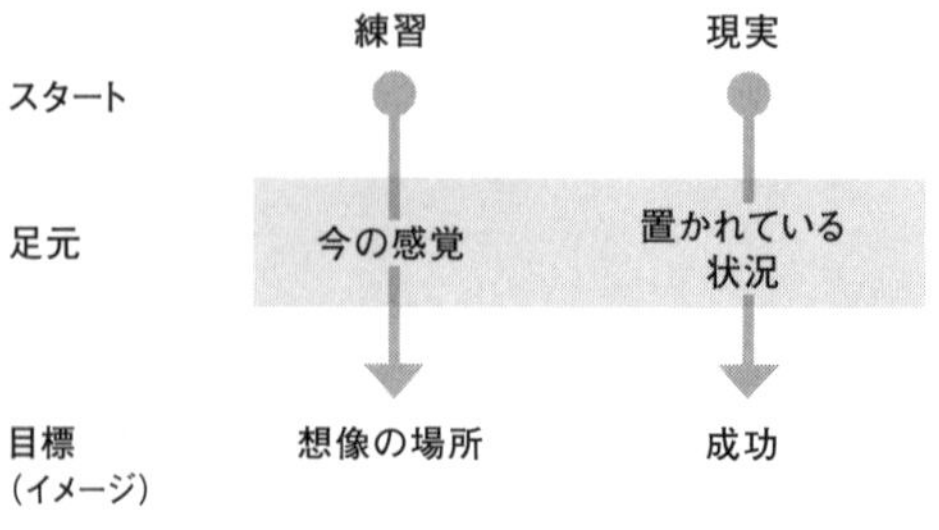

※目標は「なんとなく」持って足元の自分のまんまを受け入れる

3分経過。

ママ「……どう？」

女先輩「どうって……」

ママ「すっごい感じるってほどでもないやろ」

女先輩「……はい」

ママ「そうやねん。現実もこの程度やのに、想像でつくるとなると、現実を超えたスゴいリアリティーをつくろうとしてしまって失敗するねん」

女先輩「……集中力の時の『手応えを感じるまで集中すると、それは力み』と似てますね」

ママ「そうやな。スゴいのやろうとして、ゴールが間違ってるからな。……で、さっき公園をつくる時、今のこの店の雰囲気は意識した？」

女先輩「えっ、この店の雰囲気ですか。意識してません。公園を意識しましたから」

ママ「普通はそうやってまうけど、それは今の自分の感覚の機能がストップするから間違いやねん」

女先輩「感覚の機能がストップするんですか？」

ママ「うん。求めるものは公園の雰囲気であって、この店の雰囲気ではないやろ。そやから、この店の雰囲気を無視してまうねん。けどそれは、自分の感覚の機能が全部ストップになって、公園もできひんねん。いきなり想像の公園は無理強いになるねん」

女先輩「……そうなんですか。……どうやればよかったんですか？」

ママ「まず、『なんとなく』ここは公園っていうのを意識して、でも公園の雰囲気じゃなく、今、この店にいてるまんまの雰囲気を受け入れるねん」

女先輩　「……ここのですか」

ママ　「そう、公園をつくるのに、まず今の現実の感覚を受け入れる。そしたら、自分の感覚が機能してるから、雰囲気を察知する一番小さな歯車がかみ合う。次に無理強いせんように、公園の雰囲気を少しずつ混ぜて二番目の歯車を合わしていくねん。そしたら信じやすくて、感情にタッチするねん」

女先輩　「まず、現実の感覚から始めるってことですか」

ママ　「そう。それがスタート。つまり練習では、最終形の雰囲気は『なんとなく』持って、現実のこの場所を実感することやねん」

女先輩　「日常では、目標を『なんとなく』持って、現実の自分のまんまになることですね」

ママ　「そしたら公園っていうのは持ちながらも、感覚は機能してるから感じられる」

女先輩　「そしたら目標は持ちながらも、心が機能してるから、いろんなことに気付ける」

ママ　「その後に最終形に少しずつ近づける」

女先輩　「焦らないで足元を見ながら目標に近づく、かな」

ママ　「素晴らしい。分かってきたやん」

女先輩　「う〜ん、練習も日常も最終形は『なんとなく』持って、現実を受け入れるって同じなんだ」

ママ　「そうやねん。まず現実の感覚っていう歯車をちゃんと合わす。それが現実主義と同じやねん」

女先輩　「そしたら葛藤が少なく済むってことですね」

ママ　「そう、葛藤は無駄にしんどい。無駄なことはやらない」

女先輩　「はい。……ママはいろんな練習の意識の仕方から、日常生活でも使える意識の仕方に気付いていいったんですか」

ママ 「そうやな」

女先輩 「……私でも、『ちょっと今だけ、自分のまんま』ができると演技ができるようになりますか?」

ママ 「そうかもな」

女先輩 「え〜、すごい!」

ママ 「演技の初心者でもすぐに伸びる子がおるねんけど、みんな、ポジティブとネガティブを無意識のうちにバランスよく使ってて、楽しみやすくて、集中力もよくて、緊張もしにくいねん」

女先輩 「いいな〜。……演技ってポジティブだけが必要なんだと思ってました」

ママ 「ポジティブだけネガティブだけっていうゼロ百ちゃうねん。ゼロ百だけが正しいんやったら、一つの方向だけに考えればいいから楽やん。ポジティブとネガティブの使い道とバランスを考えるって、面倒くさいけどやらなアカンねん。……ハイ、でました。『ポジティブだけの人は使い方とバランスを考えない面倒くさがり』。性格悪〜!」

男 「(もっともっともっと歯ぎしりしながら) ウ〜〜〜〜〜〜〜〜!」

ママ 「これ大事やで。……**『緊張をとる』ことで一番大事なんは不安や弱さを認めた『ちょっと今だけ、自分のまんま』になること**やねん。具体的に言うと……『ポジティブはネガティブ要素で構成されている』やねん」

女先輩 「ポジティブはネガティブ要素で構成されている?」

ママ 「そう。それが『一流のポジティブさん』やねん」

男 「(歯ぎしり)……」

ママ・女先輩「（男の歯ぎしりの音がママと女先輩にまで大きく聞こえる）……」
ママ「（男に）一ポジさんになるには『ポジティブはネガティブ要素で構成されている』やで！」
男「（もっともっと歯ぎしりしながら小さな声で）ギシギシギシ偽善者偽善者偽善者……」
ママ「あんた、歯減るで」
男「う、う、うっ……うっるせー、ババーッ!!」
ママ「……バッ、……バッ、……ババーッ!?」
ヒュ～ッ、バタンッ、倒れる。

第八話◎こだわりを捨てる

大きな目標のために小さな目標は捨てる

○病室内

男が入院した病院の病室。スーツ男が見舞いに来ている。

スーツ男　「言っちゃいましたか。気持ちよかったでしょ！　でも、言った方が倒れちゃいましたね」

男、ベットに寝ている。頭に包帯を巻いている。

男　「……あ〜、やっちゃった」

スーツ男　「私も一回言ってみたかったな。『うっるせー、ババー』。あー、スッキリする。小声でやってもスッキリしますね」

男　「……勘弁してくださいよ」

スーツ男　「言いたいな〜。『うっるせー、ババー』。……『うっるせー』を『うっせー』にしてもいいですか？」

男　「……ご自由に」

スーツ男　「『うっせー、ババー。……天才だけど』。ダメだ、最後に天才ってつい言っちゃう」

男　「いくら天才でもポジティブを全否定はないですよ。そりゃ、言っちゃいますよ。目標を持たないで生きていくって、どうやって生きていくんですか？　僕はそんな生き方したくないんです」

スーツ男　「劇団の時も演技がよくなりたかったら、ポジティブのことを考え直さないといけないと言って、ほとんどの劇団員はあなたのように反発して、それで劇団が解散しちゃったんですよ」

男　「そうなんですか！」

スーツ男　「全否定って言いましたけど、全否定はしてないと思いますよ。ポジティブとネガティブを状況に応じて使い分けるって言ってませんでしたか？」

男　「言ってなかったと思います」

スーツ男　「じゃ、『ポジティブはネガティブ要素で構成されている』は？」

男　「言ってないと思います」

スーツ男　「うーん……。たぶん、たぶんですよ、言ってたと思いますよ。でも、全否定されたと思って聞く耳を持たなかったんじゃないですか？　劇団員がそうでしたから」

男　「……」

スーツ男　「ポジティブもネガティブも、善し悪しあるんですが、ホントに悪いのはなんだと思います？」

男　「……やっぱりネガティブだと思うんですけど」

スーツ男　「違うんですよ。過度のポジティブと過度のネガティブと、ポジティブに憧れている人なんです」

男　「憧れている？　僕ですか？」

スーツ男　「そうなりますね。**過度のポジティブはノー天気、過度のネガティブは何もしない。で、憧れている人は、本来はネガティブなのにポジティブを目指しているので、自分の判断基準がない。**だからブレーキをかける基準も持ってないことになるんです」

男　「成長するんでしたら、目標を持ってポジティブにならないとダメじゃないですか？」

スーツ男　「目標を持つのも少しずつならいいんですよ。でも大体急ぎ過ぎなんですよ。ママの演技の教え方はとにかく急がせない、背伸びさせないんです」

男　「……」

スーツ男　「劇団員はいい演技を目指してるので、難しい作品を、早い時期に、短期間でやりたがるんです。

それにママがストップをかけて、ぶつかり合うんです。『座長は私たちに抜かれるのが嫌だから上達するのをジャマしてる』って。でも、ママのやり方が一番早い方法なんですよ」

男　「……」

スーツ男　「難しくないものを確実にできると、無意識に近い状態でもできるようになり、心に余裕のスペースができ、そのスペースにインスピレーションが入ってくるんです。難しいことをやってる時って心が背伸びして頑張ってる状態、葛藤してる状態。そんな**心に余裕のない状態ではインスピレーションが入り込むスペースがない**んです。**演技はインスピレーションが来たら飛躍的に伸びる**んです」

男　「……急がないってことですか」

スーツ男　「そうですね。急がないってことは、かみ砕いて消化しやすい地味な練習をコツコツやることなんです」

男　「僕もコツコツやってるんですが……」

スーツ男　「それで伸びないならコツコツが大ざっぱなので、もっと小さなコツコツをやることなんです」

男　「もっと小さなですか」

スーツ男　「小さなことに目を向けるって、消極的でネガティブだと思ってるでしょう？　違いますよ。まず、足元を固めるってことですよ」

男　「なるほど。……あの、『ポジティブはネガティブ要素で構成されている』って矛盾してませんか？」

スーツ男　「一見、矛盾してますよね。だから、劇団員も、気付かないし、理解もできないんですよ」

男　「……教えてもらえませんか？」

スーツ男　「私が？　難しいなー。それはママにしか説明できないんです」

男　「……そうなんですか」

スーツ男　「でも、あなたが怒った理由は、先輩にカッコ悪く思われたくなかったからじゃないですか？」

男　「……正直、それはあります」

スーツ男　「成長という大きな目標のために、先輩に好かれたいという小さな目標は捨てなければ」

男　「僕の先輩に対する気持ちは小さくありません」

スーツ男　「じゃ、言い換えますね。好かれたいというのは、一時横に置いてた方がよかったんじゃないですか？カッコ悪いとこを見られたくないというより、成長した方が好かれるんですから」

男　「……そうか。……『大きな目標のために小さな目標は捨てる』ですか」

スーツ男　「そうですね」

男　「んっ？　さっきは大きな目標は持たない方がいいって言いましたよね。でも今は大きな目標を持つってことですか？」

スーツ男　「そうなんですよ。状況によって変わるんですよ」

男　「えっ、それじゃ判断できないですよ」

スーツ男　「確かに難しいです。でも今の目標は大きい小さい、どっちなんだろうって考えれば分かりやすいですよ。大小の目標を一くくりにすると、何を捨てていいかが分からなくなるんですね。『二段階』の考え方ですね」

男　「あ〜、二段階ですか」

スーツ男　「そしたら無駄な葛藤が減るので緊張も減りますよ」

男　「なるほど」

スーツ男　「（時計を見る）あっ、こんな時間だ。そろそろママが来そうだから帰りますね」

男　「えっ、ママが来るんですか？」

スーツ男　「そういう人なんですよ」

男　「僕が悪いのに見舞いに来てくれるなんて……」

スーツ男　「見舞い？」

男　「口は悪いけど優しい人なんですね……」

スーツ男　「優しい？」

男　「今日はどうもありがとうございました」

スーツ男　「ママが来ても今言った内容は分からない、今までどおりのバカな感じでいてくださいね」

男　「……（バカって!?）は、はい」

スーツ男　「でも、名言ですね『うっせー、ババーッ!』。ママの表情を見てみたかったなー」

男　「……」

スーツ男　「では、お大事に」

男　「ありがとうございました」

スーツ男、部屋を出て行く。

不安の原因は分かる状態

数分後、病室の扉が開く。ママと女先輩が入ってくる。

男「あっ、あっ、ママ。き、き、昨日は本当に申し訳ありませんでした！」

女先輩「大丈夫？」

ママ「大丈夫に決まってるや～ん！」

男「は、はい、大丈夫です。すみません、あんなこと言っちゃって……」

ママ「ぜ～んぜん、大丈夫。ババーちゃうからババーって言われて気にするわけがないや～ん」

男「……」

ママ「な～んも気にすることないで！　犬に『おい、猫』って言うても『いやいや、犬ですけど』って気にせえへんやろ。あきらかな間違いって気にならんもんやね～ん」

男「……。お見舞いまで、ありがとうございます」

ママ「お見舞い？　なんで『被害者』の私がお見舞いに来るん？」

男「（被害者って）……」

ママ「やるで！」

男「やるって、何を？」

ママ「続きに決まってるやん。昨日の続きや」

男「えっ、ここで？　病院ですよ」

ママ　「そうや〜。病院って病気を治すとこやろ〜？」
男　「そうです」
ママ　「そやから、ポジティブ病を治すのにうってつけやん！　……迷惑やろ！」
男　「……は、はい」
ママ　「そやからやるねん！　ざまーみろ！　誰がババーや！　やるで！」
男　「……」
ママ　「『自分のまんまを認める』と『ポジティブはネガティブ要素で構成されている』からやで」
男　「（『ポジティブはネガティブ要素で構成されている』ってやっぱり言ってたんだ）……」
ママ　「**自分のまんまって、不安があることに気付くこと**やねん。あんた、最初に公園で会った時、『俺は大丈夫』って不安から目をそらしてたやろ。大丈夫な状態を目標にしてたやん。それは間違いやでっていうて『緊張してる』ってやったやろ。それは自分のまんまを認めることやん」
男　「……」
ママ　「私と会ってなかったら、永遠に『俺は大丈夫』って続けてたで。なぜか？　自分のまんまを認めへんから、本当に効果のある方法に気付けへんからやねん」
男　「……」
ママ　「それでプレゼンの練習とかよくなってんやろ？　じゃ、他のも認めてみたらってことやん」
男　「確かに『緊張してる』っていう練習は、自分のまんまになるってことですね」
ママ　「そうやろ。で、他の不安や欠点とかにも気付くことやねん」
男　「そんなに不安や欠点を認めたら立ち直れなくなりますよ」

ママ 「それがアカン子らのいう、お決まりのセリフや。……じゃ、一時的に立ち直られへんのと、人生立ち直られへんのと、どっちがええ？」

男 「……一時的です」

ママ 「当ったり前田のクラッカーやん！　一時的で終わるもののために人生台無しにしてどうするん！で、次は今まで目を背けて気付かんフリをしてた、不安や欠点を紙に書いていくねん」

女先輩 「書くんですか？」

ママ 「そうや。『何が不安かが分からん』不安っていうのがあるねん。それを書いて**『何が不安かは分かる』状態にする**ねん。これだけでも楽になるねん」

男 「はい。今のは分かります。外国の初めて行った街で不安だけど、地図で今の居場所が分かれば不安もかなり解消されたことがあって、似てますね」

女先輩 「あー、それ、分かる！　東京に来た時、早く家の周りのことを知りたかったもん」

ママ 「そうやねん、自分の立ち位置や現状が分かると安心するもんやねん。演技でも『何が分からんかが分からん』っていう時は、漠然と不安で何の練習をやったらええか分からんけど、**『何が分からんかは分かる』状態にしたら、それ用の練習をしたらええだけ**やからな」

女先輩 「そうですね」

ママ 「で、ラッキーなことに、何が不安か分かったら、無意識のうちに解消されることがあるねん。ネガティブに気付いたら無意識にポジティブな働きをしてくれるねん。メッチャ得！」

女先輩 「そうなんですか？」

ママ 「そうや。演技で壁にぶつかった時に、問題点をはっきりさせておけば、気付いたら壁を越えてたってことあるからな。極端なこと言うと寝て夢の中で解決することもあるで。問題点をはっきりさせてなかったら、ないけどな。そやから問題点を見つけて認めな損やねん」

女先輩「え〜、損はヤダ〜！」

ママ「けど、過信したらアカンで。越えることもあるって言うだけで、全部と違うからな」

女先輩「はい」

ママ「で、解決するためのコツがあるねん。最初は『何が不安かが分からん』状態やん。次に『何が不安かは分かる』状態。けど分かっただけで、消化できひん大きさやから『なんで不安やねんやろう』って考えるねん。で、またその不安はなんでやろう、またまたその不安はなんでやろうって、何でやろうを何回もやって『なんで不安かは分かる』状態にして、原因を見つけるねん。そしたら小さい原因が見つかって、かみ砕いた小さな原因やからすぐに直せるし、なんやそんなことか、アホらし、ってなってすぐに解消されたりするねん。不安の場合は、ささいなプライドが原因のことが多いで」

男「……うーん……そうか……」

◉不安と向き合う方法

①何が不安か分からない

↓ 不安要素を書き出す

②何が不安かは分かる

↓ 原因を探る

③なぜ不安かが分かる

※小さな原因を見つけると解消しやすい

失敗のイメージを持つと得

ママ「もっと得する方法を教えたる。ポジティブは成功イメージだけを持つやろ。そやから失敗した時慌てて、どう対処していいか分かれへんねん。そうやろ?」

女先輩「はい」

ママ「じゃ、最初から『失敗した時のイメージ』をしてたらええねん」

男「(険しい表情) えっ……」

ママ「またまた表情が怪しくなってきました。しかし私は続けます。なぜなら私はサドだから〜」

女先輩「ママ、サドなんですか? 私、マゾなんです!」

ママ「そうやろ、すぐ分かったで! 今度一緒に……」

男「続けてください!」

ママ「はい!……と言うことで続けます。……失敗をイメージしておけば四つのお得がありま〜す」

女先輩「え〜、四つも〜!」

ママ「はい、四つもで〜す。……一つ目は、『こういう失敗が考えられるから、事前に準備しておこう』と、**危険察知機能で回避**できま〜す。……二つ目は、それでも失敗した時にどう対応すればいいか分かるので、**失敗しても最小限**で抑えれる〜。また事前にそう思えると、不安は減りま〜す。……三つ目は、失敗したらどんな気持ちになるか想像しておけば、実際になっても、

◉失敗イメージを持つメリット

①失敗を回避できる
②失敗しても最小限で済む
③ショックも想定内で済む
④チャレンジする勇気が湧く

気持ちは想定内なのでショックは最小限で済みま〜す。『最悪でも、出来事も気持ちもこの程度で済むんだな。……クビにはならないだろう。……どう考えても死にはしないな』と思え、不安は減りま〜す」

女先輩「え〜！」

ママ「四つ目。ショックはその程度と思えれば、物ごとに**チャレンジする勇気**が湧きま〜す」

女先輩「お得〜！」

ママ「いかがでしょうか？　これでも失敗をイメージしておくのは嫌でしょうか〜？」

男「……」

ママ「防災訓練と思えばいいんじゃないでしょうか〜？　災害にあった時に、どう対応するか事前にシミュレーションしておくのと同じだと思いま〜す」

女先輩「思いま〜す」

男「……わかりました。そうですね。……でも、なんなんですか？　その話し方は？　先輩も」

ママ「先輩ちゃん、……演劇部やってんて！」

男「えっ！　そうなんですか？」

ママ「コメディーやりたいらしいから、そやから面白くしゃべってんねん」

男「……（全然面白くないんだけど？　……本当に天才？）」

ママ「（女先輩に）なかなかやるやん！」

女先輩「すっごく楽しいです」

男「……失敗のイメージですか。でも、前にイメージトレーニングはよくないって言いましたよね」

ママ　「言ってませ〜ん」

男　「言いましたよ、絶対に！」

ママ　「絶対に言ってませ〜ん。……言ったのは、『万能ではない』と言いました〜」

男　「……あ、そうか」

ママ　「『あんたは理数系やろ。理数系は答えは絶対にある。答えは一つと思って、ゼロ百で考える癖がある』とも言いました〜」

男　「……」

ママ　「この話し方やめてもいいでしょうか〜」

男　「……続けてください」

ママ　「……わっかりました〜。……スポーツなどのイメージトレーニングは方向性を見つけるのにはいいのですが、『イメージ通りにしよう』と無理強いして、硬くなるのは気をつけないといけないので〜す。……でも、『失敗した時の気持ちのイメージ』は、実際に失敗しても『イメージ通りの気持ちになろう』なんて絶対にしないので、無理強いして硬くなることはありえな〜い。逆に思ってたほどのショックではなかったら、ラッキーって感じるので〜す。非常にお得なんで〜す」

女先輩　「お得ばっかり〜！」

男　「不安も欠点も認めるのか。……分かりました、認めます」

ママ　「……アカン」

男　「アカン？　……なぜですか？」

ママ　「……面白ない。……先輩ちゃん、今日はコメディーやめや」

女先輩　「……すみません」

ママ　「違う違う。私が悪いねん。高い笑い求め過ぎて空回りや」

男　「……」

ママ　「……（男にニヤッと笑い）って、笑いでも大きい目標を持ったら天才女優でもスベるのを教えたってんで、ありがたく思いや。お笑いも小さい歯車を合わすことからやるのが鉄則やねん」

男　「……」

ママ　「いや〜、わざと面白ないようにするのは肩が凝るな〜」

男　「……（嘘だ）」

ママ　「で、なんやて？　認めるって？　当たり前や、遅いねん。で、認めるのは欠点だけちゃうで。ええとこも認めるねん」

損得で謙虚さを使い分ける

男　「ええとこ？」

ママ　「そうや、あんたは、自分のええとこを認めたらそこで成長は終わると思って認めへんやん」

男　「……はい。ですが、それはママが言ってた謙虚ってことじゃないんですか？」

ママ　「違う。それは謙虚ぶってるだけやねん。謙虚の使い方が逆やねん」

男　「逆？　分からないです、逆って言われても。じゃ、いつ使えばいいんですか？」

ママ　「謙虚さで損する時は使わんと、得する時には使うねん」

女先輩「謙虚も損得なんですか？」

ママ「そうや、お金の話と違うで。心の損得やで」

男「損得で考えるのはよくないんじゃないですか」

ママ「じゃ、メリット・デメリットでも、効果がある・ないでもええ。けど、短い言葉の方が心にスーッと入ってくるねん。それに『メリット』っていうたらシャンプー思い出すやん」

男「……」

ママ「最初の頃に言うた、ちょっとできたからって、慢心して自分を見失わへんように謙虚さを持つのは得する使い方。で、あんたは謙虚ぶってええとこ認めへんから、心は満たされんとストレスたまって、心が不感症になってもうてんねん。**自分の心に『俺もええとこある』って認めたる栄養をあげな、自信なくして、緊張する**ねん。これが謙虚で損するんやったら使えへん方法や」

男「……」

ママ「ええとこあるのに認めへんかったら、可能性の芽を摘むのと同じやで。あんたにあんたの可能性の芽を摘む資格はない！」

男「資格はないって……僕のものじゃないですか？」

ママ「僕のものと思うから、雑な扱いをするねん。自分の可能性は自分のものじゃないと思ってみ、丁寧に扱うから。そしたら認めてあげられるよ」

男「……自分には厳しくするものだと思ってたけど。厳しいだけ、甘やかすだけじゃダメなんだ。……状況に応じないといけないってことですね」

ママ「どうしたん、頭ぶつけて急に頭よくなったやん！　先輩ちゃんも、そこの壁に頭ぶつけてみ！」

女先輩　「はい」

男　「先輩やめてください！」

女先輩　「（壁に頭をぶつける）コンコン」

ママ　「どう？」

女先輩　「少しですけど、頭がよくなった感じがします」

ママ　「そうやろ。困ったらこれやな」

女先輩　「はい」

男　「あ〜（先輩の清楚が〜……）」

ママ　「う〜ん、先輩ちゃん、コメディーの線が見えてきたな」

女先輩　「本当ですか？　ありがとうございます」

合格ラインを下げる

ママ　「じゃ、先輩ちゃん。演技の時にイメージを持ったら、どんだけ危険か具体例で教えたるわ」

女先輩　「お願いします」

ママ　「ある大きなオーディションで、台本を渡されて5分後にテストやってん。その内容は、急死した恩師の墓参りっていうメッチャ難しい場面やねん。先輩ちゃんやったらどうする？」

女先輩　「えっ、5分後ですよね。急いでイメージしたり、気持ちをつくろうとします」

ママ　「普通はそうやな。私もそれまでは、ちゃんとイメージしろって言われてたけど、さすがに5分じゃできひん。私はとっさにどうしたか？　やりがちな間違った解釈、自分の癖はなんやろうって考えてん。つまり、気持ちをつくろうとか、こうやろうっていうプラスのイメージじゃなくて、マイナスの失敗イメージをしたわけやな」

女先輩　「……で、どうなったんですか？」

ママ　「墓の前に来たらすぐに号泣してた。合格や」

女先輩　「……すごい！　でもでもでも、どうしてすぐに号泣なんてできたんですか!?」

ママ　「墓参りに来たら泣くかもな。じゃ、泣こうとしたらワザとらしい演技でよくないな。それはやめとこうって思ってやってん」

女先輩　「えっ、それだけで！　それだけで号泣できちゃうんですか!?」

ママ　「もちろん、それまでに基本の練習で、『その気』になりやすかったっていうのはあるで」

女先輩　「はい。でも、それだけでっ」

ママ　「**成功のイメージは心が窮屈で緊張する**けど、やったらアカンことをやれへんのは窮屈違うやん。同じ泣くのでも、泣こうとして泣くのと、自然に涙が止まらんのではレベルが違うで」

女先輩　「そうですよね。少し涙が出てる演技は見たことありますけど、号泣なんて見たことないです」

ママ　「そうやろ」

女先輩　「そうかマイナスの失敗イメージを持てばよかったんだ。……なんか悔しい」

ママ　「そういう落とし穴に気付いて、落ちひんようにするねん」

女先輩　「……そうですね。……演技ってスゴイんですね」

ママ　「それでイメージを持てって教わってたのなんやってんやろうって思ってん」

男　「僕はプレゼンの時に、こうやろうばっかりイメージしてました」
ママ　「イメージが絶対にアカンわけではないねんで。自分の心に聞くねん。『いま窮屈？　心の歯車は合いそう？　無理してエンスト起こしそうちゃう？』って。……**成功しようとか感じようとしたら失敗する**っていう感覚をジブリッシュで教えてでてんで」
女先輩　「そうなんだ。……『失敗をイメージする』って、『マンネリ』の話の時にわざと飽きさせて、新しい発想を見つけるって言ってた、『逆に』に似てますね。発想の転換ですね」
ママ　「そうやねん。『押してもダメなら引いてみろ』やな」
男　「……うーん、なるほど」
ママ　「で、今のは『失敗のイメージ』の話やねんけど、『ポジティブはネガティブ要素で構成されている』にもなるねん」
女先輩　「そうですよね。オーディションは合格したいからポジティブだけど、やり方は失敗イメージっていうネガティブですもんね」
ママ　「そうやねん。他にもいっぱいそういうのがあるで」
女先輩　「教えてください。演劇部では、そんなこと教えてくれませんでした」
ママ　「そうやな〜。……ある舞台で主演女優が3日前に病気で出演できひんようになってん。それで私が代役をやることになってんけど、やっぱり3日じゃセリフと動きを覚えるので精一杯で気持ちとかつくられへん。今回はアカンと思った」
女先輩　「3日じゃ大変ですよね」
ママ　「うん。じゃ、今できるのはなんやろ？　ちゃんと相手のセリフを聞いて、ちゃんと伝えよう。それだけで舞台に上がってん。めっちゃハードル低いやろ」
女先輩「そうですね」
ママ「そしたら、全然緊張せえへんし、感情もインスピレーションも来て、終わったら大喝采やねん」
女先輩「えー、すごい」
ママ「自分でもびっくりした。何でできてんやろって。で、考えたら、この二つの話に共通してるのはネガティブやったってことやねん」
男「……」
ママ「**ハードルが低かったから、心に余裕ができる**やん」
男「心に余裕がないとインスピレーションは来ないってことですか……」
ママ「……なんでそんなこと知ってるん？」
男（あ、スーツさんに聞いた話だ。バカなふりするんだった）……え、え、当たり？　やったー」
ママ「……なんか変やな。……まぁええか。スタートはハードルを低く、それと**合格ラインも下げる。大きな目標を持たない**」
男「合格ラインを下げる？」
ママ「高いと自分を追い込むやん」
男「でも、低い合格ラインでＯＫしてると伸びないじゃないですか？」
ママ「納得できひんみたいやな」
男「確かにスタートの低いハードルは飛びやすいですけど、合格ラインは高く設定した方がいいんじゃないですか。たとえ80パーセントしか達成されなくても、それは低い合格ラインの100パーセント以上かもしれないじゃないですか」

ママ　「そうやって『三ポジさん』は合格ラインを上げるねん。けど、**人の心はわざと高く設定した合格ラインでも、達成されへんかったら否定感でいっぱいになってまう**ねん」

男　「そうですか？」

ママ　「『絶対毎日腹筋しよう』って決めて、一回サボってしまうと、『今月はやめて来月からはちゃんと毎日やろう』ってなってまうやん」

女先輩　「分かります。私のダイエットがそうなんです。どうしたらいいんですか？」

ママ　「『割と腹筋しよう』って低く設定するねん。（男に）今まで途中でやめてまうことなかった？」

男　「……ありました」

ママ　「そうやろ。……ワープで成長する方法が知りたい？」

男　「ワープ？　そういうのがあれば」

ママ　「それが合格ラインを下げることやねん」

男　「もういいですよ！」

ママ　「そのワープの説明したる。あんた、映画面白かってんやろ」

男　「……まぁ」

ママ　「期待してた？」

男　「この前、面白くなかったので期待してませんでした」

ママ　「それスタートのハードル下げて、ゴールの合格ラインも下げてることやん」

男　「……う、う」

ママ　「一回目の時は期待してたから感じなく、面白くなかったやろ。で、今回は期待してなかったのに面白かってんやろ。映画代損してないやん。メッチャ得」

男　「……うーん」

女先輩　「あーそうか。彼が面白くないって言うから私も期待してなかったです。だからか！」

ママ　「で、80点やろ。観てる途中に1点、2点って順番に点数が上がっていったか？　いってないやろ。気付いたら一気に80点になってたやろ。心って歯車が合ったら一気にワープすることがあるねん。じゃあ、小さい歯車から合わした方がええやろ。それが合格ライン下げることやねん」

男　「……でも、……映画は観てるだけだから、自分が実行するのとは違うじゃないですか」

ママ　「ジャンルによって少しずつは違うやろな。心はワープが可能やけど、体力や技術は一気には無理やねん。けど、『過去に身に付けた技術』の感覚を思い出すのはワープ可能やねん。あんたは、緊張とりたいねんやろ。それ、心やん。ワープの対象内やん」

女先輩　「ちょっと待ってください、ノートに書きます。え～と、スタートのハードルを下げる……合格ラインを下げる……期待しない……小さい歯車が合う……心がワープ……メッチャ得」

ママ　「そう、得することをやるねん」

女先輩　「ママ、彼が面白く感じると分かってて、もう一度、映画に行くよう

⦿心は歯車が合えば一気にワープできる

スタート ⟶ ハードルを下げる ⟶ 小さな歯車は合う

↓ ワープ
○心、過去に身に付けた技術
×体力、新たな技術

ゴール ⟶ 合格ラインを下げる ⟶ 肯定的

にいったんですか？」

ママ　「そうやな。あれはええ映画やから、期待っていう色眼鏡で観いひんかったら絶対に面白いはずやからな。期待せんことと、ハードルを下げることが大事って分からすのは体験せな分からんからな」

女先輩　「やっぱり、そうなんだ」

ママ　「……さっきのオーディションも代役の話も、なんで心がワープしたか？　……これすごく大事なことやで『**成功しようとするんじゃなく、失敗せんようにする**』。言い換えたら『**自信を持とうとするのでなく、不安をとる**』やねん」

男　「成功しようとするんじゃなく、失敗しないようにする」

女先輩　「自信を持とうとするのでなく、不安をとる」

ママ　「そうや。ショボイやろ。せこいやろ。ダサいやろ。けど、これが最初にあんたに言うた、全部反対にすればってことやねん」

男　「……全部反対ですか。……確かに自信を持とうとしてました」

頑張るだけでは自己満足

ママ　「勘違いせんといてや。準備がいらんって言うてるのと違うで。背負いきられへんものを持っても無理ってことやねん」

男　「……」

ママ　「昔、ポジティブな子が、自分の問題点を全部言ってくれって言うてきてん。けど、全部言うたら背負いきられへんから私は言えへんかってん。そしたら座長は演技が抜かれれるのが嫌だから言わないんだって騒ぐから、問題点を数個だけ言うてん。そしたら一発で変な癖ついた。なっ、背負いきれへんものは少しずつ持たなアカンねん」

男　「……僕も全部持とうとしてました」

ママ　「背負わん方が得するねん」

男　「頑張らないでいいってことですか？」

ママ　「ある意味そうやな」

男　「頑張らなくていいって、じゃ、人生って何のためにあるんだろう……」

ママ　「そやから、**かみ砕いて少しずつやる**ねん。意味もなく頑張ってもアカン。あんたは**頑張るだけで自己満足してる現実逃避**やで」

男　「……」

ママ　「工夫せなアカンって言うたやん。その工夫って大体がネガティブを混ぜることやねん」

男　「……」

ママ　「今の話で言うたら、ポジティブぶっていっぱい背負わんこと。ジブリッシュもいっぺんに課題を出したら背負われへんから、順番に抑揚つけろ、声色を変えろ、変顔しろって言うたやん」

男　「……はい」

ママ　「ホンマは最初に、緊張とか集中力の話より『自信を持とうとするのでなく、不安をとる』『ポジティブはネガティブ要素で構成されている』を教えたかってんけど、あんたはポジティブを目指してたから聞く耳持てへんと思って、今まで言えへんかってんで」

男　「……そうですね」
ママ　「なにか不満ですか？」
男　「……」
ママ　「頑張るのは頑張らなアカン。ポジティブも大事。そこにネガティブを混ぜるねん」
男　「どうやってですか？」
ママ　「私も普段の練習を頑張ったからできてんで。毎日練習するっていう頑張りは大事。でも、練習でも本番でも、いざやる時に、頑張って背負わんことやねん。無理なものは無理。それが得」
男　「……」
ママ　「分からんかな？　今まで私があんたに教えてきたのは、『楽しみやすくする』『集中力』『興味を持つ』『マンネリの対処法』っていうポジティブなことやん」
男　「はい。ポジティブなことを教えていただきました」
ママ　「けど、その中身は、『直接操作は無理。外堀からやれ』『気をそらす』『適当、いい加減、なんちゃって、大ざっぱでええ』『飽きろ』とか言うてたやろ」
男　「はい。でも『適当にやれ』って、なんか嫌だなと思ってました」
ママ　「ネガティブやからやろ」
男　「はい。もっとちゃんとしないといけないと思ってました」
ママ　「けど、できてきたやろ」
男　「……まあ～」
ママ　「『適当、いい加減』の言葉の由来を教えたるわ。……適当、いい加減、両方ともマジメじゃない、頑張ってない、ルーズ、って悪い意味で使われてるやん。けど、もともとは、それくらい頑張らんと余裕を持ってやった方がええでって意味やねん。適当は、適した当たり。いい加減は、良い加減やねん。『一生懸命やったら、余裕がなくなって何も感じひんし気付けへんで～。そうせな何やっても伸びひんで～。そやから適した当たり、適当が大事やねんで～』って意味やってんけど、時代が変わって、悪い意味になってもうてん」

女先輩「そうなんだ。……あっ、東南アジアのお釈迦様って寝転んでますよね。寝釈迦っていうのかな？あれも頑張らないって意味なんですか？」

ママ「私も東南アジアに行って見たことあるから分かるねんけど、あれは……夏バテやな」

女先輩「……」

ママ「あっちはメッチャ暑い。いやメッチャ熱い。それと蒸す。……この話続ける？」

男「戻してください」

ママ「はい。……適当、いい加減を悪用したらアカンけど、使いようって分かった？」

男「まぁ」

ママ「……これの逆バージョンがあるけど聞きたい？」

男「逆ですか。ぜひお願いします。ママが物ごとを理解するには表と裏を理解できてないと応用できないって言ってましたから」

ママ「やっと分かってきた？さっきは適当にやって感じるようにするって言うたけど、あんまり感じたらアカン時もあるやん」

男「うーん、周りからのプレッシャーですか？」

ママ　「惜しい！」

男　「惜しい。……う〜ん」

ママ　「エッチの時の男や。感じ過ぎたら早く終わってまうやん」

男　「（しまった下ネタだ。全然惜しくないし）……」

女先輩　「やだ〜。……で？」

ママ　「そやから感じひんように、頭で暗算やってるらしいで。68×73。え〜と、8と3をかけて、2が繰り上がってって4」

男　「……」

ママ　「そしたら頭がいっぱいになって感じる余裕がなくなって、長持ちするやん。（男に）なっ？」

男　「……」

ママ　「それでもアカン時は自分の指で目を突いたりもしてるらしいで」

女先輩　「えーっ、そんなことしてるの？」

ママ　「痛みに『気をそらす』を使ってるわけやな」

女先輩　「（男をしげしげと見て）ふ〜ん」

ママ　「大変や、男も」

女先輩　「（男に）大変ね〜」

ママ　「けなげやな〜。……これ続ける？」

男　「戻してください！」

ポジティブとネガティブの使い分け

ママ「……じゃ、話戻すで。『楽しみやすくする』のがポジティブやったら、そのための練習方法のジブリッシュもポジティブってことやん」

男「はい」

ママ「じゃあ、『ジブリッシュもネガティブの要素で構成されている』やん。そやから、ジブリッシュも、感じようとするな、気をそらせって、不謹慎っぽいことを言うてたやん。それを、もっと感じろ・ジブリッシュに集中しろって言う、いかにも正しいことを言う『三ポジさん』って一段階でアカンやん」

男「……」

ママ「あんたは『ポジティブはポジティブ要素で構成されている』でやって、できなくてネガティブな気持ち。メッチャ損。私は『ポジティブはネガティブ要素で構成されている』でやって、できてポジティブな気持ち。メッチャ得」

男「……」

ママ「ポジティブって目標とか理想を持つねんやろ。持つのはいいけど『理想の中身は理想で構成』になったら、夢見がち、ロマンティストって言われるで」

女先輩「それっていい意味ですか？」

ママ「夢とか入ってたらいい意味に聞こえるやん？　けど言い換えたら、寝言は寝て言えやで」

女先輩「……あー、悪い意味なんだ」

ママ　「あんたは途中の構成がポジティブになりたいん？　それとも結果がポジティブになりたいん？」

男　「結果です……」

ママ　「当ったり前田やん。前に『スイカに塩』って言うたやん。反対の物を混ぜるとすごくなるって。ポジティブの中にネガティブを混ぜるって究極の『反対の物を混ぜる』やで」

男　「分かるんですけど、なにか……分からないな……」

女先輩　「いつ頑張って、いつ頑張らない方がいいかじゃない？」

男　「あー、そうです！　いつポジティブで、いつネガティブがいいのか！」

女先輩　「ねっ、私も気になってたの」

ママ　「それは、『いつ考えて、いつ考えへんか』。『いつ頭でっかちでもよくて、いつ頭でっかちがよくないか』と同じやねん」

男　「……はい」

ママ　「それは『**顕在意識の時と潜在意識の時で使い分ける**』やねん」

女先輩　「顕在意識は意識して操作できる意識で、潜在意識は意識では操作できない意識ですよね？」

ママ　「そうやな。この二つを分けて考えなアカンねん」

女先輩　「ゴチャ混ぜになってたような気がします」

ママ　「**意識できる領域、つまり毎日練習するっていうのは頑張っててええ**。けど、**無意識の領域、つまり実行する時は頑張ったらアカン**ねん。操作できひん領域で頑張っても空回りするだけやから」

女先輩　「始める前と最中に分けるってことですか？」

ママ　「そうやな」

女先輩　「ふーん」

ママ　「例えば演技では想像力が大事って言われるねんけど、想像力だけやったら頭だけやから心に影響を与えへんやん。信じなアカンねん。俳優に一番必要な才能は『信じる力』やねん」

女先輩　「信じる力？　聞いたことないです」

ママ　「けどこれが危険やねん。みんな100パーセント信じようとして頑張るねんけど、100パーセント信じるのは操作のできひん潜在意識の領域やん。無理なことをして空回りして、信じようと意識が内側にこもって、セリフの交流っていう基本的なものもできひん、頭でっかちの演技になってまうねん。この演技が、大げさな演技より、もっと悪い演技って言われてるねん」

女先輩　「……私がそうでした」

ママ　「マジメやからやねん。お芝居の先生が信じろ、なりきれって言うから、一生懸命に信じようとしてんやろ？」

女先輩　「はい」

ママ　「**それが『諸悪の根源』の、『焦ったらアカンっていうくせに、プロセスを言わんと、すぐに結果を求める間違った教え』**やねん。世間は結果を求めてくるから無視して、自分でプロセス見つけなアカンねん」

女先輩　「踊りの時に、最終形のノッている状態を求めるのではなく、ただリズムに合わせて動くっていうのがプロセスですね」

ママ　「そう。そしたら心が誘導されて乗る。それが焦ってないプロセスやん」

女先輩　「はい」

ママ　「先輩ちゃんは、頑張ったのに最も悪い演技になってもうた。けど頑張らんとセリフの上辺だけを言うてる子の方がマシな演技してたやろ?」

女先輩　「……まぁ」

男　「それがいいんですか。頑張らないで上辺だけで?」

ママ　「違うよ。頑張ってないから、ドツボにはまってないだけで、そんな子は伸びひん。先輩ちゃんみたいな子が、『諸悪の根源』に気付いて続ければ、メッチャ伸びるねん」

女先輩　「……ホントですか」

ママ　「そう。頑張らん子は結果的には伸びひん。あんたの『ポジティブはポジ……』。……長いな」

男　「えっ、長い?」

ママ　「……今後、あんたの『ポジティブはポジティブ要素で構成されている』をポジポジ、私の『ポジティブはネガティブ要素で構成されている』はポジネガっていうことになりましたので!」

女先輩　「略すんですか?」

ママ　「タイム・イズ・マネーや。言うの疲れる」

男　「……」

ママ　「あんたのポジポジは、諸悪うんぬんと一緒で直接『結果』やろうとしてるねん」

男　「……」

ママ　「ジブリッシュでは、感じようとするな、って言うたやろ。で、よくなってきてから、抑揚付けるとか少しずつ要素を足していったやろ。それがプロセスやん」

女先輩　「そうですね」

ママ　「じゃ、『信じる力』の場合はどうするか？　そもそも想像を信じるって潜在意識の領域やから100パーセントじゃなくて、まずは1パーセント信じてみようと始めるねん。ハードルが低いから信じやすいやん。超かみ砕きやん」

女先輩　「……1パーセントからですか？」

ママ　「ここは海って設定でも、この人と恋人同士って設定でも1パーセントやったら信じやすいやん？」

女先輩　「まあ、1パーセントだったら」

ママ　「1パーセントやったらやりやすいから心もリラックスする。リラックスしたら、もっと信じやすくなって、5パーセント、10パーセント、50パーセントって信じる力が高まるねん」

女先輩　「そうか～。『**小さい歯車から始める**』ですね」

ママ　「そう、小さい歯車。三ポジさんは完成形の100パーセントを目指し、一ポジさんは取っ掛かりとして1パーセントを目指す。これが才能の差」

男　「……」

ママ　「1パーセントを信じるってことは残りの99パーセントはできてない。けど、できてない99パーセントを意識したら心が否定感でいっぱいになって信じられへんから、無視することやねん」

知らぬうちに完璧主義になって伸びない

男　「……また無視ですか？」

ママ　「そうやねん。この『無視』する方法には『無視』できひん効果があるねん」

男・女先輩「……」

ママ「なんでもかんでも意識したらええってことではない。損するものは気にしない！」

女先輩「損するものは気にしないですか」

ママ「できる、できひんが才能違うねん。無視するか、無視せえへんか。損か得かを見極めるのが才能を伸ばすとか緊張をとるにつながるねん。損得が分かったら才能って伸びるねんで」

女先輩「はい。なるほど～。気にしない。『見つめる鍋は煮えない』ですね」

ママ「見つめる鍋は煮えないって、長期的な成長にもいえるし、一回の練習にもいえるねん」

男「そうでしたね」

ママ「けど、あんたみたいに嘘ついたらアカンって思ってる子は、99パーセント嘘やから信じたらアカンって否定するねん。成長過程の1パーセントを否定してしまい、積み重なれへん完璧主義になるねん」

男「完璧主義ですか」

ママ「完璧主義の人らが受け入れられる状態って、一瞬で嘘ついてない、100パーセントの状態になることやねん。どう考えても無理やろ？　それをやろうとするから効果がないねん」

男「……う～ん」

ママ「完璧主義って、ブレーキとアクセル一緒に踏んでるねんで。エンジン壊れるやん」

男「でも完璧主義で成功してる人っていますよね」

ママ「そういう完璧主義の人は、一瞬でなろうとはしてないねん。焦らんと時間をかけてなろうとしてるねん。で、その時にネガティブもうまく活かしながら高みを目指してる人やねん」

男　「ネガティブですか？」

ママ　「演技なんか、名演技って言われるほど嘘つきやで」

女先輩　「えっ、名演技なのに？」

ママ　「そうやで。役づくりのスタートは自分にちょっとした嘘をつくねん」

女先輩　「嘘ですか？」

ママ　「そう。1パーセントだけ信じられてて、99パーセント信じられてない状態でも、『とりあえずOK』にして自分に嘘ついいて、その気にさせるきっかけをつくるねん。そうやって結果、嘘の演技をせえへんようにするねん。『嘘をつかないために嘘をつく』やねん」

男　「……（あっ、スーツさんが言ってたやつだ）そうか。完璧主義の意味をとらえ違いしてたんだ。スタートは嘘で始めてもいいっていう二段階ですね」

ママ　「そう。『スタートはなんでもええ』。で、完璧主義はアカンって気付いてる人も、なんとなくしか分かってないから、超かみ砕いた練習での瞬間瞬間で完璧主義になったらアカンってとこまでは気付いてないねん。そやから無意識のうちに完璧主義になってしまって伸びひんねん」

女先輩　「なるほど」

ママ　「ポジティブの人って頑張るから、完璧主義になりやすい」

女先輩　「そうですね」

イメージはざっくり持つ

ママ　「さっきイメージって持ち方次第って言うたやん。それ教えるわ」

女先輩　「お願いします。持ち方次第って言われても、どうするのか見当も付かなかったです」

ママ　「俳優の世界ではイメージしろって、よく言うねんけど、逆にイメージに縛られてまうねん。理由は最初からイメージが具体的過ぎるからやねん」

女先輩　「私は具体的にイメージしろってずっと言われてましたけど」

ママ　「最初から具体的過ぎたら難しい。難しいと脳は身構えて想像力は止まってまう。……例えば役づくりの時、三流俳優はイメージ持つなんて面倒なことはせえへん。二流はイメージに縛られて身構える。じゃ、一流の私はどうするか？」

女先輩　「どうするんですか？」

ママ　「『ざっくり』やるねん」

女先輩　「ざっくりですか？」

ママ　「例えば、ツンデレのキャラクターがあったとしよ。私やな」

女先輩　「ママ、ツンデレなんですか？　反対のものが混ざってるじゃないですか！」

ママ　「そ〜やね〜ん。そのギャップがたまらんねんて〜」

男　「……」

ママ　「で、よくあるのは、このツンツンとデレデレの二つの性格が混じってるキャラを、一気につくろうとして失敗するねん」

女先輩　「はい」

ママ　「これを『ざっくり』とツンツン、デレデレに分けて練習するねん。俳優がツンツンの性格じゃなくても、ツンツンの性格を芽生えさせる練習をやるねん。その時に『私の目指してるツンツンのタイプじゃない』っていって選り好みをせえへんことやねん。途中の選り好みは否定感を生んで想像力は止まるから。そのうちにノッてきてバリエーション豊富なツンツンが生まれる。そのいろんなツンツンで笑ったり、ふざけたりして、表現豊かにするねん。そうやって、頭でのイメージだけでは思い付けへんツンツンをいっぱいつくるねん」

女先輩　「やってみないと発見できないってことですね」

ママ　「で、最後にバリエーション豊富な中から、役に合わせたやりたいツンツンのタイプを選ぶねん」

女先輩　「なるほど、増やした中からだとピッタリのツンツンを選べますもんね」

ママ　「同じようにデレデレもやる。その後にツンツンとデレデレを混ぜるねん。混ぜるって言うても、ここから

⦿役づくりの方法（一例）

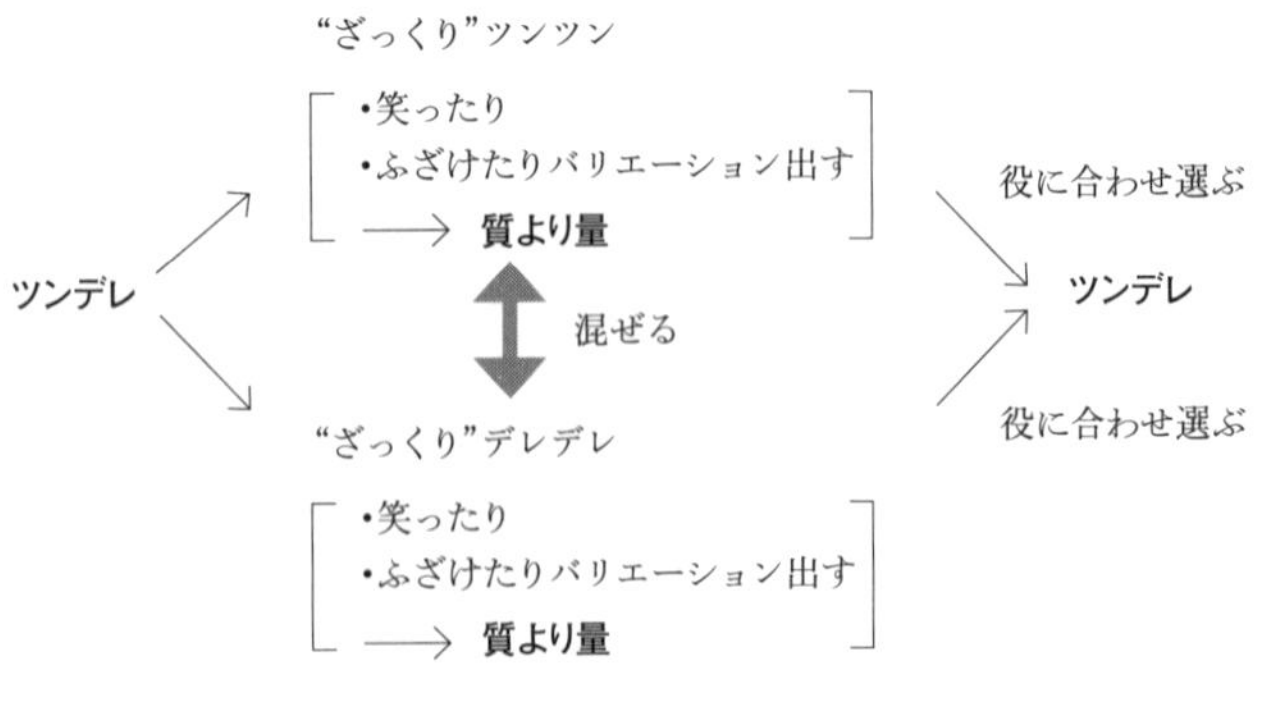

女先輩　ここまではツンで演じて、次はデレっていうふうに時間差で混ぜるのと違うで。同時に混ざってるキャラをつくるねん。大事なのは混ぜる割合やな。それでキャラは全然変わるから」

ママ　「……全然思い付かなかった、そんな方法」

女先輩　「一気につくろうとして、取っ掛かりも分からへんかったやろ」

ママ　「はい」

「かみ砕いた練習を見つけて小さい歯車を合わさな、そらできひんよ。で、こういう練習を丁寧にやるんじゃなく、スタートの出来は『無視』して、**『量より質』でなく『質より量』で、1パーセントしかできてなくても『とりあえずOK』にして、自分を『その気』にさせていくねん**」

男　「それは、他のことにも言えますか」

ママ　「言えるんちゃう」

男　「う〜ん」

頑張りが落とし穴になる

ママ　「演技でも、考え方でも簡単に変わる方法教えたる。……**こだわってるものを捨てたら、変わるしかないやねん**」

女先輩　「こだわりを捨てちゃうんですか?」

ママ　「そうやねん。今の自分をつくってるのはこだわりやねん。今の自分に満足してないんやったら、捨てなアカンやん」

男「ママが全部反対にした方がいいって言ったのは、こだわりを捨てろってことですか？」

ママ「そうや。よく、『ブレないように生きる』っていうやん」

男「はい」

ママ「ある程度、成功してる人が言うのはええとして、できひん子らも言うやん。あれカッコつけて、背伸びして成功者と同じことを言うてるねん。できひん子がブレへんって、今の間違いを修正せんと突き進むことやろ。声を大にして言いたい。『ブレろ！　捨てろ！』って。何を守ってるん？」

男「それが僕の場合、ポジティブなんですね」

ママ「なあ、なんでそんなにポジティブにこだわるようになったん？」

男「……大学入試の時に、国立は絶対に無理って先生に言われたんです。でも、僕の実家は裕福でないので私立には行けなくて……。それで国立に入れるように頑張ったんです」

ママ「……ええ話やん。涙ちょちょぎれるやん。……けど、その頑張りが落とし穴やねん」

男「えっ」

ママ「勉強って、頑張れば絶対に伸びるジャンルやねん。けど、世の中は頑張るだけでは無理なことが多いねん。**緊張をとろうってやみくもに頑張ってもアカン**かったやろ。**バランスを考えたり、一歩引いてみたり、『前進するためにあえて後退する』ことも必要**やねん。ボクシングでも攻めるだけじゃなくて、相手が攻めてる時は守りに徹して、相手が疲れるのを待ってから攻めた方がよかったりするやん。あんたは攻めるばっかりで、疲れてやられてるねんで」

男「……」

ママ「……正直、今までの私の話でポジティブだけの限界は感じてるやろ」

男　「……」

ママ　「ポジティブのおかげで国立に入れて、それを捨てるのに勇気いるのは分かる」

男　「……」

ママ　「ネガティブの大事さを他のジャンルで言うと、生命保険は完全にネガティブやな。……ビジネスは儲けようとすることでなく、損せんように考えることやねん。ポジティブだけの経営者なんか絶対失敗するで」

女先輩　「『成功しようとするんじゃなく、失敗しないようにする』と同じですね」

ママ　「まったく同じやな」

女先輩　「う～ん、共通だな～」

ママ　「じゃ、問題。一流のギャンブラーは自信のある時、所持金の何パーセントかけるでしょう？」

女先輩　「えー、一流で自信あるんですよね。100パーセントですか？」

ママ　「ブー。2～3パーセント」

女先輩　「え～、一流で自信があるのに？」

ママ　「ギャンブルなんか、自信がある言うても確証ないやん。プロのギャンブラーは総合的には勝つ自信あっても、一回一回には確証のない自信なんか持てへんねん。ポジティブはネガティブ要素で構成されているってことやん」

女先輩　「これも共通してる」

ママ　「ホームランの打ち損ないがヒットではなく、ヒットの延長がホームラン」

女先輩　「大きい目標じゃなく、小さい目標の延長が大きい成果になるってことですね」

男　「この前、落合元監督が、ホームランは狙って打つって言ってましたよ」

ママ　「落合みたいな天才の言うこと聞いたらアカン。劇薬って言うたやろ。天才は頭おかしいねん」

男　「頭おかしいって、またそんな」

ママ　「天才とバカは紙一重って言うやろ。私も頭おかしいやん」

男　「ママはおかしくないですよ。ちゃんとしてますよ」

ママ　「いや、おかしい！」

男　「ちゃんとしてます！」

ママ　「ちゃう。頭おかしい。おかしいって言え！」

声　「捨てた方がいいですよ」

老人が向かいのベッドから話しかけている

老人　「こだわりは捨てた方がいいですよ、若者さん！」

ママ、男、女先輩、振り向き老人を見る。

老人　「ゴホッ、ゴホッ。若者さん、さっきから聞こえていましたが、その女性の言う通りですよ」

ママ　「ありがとう、おじいちゃん」

老人　「おぅ〜、声だけじゃなく容姿まで艶がありますね」

ママ「おっぱいも大きいで！」
老人「（うわっ、ホントだ）……んっ、んっ、んっ」
男「おじいさんも、そう思いますか？」
老人「思いますよ。聞いていたところによると、その女性は役者さんかな？　私はお芝居のことは分かりませんが、人生にも当てはまることを言ってますよ。私も元教育者として、一般常識でなく、そういうことを教えてあげられたらよかったと反省しています」
男「やっぱり人生にも共通しますか」
老人「共通しますね。一般常識は大体『諸悪の根源』ですよ。その教えは正しいかを判断する能力を教えなければならなかったんですね。その女性の言うことは聞いてた方がいいですよ」
ママ「ほら、人生経験豊富な人も言うてるやろ」
男「はい」
ママ「死にかけて分かるより、若いうちに分かった方がええやろ」
老人「（死にかけって）……」
男「……分かりました。僕、捨てます。ブレます」
ママ「よ〜し、よう言うた！」
男「まだ、捨て方とか分からないのでこれからもよろしくお願いします」
ママ「任しとき！　捨てたら人生変わるで〜」
老人「若者さん、よく決心しました」
ママ「おじいちゃん、ありがとう。おじいちゃんも早くよくなってな。私、スナックやってるねん。退院したら飲みに来て」

老人　「スナックですか。……長いこと行ってないな。私はもう死ぬから行けないだろうな」

ママ　「そんなこと言わんと。サービスするから」

老人　「サービスですか」

ママ　「うん。おっぱい見せたるよ」

老人　「（えっ、マジで）……いや……私も元教育者だから、そういうことは……」

ママ　「元やろ元。教育者がおっぱい見たらアカンなんか、一般常識やで」

女先輩　「ママ、そんなことしたら別の商売になっちゃいますよ」

老人　「（こらっ女子、余計なこと言うな！）……はっはっはっ。こりゃ一本とられましたな」

ママ　「病院のベッドで死ぬより、キレイなおっぱい見てショック死の方がええやろ？」

老人　「（マジでそりゃそうだ）はっはっはっ、そうかもしれませんね」

ママ　「（男に）じゃ、帰るわ。おじいちゃん、おっぱい垂れへんうちに治して来てや」

老人　「はい、ありがとう」

ママと女先輩、病室から出て行く。

老人　「（男に）面白い人ですね」

ドアが勢いよく開く

ママ「言うの忘れてた。（老人に）ピンクやでピンク」
老人「ピンク？」
ママ「チ・ク・ビ。ピンクピンク、どピンク。桃色やで。色変わらんうちに来てや。さいなら」

老人、ゆっくりと窓の外の景色に視線を移す

老人「……ピンク」

第九話◉役づくりを学ぶ

棒読みから始める

○スナック・とらのあな店内
翌日、店にママと女先輩がいる。

ママ　「今日、退院やって？」
女先輩　「はい、もうすぐ来ると思います」
ママ　「入院って、大げさやねん。ソファーに頭ぶつけて何をけがするん？」
女先輩　「あの、昨日のおじいさんに本当におっぱい見せるんですか？」
ママ　「見せるわけないやん。けど『よし、早く病気を治してピンクを見に行くぞ』ってなるやん」
女先輩　「でも、なぜそこまで」
ママ　「あの、おじいちゃんのゴミ箱に薬がいっぱい捨ててあったから、病気治す気がないなと思って」
女先輩　「えっ、あの瞬間にゴミ箱まで見てたんですか？」
ママ　「当たり前やん。天才女優やで。観察力やん」
女先輩　「すごい」
ママ　「で、私、聖母マリアやん。希望を与えるのが仕事やん」
女先輩　「……は、はい」
ママ　「男って、エロの希望を与えたら、それだけで全細胞の治癒力が上がるねんで。アホやろ」
女先輩　「本当ですか～。ホント、うらやましいくらいのアホですね」
ママ　「で、こういう希望とか目標を持つのはええねん。目標は持ったらアカンことないねんで。状況によるねん。モチベーションを上げたり、方向性を見つけるためには持つのはいいねん」
女先輩　「はい。……あの、え～と、ピンクなんですか？」
ママ　「あ～、チクビ。そんなわけないやん。聖母マリアは希望を与えるために嘘もつくねん」
女先輩　「……」

ママ　「この年でピンクやったらグラビアやるわ。『奇跡の熟女』売れるで～」

女先輩　「……は～」

ママ　「……あの子が来るまで始められへんな。先輩ちゃん、今までのことで何か質問ある？」

女先輩　「質問じゃないんですけど、お芝居のこと教えてもらえませんか。この前のツンデレの役づくりとか聞いたこともなかったので」

ママ　「そうやな～。……普通のお芝居の練習では、すぐに本気での台本の読み合わせから始めるやん」

女先輩　「そうですね。それ以外やったことないです」

ママ　「けど、台本をもらったばっかりで解釈が間違ってる可能性も高いやん。間違ってたら後で大まかには変えることできるけど、間違ってた時の影響が残ってまうねん。見えへんとこに残ってるから気付けへんし、直すことが難しい。役づくりの大きな妨げになるねん」

女先輩　「分かります。何が原因か分からない状態になります」

ママ　「で、もっと大きな問題は、感情もキャラクターもできてないのに本気でやるやん。そうやって嘘の感情を無理やり絞り出す演技の癖がついてまうねん。これはホンマに大きい問題やねん。感情って、心に気持ちがいっぱいになって、漏れてきたのが話し方とか表情、行動になるのが普通やろ。じゃ、演技でもそうせなアカンやん。本気の本読みの前に感情をつくっとかなアカンねん」

女先輩　「なるほど」

ママ　「それやのにすぐに本気の本読みは常識のようにやられてるねん。で、癖がついて、直らんようになって、才能ないと思って俳優を辞めてしまう人が多いねん」

女先輩　「……私……そうでした。本気の本読みじゃないならどうすればよかったんですか？」

ママ　「棒読みからやるねん」
女先輩　「棒読み？　そんなのでいいんですか？」
ママ　「びっくりやろ。私の劇団でこの棒読みの話をすると理解できひんで辞めていく子が半数以上おるねん。棒読みを幼稚な練習やと思ってしまって、早く実践っぽい練習をやりたがるねん」
女先輩　「それは、せっかちってことですか？」
ママ　「そう、せっかちやな。台本もらってすぐに何もできるわけないねんから、本気でやるんじゃなくてかみ砕いていかな、効果のある練習になれへんやん」
女先輩　「はい」
ママ　「意味も感情も込めてない、ただの棒読み」
女先輩　「ただの？」
ママ　「そしたら変な解釈とか癖がつけへんやん。棒読みやから下手で全然ええねん。それを三回くらいやって、大ざっぱにストーリーの流れをつかむ。しかも、すぐにはセリフを覚えへんこと」
女先輩　「えっ〜！」
ママ　「で、エチュードを始めるねん」
女先輩　「えっ？　どういうエチュードのやり方ですか」
ママ　「いろんなやり方があるねんけど、基本的には台本の状況設定で、セリフは即興でやる方法やな」
女先輩　「へ〜、台本の設定でセリフは即興ですか」
ママ　「けど、ついセリフを言うてしまうねん」
女先輩　「確かに言ってしまいそう」

ママ　「このエチュードのメリットは、セリフを覚えてないから、今この瞬間にこの状況に合う言葉を見つけることやねん。セリフを言うたら、自分の頭で言葉を探してないから意味がないねん。セリフを覚えてないから、ストーリーは間違ってもええ」

女先輩　「難しそうですね」

ママ　「難しないよ、日常会話と同じやん。つまり、日常と同じ『自然な脳の使い方』をさせるねん」

女先輩　「……なるほど」

ママ　「これがセリフを覚えてると、『思い出そうとする演劇的な脳』になって、すぐにセリフがマンネリになって、セリフの言い方も演技くさくなるねん」

女先輩　「すっごく分かります。セリフを覚えちゃうとそれ以外言えなくなって、言い方も型にはまってずっと不自由な感じでした」

ママ　「そうやろ。『自然な脳の使い方』やったら、感情も自然に動きやすいねん」

女先輩　「自然にですか」

ママ　「そうや。そういうエチュードやってたら、自然な感情、セリフの言い方、心の交流もできやすい。で、それから少しずつ課題を足していくねん」

女先輩　「うーん、超かみ砕きですね。そこまでかみ砕くんですね」

ママ　「そこまでかみ砕いたらやりやすくなるやろ。と言うことは、**かみ砕いた練習を考えられること、イコール能力が上がりやすくなる**ってことやで」

女先輩　「あ〜、かみ砕いた練習を思い付くことか。今まで難しい練習にすることばかりでした」

ママ　「なっ。かみ砕いた基本の練習をしっかりさせることやねん」

女先輩 「はい……『棒読み』『すぐにはセリフを覚えない』の練習法の中に『低いハードル』『せっかちにならない』とかの要素がつまってますね」

ママ 「そうやろ。やってて難しいなと思ったら、がむしゃらに頑張るだけじゃなく、常識とされてる練習を疑って、自分でかみ砕いた練習を考えた方がええねん」

女先輩 「はい。……私たちもエチュードの練習ってやってたんですけど、今、教えていただいたのとは全然違うやり方でした」

ママ 「オチをつけろとか、起承転結を作れとか言われたんとちゃう？」

女先輩 「はい、そうでした」

ママ 「そういうエチュードは間違いやねん」

女先輩 「間違いですか？」

ママ 「そう。エチュードをお客さんに見せる演劇スタイルやったらオチもいるやろうけど、普通の芝居では見せへんやん」

女先輩 「はい」

ママ 「オチをつけようとしたら、頭で考えて感じられへん。本気の本読みと、すぐにセリフを覚えるのと、オチをつける

⦿棒読みで始める演劇のかみ砕いた練習法

×	本気の本読み（意味・感情込める） ‖ **嘘の感情**	→	立ち稽古（セリフ覚えている） ‖ **思い出そうとする演劇的な脳**
○	棒読み（意味・感情込めない） ‖ **嘘はついていない**	→	エチュード（セリフ覚えていない） ‖ **自然な脳**

エチュードやってたら、天才の私でも才能つぶれるで」

ママ 「えーっ、ママでも」

女先輩 「エチュードは役づくりのヒントをつかむためのもんやねん。先輩ちゃんができひんかったのは才能ないからと違うねん。練習の方法が間違ってたからやねんで」

女先輩 「……そうなんだ」

俳優のつぶし方

とらのあな店内に男が入ってくる。

ママ 「いらっしゃい。あぁ……もう治った？」

男 「（けがをしてた頭をなでながら）はい。心配おかけしました」

ママ 「頭と違うよ、ポジティブ病は治りましたかっ？」

男 「あー、まだ完全じゃないので、これからは治していこうと思います。よろしくお願いします」

ママ 「はい。じゃ、やるで。今、先輩ちゃんにお芝居のこと教えててん。面白いお芝居の話したるわ」

男 「なんですか？」

ママ 「俳優のつぶし方や」

男 「えっ？　つぶし方？　ママがライバルをつぶしていった方法ですか？」

ママ 「なんで私がやるん。私は狙われる方やで。危険察知能力で罠に気付いて、引っかからんようにしてんで。で、演出する時には『俳優のつぶし方』になれへんように演出するねんやんか」

女先輩「なるほど。つぶし方を知って回避するってことですね」

ママ「その通り。一つ目。……悪口を言う。それで落ち込んでつぶれたら、言うた方の思いのままやな。落ち込んだらアカンと思って頑張る人もおるけど、頑張るって下手したら力みになるやろ」

男「あー、そうか」

ママ「そうやって平常心を奪う。悪口は誰でも思い付く方法やけど、結構効果的やねん」

男「ん〜。言われた場合、どうしたらいいんですか」

ママ「しれーっとして、家でメッチャ練習するねん。で、成功してから、あなたの忠告のおかげで成功できたって感謝するねん。悔しがるで〜。それに練習に『気をそらす』になるから悪口を忘れるやん」

女先輩「……」

ママ「あーゾクゾクする。誰か私の悪口言うてくれへんかな。思いっきり練習したんねんけどな！」

男・女先輩「……」

ママ「二つ目。……逆に褒めるねん。褒めて褒めて謙虚さを奪う。そしたらうぬぼれて努力をやめるから」

女先輩「ホメ殺しですね」

ママ「そうやな。ホメ殺しのもっと巧妙な方法はな、『すごいね、次はもっとすごい演技するんだろうね。それも短期間でやるんだろうね』って褒めて、せかして背伸びさせるねん。『大きいことを早く』やらして失敗させるねん。悪口はバレやすいけど、褒めるのはバレへん。巧妙な方法やな」

男「そんなことする人いるんですか？」

ママ「そこまで思い付く人はおらんな。けど相手に悪気がなくても、褒められたり、期待してるよって言われたら、自分で勝手に急いだり、背伸びしてしまうってあるやろ」

男 「あー、あります」

ママ 「そやから、期待に答えようとする時は気をつけなアカンねん」

男 「そうですね」

ママ 「特に人がええ人は、すぐ期待に応えようとしてまうねん」

男 「だから、人がいい人って成功しにくいって言われるんですか」

ママ 「そうやで。で、『大きいことを早く』の応用編があるねん」

男 「応用編ですか。ぜひお願いします」

ママ 「『ドカ〜ンと一発やってみようよ〜♪』って歌あったやろ。ああいう、威勢がよくてポジティブで元気になるような歌を歌わすねん。気が大きくなって勘違いしだすから」

女先輩 「え〜、怖いっ」

ママ 「怖いな〜。本人はポジティブで気分よくなってるのに、同時進行で心は勘違いして失敗に向かってんねんもんな」

男 「でも、モチベーションが上がりますよね？」

ママ 「うん、上がる。いい面も確かにあるねん。そこで終わればええねんけど、『よ〜し、でかいことやったろか！』まで行ったらアウトやな。そういう歌は劇薬やねん」

男 「前に成功者の話は劇薬って言ってましたね。同じことですか？」

ママ 「そうやな。両方とも気が大きくなって、足元が見えへんようになるからな。褒めて気分よくさせて、歌で威勢よくさせて、なんとかして『自慢じゃないんだけど○○』って言わせるねん。『自慢じゃないんだけど』は、自慢の始まりのことが多いからな。自慢し出したら後は自滅してくれる」

男・女先輩　「……」

ママ　「モチベーションって気をつけや。上がると同時に自滅する人をいっぱい見てきたからな」

男　「注意してあげないんですか？」

ママ　「同期の子らに『その歌、劇薬やで』って言うても『はーっ？』って意味伝わらんやん」

男　「まぁ、そうですね」

ママ　「『大きいことを早くはヤバイで』『危険察知能力やで！　ネガティブが大事やで！』って言うても、嫉妬やと思われて聞く耳を持てへんやん」

男　「そうですね」

ママ　「あんた、ライバルにポジティブな曲のＣＤをプレゼントしたったらええやん。もらったら喜ぶで。で、その子が落ちていって、次にあんたが喜ぶねん。３０００円でライバルを蹴落とせるって安いもんやん。これは絶対に見抜かれへんで」

男　「……やりませんよ」

ママ　「そう？　あんたなんか、こういう手を使わなムリやと思うけどな」

女先輩　「でも、日常生活の中には、罠ではなくても、褒められたり、ポジティブな歌とかっていう落とし穴があるんですね」

ママ　「俳優の才能って演技だけじゃなく、こういうことの方が左右するねん。悪口言われて怒る人は、自分の演技の出来が悪いと自分に腹が立って心を乱しやすい。モチベーションが上がると、それまで小さな歯車から始めてたのに、大きめの歯車から始めがちになるねん」

男・女先輩　「う〜ん」

ママ　「で、三つ目は……演出することやねん」

女先輩　「演出？　でも、お芝居に演出は必要ですよね」

ママ　「演出って、こういう解釈で、こういう動きって決めるやん。決められたら俳優はそれっぽくはできるで。けど、型にはまって、自由を奪われて、感じられへんようになるねん。先輩ちゃんそんなことなかった？」

女先輩　「完全に型にはまってました」

男　「じゃ、どうすればいいんですか？」

ママ　「今までに教えてきたで、考えてみ？」

女先輩　「あっ、『諸悪の根源』だ」

ママ　「そう。『焦ったらアカンっていうくせに、プロセスを言わんと、すぐに結果を求める間違った教え』に気付いて、自分でプロセスを見つける。結局、悪い演出って最終形の押し付けやねん」

女先輩　「そうか」

ママ　「まず、演出家は演出するんじゃなく、俳優をそういう気持ちになるように、型にはまらんように、誘導っていうプロセスを踏まなアカンねん」

女先輩　「あー、誘導ですか」

ママ　「そうやで。**心は操作できひん、操作できひんものは誘導するしかない。それが基本**」

女先輩　「はい、そうでした」

ママ　「ジブリッシュの時に自分で自分を誘導するって言うたやん」

女先輩 「はい」

ママ 「演出家は俳優という他人を誘導せなアカンねん。で、演出だけじゃなくて、俳優自身が、ここはこういうイメージでやろうって演技プランを立てて、自分で自分を締め付けてるねん。演技プランは立ててええけど、自分で誘導せな形だけの演技になってまうやん」

男 「演技プランって、僕が大きな目標を持って自分を縛ってたのと同じですね。ゴールを目指すことはいいことだと疑いもなく思ってて。でも、無理強いになってるって」

女先輩 「そうね。俳優のつぶし方っていうより人間全般のつぶし方で、つぶすというより逆につぶれされないように気付く方法ね。自分自身でつぶしてることもあるもんね」

男 「そうですね」

二段階思考のパターン分け

女先輩 「ママは俳優のつぶし方と言うより、自分自身をつぶしたらダメって教えてくれてるんですね？」

ママ 「(ジョーカーを吸いながら)……はっ、何のこと？　私、人生のことは分からんからな〜」

女先輩 「絶対にそう。悪口や褒められたことで心を乱してはダメ。それと型にはまらないことって」

男 「あれっ？　……前に動物のモノマネで役づくりする話をしてもらった時には、型にはまれって言ってましたよね？」

ママ 「うん、言うた」

男 「矛盾しませんか？　型にはまれとかはまるなとか」

ママ　「矛盾せえへんよ。状況が違うねんから」
男　「状況？　……ママは状況の違いをどこで判断してるんですか？」
ママ　「簡単や。スタートかゴールかで考えるねん。演出ってゴールやん。ゴールを型にはめると強制。けど、スタートで型にはめて叩き台をつくるのは、その後にアレンジするから強制になれへんねん」
男　「あー、スタートかゴールか。やっぱり二段階ですね。なんでも一くくりの考え方ではダメですね」
女先輩　「あの、私、二段階思考が思い付かないんです。……思い付くコツってありますか？」
ママ　「いろんな状況があるけど、半分くらいは今言うた『スタートかゴールか』で考えるねん」
女先輩　「はい」
ママ　「う〜ん、いろんなパターンがあるからな〜」

「スタートはなんでもいい」「論理で準備して感性で実行」「焦ったらアカンっていうくせに、プロセスを言わんと、すぐに結果を求める間違った教え」「質より量で始めて量より質」「ちょっと今だけ自分のまんまを認める」
↓スタートかゴールか
「大きなプライドのために小さなプライドは捨てる」「広範囲に準備して研ぎ澄ます」「やり過ぎて調整」
↓大きさで分ける
「ポジティブはネガティブ要素で構成されている」「自信を持とうとするのでなく、不安をとる」
↓反対のもの

「身体的行動」「集中力は対象が必要」
↓操作できないものは外堀から誘導する
「三歩進んで二歩下がる」「無視することには無視できない効果」「気をそらす」
↓外堀からも操作できないもの
「低いハードル」「合格ラインを下げる」「完璧主義にならない方法（1パーセントから始める）」
↓小さな歯車から大きな歯車

女先輩「本当にいろんなパターンがありますね。一人じゃ思い付かなそう」
ママ「うん、難しいな。けど、うまくいってなかったら、ただ頑張るだけじゃなくて今みたいなパターンで考えるようにしてみ」
女先輩「はい」
ママ「でや、もっとすごいのを教えたる」
男・女先輩「えっ、もっと！」

三段階思考で考える

ママ「『ポジティブはネガティブ要素で構成されている』やねんけど、これをもっとかみ砕いて三段階思考にするのがホンマやねん」
女先輩「え〜、三段階？」

ママ　「『ポジティブはネガティブ要素で構成されているけど、ポジティブでやる』やねん」
男　「……」
ママ　「オーディションでもなんでも何かをやる時は成功したいやん。それが一段階目のポジティブ。けど、成功しようとするんじゃなく、1パーセントできたらええとか、ハードルを下げるとか、失敗のイメージって言うたやろ。それが二段階目のネガティブ。……実はこのネガティブは行動する前段階のことやねん。やり始めたらポジティブというか楽観的の方がええねん。つまり『ポジネガポジ』の三段階思考やねん」
男　「……」
ママ　「前に歌の練習やったやろ。それで説明するで。……まず『歌は楽しい、上手に歌いたい』は一段階目のポジティブ。……次に『自分はこういう癖があって音痴になるから事前に練習しとこう』は危険察知能力で、二段階目のネガティブ。……あんた、反省しながら歌ってたやろ。それを『次の音を楽しむ』にする。これが三段階目のポジティブ、楽観的やな」
男　「なるほど」
ママ　「批判的、悲観的って、心、脳、身体全部が一気に萎縮してしまうねん」
男　「ネガティブはよくないってことですね」
ママ　「実際にやる時はな。使うタイミングが大事やねん」
男　「はい」
ママ　「野球の野村元監督は『最悪を想定して、楽観的に行動する』って言うてる。これは一段階目のポジを省略してるネガポジ。勝つためやねんから、結局ポジネガポジやな」

女先輩「最悪って失敗をイメージしておくことですね」

ママ「そうやな。京セラの稲盛会長は『**楽観的に構想し、悲観的に計画し、楽観的に実行する**』って言うてる。同じことやな」

女先輩「確かにポジネガポジですね」

ママ「企画会議の初期の段階で、人の意見をすぐ否定する人がおるやろ。否定することが自分はデキるってアピールのつもりやろうけど、そんなんしたら会議は停滞するねん」

女先輩「……課長ね」

男「そうですね」

ママ「そういう人は、楽観的に構想の段階で悲観的になってるから人のアイデアをつぶす人やねん」

女先輩「確かに」

ママ「これはこうあるべきっていう、一般的な観念から出られへんねん」

男「……これはこうあるべきか。……僕もそうですね」

ママ「友達と飲みに行った時って、ええアイデアが出たりするやん。理由は、ふざけてアホみたいなことを言うてもええ場やからやねん。言い換えたら楽観的な場やから『質より量』になるねん。アイデアの善し悪しって量に比例するねんで。変なのでもええから、まずは量。で、アホで量やってたら、常識で凝り固まってない意外な発想が出てくるねん」

男「ママが最初の頃に言ってた、便器付きの椅子ってそういうことですか?」

ママ「（ニターッ）便器付きの椅子なんか、普通は思い付けへんやろ。ノーベル平和賞もんやで」

男「平和賞ですか?」

ママ　「そうや。男には分からんやろうけど、女子トイレって取り合いやで。それがなくなるねんから平和賞やん。マザー・テレサの横に私の写真が並ぶねん」

男　「（マザー・テレサの価値が……）」

ママ　「稲盛会長の『楽観的に構想』って、便器付きの椅子を思い付けってことやねん」

男　「……は～」

ママ　「で、次にそれは可能か計画する。研ぎ澄ます。ホンマに便器付きの椅子はいけるのか、悲観的に考える」

男　「……はい」

ママ　「で、結果、便器付きの椅子はアウトになるねん」

男　「アウトなんですか？」

ママ　「当たり前やん。便器付きの椅子って、どんな顔して座ってたらええん？　それをなんとかなるとか、考えずにやろうって言う人は、ポジティブぶってるか、思考力がないかやで。そんな人が会社つぶすねん。便器付きの椅子がなんとかなるわけないやん」

男　「……」

ママ　「私は本気でそんな椅子がええとは思ってないねんで。それくらい柔軟な発想力を常に持っとこうって自分に言い聞かせてるねん」

女先輩　「う～ん、いい話ですね」

ママ　「けなげやろ。……『楽観的に構想し、悲観的に計画』って、独り言の時に言うた、『広く準備して研ぎ澄ます』と同じやで」

女先輩「アイデアが出やすい人って、日常生活から観念的じゃない性格なんですか?」

ママ「そういう人が多いな」

女先輩「いいな〜」

ママ「で、実行する時は反省や悲観しながらやと萎縮するからあまり気にしない」

男「はい」

ママ「けど、少しは意識せな危険を察知できひん。この意識のバランスをつかんだら大体のものはできるようになるねん」

男「そうなんだ」

ママ「そうやで。才能って、分解したらこういうことやねん。道が見えて来たやろ」

男「はい」

なんでもありから選ぶ

ママ「先輩ちゃん、この稲盛会長の言葉と役づくりは同じやねんで」

女先輩「えっ、役づくりと?」

ママ「そう。俳優は、役のイメージとか解釈とか演技プランとか立てるやん。で、試しに演じるとすぐに自分で否定してしまうねん。役はこんな行動しない、こんな気持ちじゃないって。俳優の頭の中にあんたらの課長さんがおるねん。マジメに考えて、脳が萎縮して、最終的につまんない演技になるねん。使うタイミングを間違ったマジメは損やねん」

女先輩　「私、そうでした」

ママ　「なっ。じゃあ、どうするか。……こんな気持ちもありやな、あれもありやなって。なんでもありって考えて、受け入れるねん」

女先輩　「……はい」

ママ　「次の段階で、その中から一番よさそうなのを選ぶねん」

女先輩　「確かに、楽観的に構想し、悲観的に計画するですね」

ママ　「そうやろ。こうやったら、脳も心も楽しいねん。苦しんでやってても演技が楽しいわけないやん」

女先輩　「はい。あ～そうだったんだ……。悔しい。その方法を知ってたら……」

ママ　「で最後の『楽観的に実行する』やけど、準備がちゃんとできてたら、ほっといても楽しい。けど、**邪魔するのは、失敗への恐怖心**やねん」

男　「でも、失敗はいけないですよね」

ママ　「まあな。けど、失敗とかするやん、しょうがないやん。私、台本を2ページ分飛ばしてしまったことあるねん。気付いて、しれ～っと2ページ戻してんけど、お客さん全然気付いてへん。そんなもんやねん。失敗してもバレへんって思っ

◉二段階・三段階思考の比較

	ポジティブ	ネガティブ	ポジティブ
野村元監督		最悪を想定して →	楽観的に行動する
稲森会長	楽観的に構想し →	悲観的に計画し →	楽観的に実行する
役づくり	なんでもあり →	選りすぐる →	反省しないで楽観的にやる

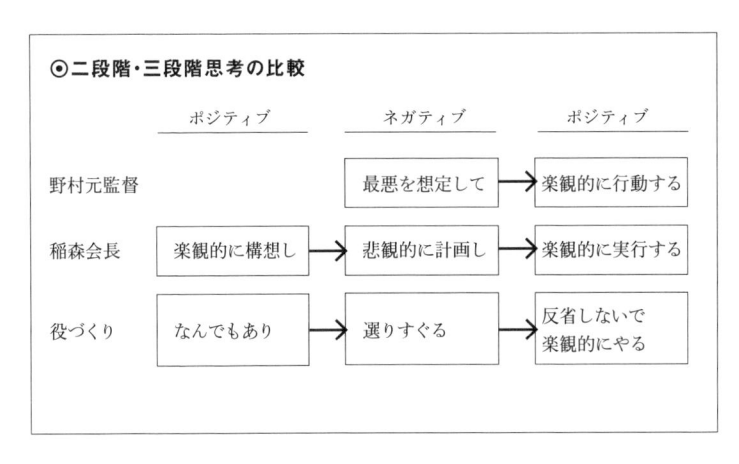

たら気楽やん。メッチャ得」

男　「う〜、ズルい考えのような。でも、ズルくても気楽で、結局いいんだったら……そうですね」

ママ　「それでな、役の解釈をする時に、この役のタイプはポジネガポジ？　ネガポジネガ？　もしかしてポジポジポジ？　どれやろうって考えるねん。そしたら理解しにくかった役も、なんでそんなことするのか理解しやすいから」

女先輩　「なるほど〜」

男　「それって日常生活で人を理解するのにも使えますよね」

ママ　「使えるやろな。血液型で考える人がおるけど、こっちの方が具体的やろな」

男　「う〜ん。う〜ん。う〜ん」

ママ　「何か不満？」

男　「違うんです。もっと僕の生活に使えるような気がするんです」

女先輩　「アイデアを出すってこと？」

男　「いいや、他のことで。役づくりの『なんでもあり』っていうのが気になるんです。僕はそういう考え方してなかったんですが人生に当てはまりそうで……」

女先輩　「なんとなく分かるわ。窮屈なんじゃない」

男　「そうなんです。僕の人生、窮屈なんです。ママ、分かります？」

ママ　「私は人生のことは分から〜ん」

男　「それが分かれば緊張もとれそうなんです。緊張のとり方は教えてくれるって言いましたよね」

ママ　「緊張ね〜。……役づくりと日常生活の共通点？　……じゃ、私の経験を言うで」

男　「はい、お願いします」

ママ　「私も若い頃、あんたみたいに、ちゃんとしてなアカン、これはこうあるべきって思って生活しててん。人には親切にせなアカンとか教えられてきたから」

男　「(意外〜)はい」

ママ　「けど、芝居ではその考え方では演技ができひんかってん。頭も感情も硬くなるから」

男　「はい」

ママ　「で、さっき言うたことに気付いてん。……まず、何をやってもええ。なんでもありって。……次にその中からええのを選ぶ。その方法やと、心も頭も自由な感じを残しながらできるって。それがだんだん、日常生活にも影響してきて、ちゃんとしてなアカン、人に親切にせなアカンっていうのがなくなってきてん」

男　「えっ、不親切にするんですか?」

ママ　「ちゃうねん。……まず、なんでもあり、わがままでええ。……次にそれを持ったまま、でも、思いやりを持とう。人に迷惑はかけんとこうって」

男・女先輩　「……」

ママ　「結局、迷惑はかけへんって、やってることは同じことに思うやろ?」

男　「ん〜、そうですね」

ママ　「やってることは同じでも、私の感覚では全然違うねん。演技で、なんでもありから、ええのを選ぶ方法が自由やったように、わがままでええ、けど思いやりを持とう、迷惑はかけんとこうって方法は、『自由』とか『自分』っていうのが残るねん」

男　「ベースが違うんですね」

女先輩　「そうね」

男　「ママが言ってるのは、他のほとんどのことと共通しますよね。最初から正しいことをやるんじゃなくて、なんでもありから選ぶ。最初から親切とかポジティブを目指したら型にはまって自由じゃなくなるって」

女先輩　「そうね。『広く準備して研ぎ澄ます』に似てるね」

男　「僕、入院してる時に考えたんです。僕は嘘つきなのかなって」

ママ　「……」

男　「僕は嘘つきだなって思いました。だから偽善者って言われて怒っちゃったんだって。ママが、犬と猫の話で、あきらかな間違いって気にならんもんって言ってたやつの逆ですね」

ママ　「……ふ〜ん、分かってきたやん」

男　「はい」

鈍感も使いようで繊細を超える

○喫茶店内

昼間。ママとスーツ男が話をしている

スーツ男　「どうしたんですか、座長から会いたいなんて」

ママ　「舞台の製作の方はどうなん？」
スーツ男　「舞台ですか？　ええ、お金の工面はつきそうなんです」
ママ　「へー、すごいやん。あんた、俳優よりプロデューサーの方が向いてるやん」
スーツ男　「いやー、出演交渉してる女優さんに承諾をもらえないんじゃ、プロデューサー失格ですよ」
ママ　「それは私ってこと」
スーツ男　「はい。お願いします。お客さんは座長を見たがってるんですよ。この通り（頭を下げる）」
ママ　「ええよ」
スーツ男　「えっ？」
ママ　「ええよ、出て」
スーツ男　「本当ですか？　ええっ、本当に？　演出の方は？」
ママ　「演出、出演、両方やらせていただきます」
スーツ男　「うわーっ、ありがとうございます！」
ママ　「で、相手の女優さんは私が相手で大丈夫なん？」
スーツ男　「座長、彼女とイタリアレストランで偶然、隣りに座ったらしいですね。言ってましたよ」
ママ　「やっぱり、あの子やったん。顔、見てないし、声は変わってたし。あの子もふけたな～」
スーツ男　「座長が出るんだったら喜んで出るって言ってました。ただ、座長が許してくれるか心配だって」
ママ　「……」
スーツ男　「座長の言ってるのは間違ってるって、みんなをあおって劇団を解散にもっていったことを反省してますよ。この前、レストランで座長の話を横で聞いてて、今になってやっと意味が分かってきたって言ってました」

ママ　「……」

スーツ男　「前に座長に教わった練習を、今やり直してるみたいです」

ママ　「あの子、そんなにマジメやったっけ」

スーツ男　「この前、『演技ってやっぱり謙虚さが大事ね』って言われて、うなずくと、『違うの、あなたの思ってるのよりもっと深い謙虚さなのよ。成功を求めない。1パーセントできてるのをくみ取ってあげる謙虚さよ』ってなんだか、怒られちゃいました」

ママ　「……あの子が謙虚って。……似合わんな」

スーツ男　「資金も彼女が出資してくれるんです」

ママ　「えっ、スポンサーってこと？　……気つかうわ」

スーツ男　「気なんて使わなくて大丈夫ですよ。彼女も、今のままじゃ先がないって行き詰ってて。出資してでもママから教わりたいみたいですよ」

ママ　「ふーん……」

スーツ男　「あの……なぜ急に出る気に」

ママ　「……」

スーツ男　「なにかあったんですか」

ママ　「……今、ある男の子に『緊張をとる』って言うのを教えてるねん」

スーツ男　「（大げさに）えー、座長が人に教えてるんですか？　奇跡ですね」

ママ　「……」

スーツ男　「どんな子ですか？」

ママ　「あんた以上にできひん子や」

スーツ男　「……あ～、私以上に。……珍しい」

ママ　「私も最初は教える気なかってんけど。この子をなんとかできたら私も演劇界に戻れるかもって思った。敗者復活戦やな。神様、でっかい試練を吹っ掛けてきたなと思った。それで始めてん」

スーツ男　「戻れるかなって、みんな待ってますよ」

ママ　「私には教える資格ないやん。劇団員も納得させられへんのに。……人生が分からんようになった」

スーツ男　「僕は納得してましたよ」

ママ　「納得してたあんたが劇団で一番下手やから、もっと説得力なくなってんやん」

スーツ男　「……すみません、納得しちゃって」

ママ　「けど、ごめんな。せっかく納得してくれたのに伸ばしてあげられへんで」

スーツ男　「ごめんだなんて。僕に才能がなかったんですよ。鈍感過ぎました」

ママ　「……鈍感やったな～」

スーツ男　「でも座長に、鈍感も使いようで繊細を超えるって言われて希望が持てたんです」

ママ　「そうやな、みんな繊細になろうとするけど、鈍感さが必要な人の方が多いもんな」

スーツ男　「……」

ママ　「**繊細はいろんなことを気にし過ぎて伸び悩む。けど鈍感は天然の無視上手**やからな」

スーツ男　「鈍感だから緊張しないし、何を言われても傷つかない。鈍感も才能の一部だって、あの時に気付きました」

ママ　「……鈍感さがうらやましい。あんたに憧れるわ」
スーツ男　「えっ、座長が僕に憧れるなんて。光栄です」
ママ　「繊細はやめてまうけど、鈍感は続けられるもんな」
スーツ男　「……演技ってことですか？」
ママ　「……そうやな」
スーツ男　「解散した時、座長にあんたは鈍感やから営業の仕事をやったらええっていわれて、プロデューサーになったんです」
ママ　「そうなん？」
スーツ男　「はい。実際に断られても傷つかないんで、やめる気も全然ないです」
ママ　「うらやましいなー」
スーツ男　「傷つかないから続けられたんですけど、交渉がうまくいかなかったんです。なんでだろうと考えて、いつも何とかなるだろうっていうのがダメなんだって気付いたんです」
ママ　「……」
スーツ男　「なぜ気付いたと思います？　座長に教えてもらった『ポジティブはネガティブ要素で構成されている』を思い出したからなんです」
ママ　「……」
スーツ男　「解散前の頃、下手だった僕もよくなっていったの覚えてますか？」
ママ　「そうやったな」
スーツ男　「『失敗のイメージをしておく』をやり出したからなんです。それを思い出して、鈍感さを持ちながら、こんな断られ方するかも、じゃあ、こういう交渉の仕方にすればいいかってやり出したら、うまくいき出しました。だから、相手に対しての気遣い、繊細さも大事だなって気付いたんです」

ママ　「そらそうやろ。……もうちょっと時間があったら、あんたでも、もっとできてんけどな。それは、今、教えてる子から教わった」

スーツ男　「……」

ママ　「ホンマにできひんし、頭も心もガチガチやねん。出来の悪い子ほどかわいいっていうけど、あんな子やったら、いらんって思うくらいや」

スーツ男　「う～ん、相当ですね」

ママ　「そやのに、くじけながらも続けるねん。……あんたもやったやろ『ノッて踊る』。アレを教えてん」

スーツ男　「あ～、気持ちは乗ろうとしなくていいから、手でリズムをとるのから始めるやつですね」

ママ　「うん。当然、下手やねんけど、無心にやって楽しんでるの見た時、感動した」

スーツ男　「……」

ママ　「あの踊り。あんたを思い出した」

スーツ男　「……」

ママ　「あの下手さ。下手でも感動させられるねんな～、人間って表現したいって欲求があるねんな～って再確認した」

スーツ男　「それが座長の心に火を付けたんですね」

ママ　「あと、その男の子が連れてきた女の子がおるねん」

スーツ男　「先輩ですね」

ママ　「……。かわいい子やのに、自分を変えたいって言うて、進んでコマネチをやるねん」
スーツ男　「コマネチですか」
ママ　「コマネチやねん。コマネチ見て感動したことある？」
スーツ男　「コマネチで感動はないですね」
ママ　「下手な踊りとか、コマネチに感動させられてみ。私も感動に携わりたいって思うやん」
スーツ男　「はい。分かります」
ママ　「……」
スーツ男　「……」
ママ　「まぁそういうことや。舞台の方、よろしくお願いします」
スーツ男　「いえ、こちらこそ、ありがとうございます」
ママ　「あー、それと、あんた嘘は上手につかなプロデューサーなんかできひんで」
スーツ男　「嘘？」

ママ、ジョーカーに火をつける。

ママ　「あんた、男の子となんかあるやろ」
スーツ男　「えっ、いえっ」
ママ　「ほら、鼻がピクピクしてる。言うたやろ、あんたは嘘つくと鼻ピクやから注意しいやって」
スーツ男　「あっ」

ママ　「あの子が、私の教えてないのに『インスピレーションは心の余裕のスペースに入ってくる』を知ってたからおかしいなと思っててん」

スーツ男　「……」

ママ　「で、今、自分で女の子が『先輩』って言うたの気付いてないやろ?」

スーツ男　「えっ」

ママ　「そういうとこやで、あんたのおっちょこちょいなとこは。私をはめようとした罰や、公演中の弁当はチンジャオロースのピーマン抜きにして」

スーツ男　「そんな面倒な……」

ママ　「餃子の皮なしよりマシやろ」

第十話◎深いリラックスを目指す

能力以上のものを出せる深いリラックス

○スナック・とらのあな店内
ママ、男、女先輩がいる。ママはお酒でなく、お茶を飲んでいる。

ママ　「それで最近はプレゼンの練習はどうなん？」
男　「滑舌がよくなって以来、いい感じなんですが、あまり進展はないんです」
女先輩　「でも社内では評価が上がってるんですよ。急に伸びたのと、プレゼン以外の仕事もできるようになって。ねぇ？」
男　「あ～先輩～、ありがとうございます。ポジネガの話を聞いてから、考え方を変えたんです」
ママ　「ふ～ん」
男　「ホントに、今までの反対をやれば結構スムーズにいくようになりました」
ママ　「へ～、あんたでも反対が分かったん？」

男「はい。僕、今まではグチとか悪口って言わないようにしてたんですが、ある企画に対してネガ男とグチってたんですね。そしたら欠点がよく見えてきて、つぶれかけてた企画が僕とネガ男をリーダーってことで復活したんです。それで、プラス面から考えるだけじゃなくて、マイナス面からも考えられるって分かってきたんです」

女先輩「そしたら、あのネガ男くんが無言でコーヒーを淹《い》れてくれたんだよね」

男「はい。うれしかったです」

ママ「役づくりでも、役の持ってる夢のことは考えるねんけど、役のグチも考えなアカンねん。グチの中にその役の価値観が隠れてるねんで」

女先輩「役のグチですか?」

ママ「役は、こうなりたい、こうしたいって夢とか目標を持ってるねんけど、同時に逆の、こうはなりたくない、こうは思われたくないっていうのも持ってるねん」

女先輩「……はい」

ママ「例えば、正直者と思われたい役は、嘘つきと思われることを異常に怖がるねん。そっちからも役づくりをせなアカンねん」

女先輩「あー、なるほどー。そうですね」

ママ「(男に)けど、よかったやん。じゃ、緊張をとる練習はもうやめる?」

男「いや、そんなこと言わないで教えてくださいよ」

ママ「プレゼンもまあまあ調子よくて、仕事もはかどってるんやったら必要ないやん」

男「僕、優勝したいんです。お願いします」

ママ　「優勝。大きく出たな」

男　「あっ。大きな目標を言いましたが、足元見て小さな歯車から合わすように心掛けていきます」

ママ　「……ふーん。……あと1ヶ月か」

男　「はい。ラストスパートかけていきます」

ママ　「そんなに気負ったらまた三ポジさんに戻るで。心を素直にしたらええだけやねんから」

男　「素直か。……はい」

ママ　「で、進展がないってどんな感じなん？」

男　「う〜ん、緊張っていう緊張じゃないんですが。でも、なんか緊張してるような感じなんです」

ママ　「すごい緊張から、日常の感覚に戻ったってことやろな。日常もちょっと緊張してるし、ノッてるって感じでもないしな」

男　「はい、そんな感じです」

ママ　「普通くらいのプレゼンはできるようになったんやな」

男　「まぁ、なんとか」

ママ　「それを、すごいって言われるくらいにしたいわけやな」

男　「はい。プレゼンに限らず他のことにもいい影響があると思うんです」

ママ　「**すごいって言われる演技って、深い深いリラックスしてるねん。そしたら自分の能力以上のものも出せる**し、『何か分からんけど、何かスゴイって雰囲気』で、人の目を引き付ける力があるねん」

男　「何か分からんけど、何かスゴイ？　オーラってことですか？」

ママ　「そうやな。私らはサムシンググレートって言うてるけど。スゴイことしようとすると力んでまう

男　やろ。けど、スゴイ演技って力んでないし、身構えてもない、頑張ってもないねん」
ママ　「……」
男　「自然体やな」
ママ　「自然体か……。それはどうやればなれるんですか？」
男　「たゆまない長年の修行や。……なんか、あんたが言うと一週間でそうなるにはどうしたらいいですか、って聞こえるねんけど」
ママ　「いいえ、そんなことないです。焦ったり、急いだりしないように気をつけてます」
男　「ホンマに気をつけや。……自然体か〜。……じゃあ、『リラクゼーション』やろか」
ママ　「えっ、リラクゼーション。とうとうやるんですね」
男　「ここからが俳優の緊張をとる練習のスタートやな。今までのは、無駄な緊張をとって日常の感覚に戻す練習やってんけど、これからは、より深いリラックス状態で『スゴイ』っていわれる状態にもっていく練習やで」
男・女先輩　「はい」

身体を緩めて心に影響させる

男　**「俳優を苦しめる一番の原因は、緊張やねん。緊張してたら感情も想像力も思考も働けへんし、表情も硬くなるやろ」**
ママ　「はい」

ママ　「千人のお客さんの前ってすごいプレッシャーや。そこで身体よりも操作のしにくい感情を使うのが演技やん」

男　「はい」

ママ　「そやから俳優は、表現の練習より、徹底的に緊張をとる練習をせなアカンねん」

女先輩　「はい」

ママ　「で、アメリカのリラクゼーションと、ロシアのリラクゼーションがあるねんけど、私がやるのはロシア版やで」

男　「ロシア版ですか。なにが違うんですか？」

ママ　「最初のやり方は似てるねんけど、ロシアの方が、難しいけど深くリラックスできるな」

男　「深いリラックスか〜。……あ〜緊張するな〜。……いや、今の緊張は緊張した時の緊張じゃなくて、なんていうか、うれしさに武者震いするような。……う〜ん、やっぱりこれも緊張だからよくないのかな。でも緊張した時の緊張とは感覚が違うんだけど」

ママ　「ちょっと黙ってて。緊張緊張うるさいねん。緊張するわ」

男　「……すみません」

ママ　「今まで教えてきたことは、これからやるリラクゼーションのための準備運動やってん。『心は操作できない』『操作できひんものは誘導』『外堀から埋めていく』『気をそらす』『ポジティブはネガティブ要素で構成されている』『手応え感じるまで集中するとそれは力み』『最終形を最初から目指さない』『最初は無視』『焦ったらアカンっていうくせに、プロセスを言わんとすぐに結果を求める間違った教え』『感じようとし過ぎない』『得する謙虚、損する謙虚』『自分を褒める』『ハードルを下げる』

男　『1パーセントを認める』『合格ラインを下げる』『細分化する』とかを分かってないとリラクゼーションもそうやし、他の練習をやっても効果が薄いねん」

男「ん〜、そうだったのか」

ママ　「心と身体っていうのは密接に影響をし合ってる。心は操作できひん、じゃあ**身体を緩めて心に影響させよう**って考えやな」

女先輩　「なるほど」

ママ　「お風呂に入ったら身体も緩んで、心も緩むやろ。あれは心が先に緩むんと違うで。まず身体が緩んで、その後に心にも影響がいってるねんで」

女先輩　「そうなんだ」

ママ　「けどリラクゼーションは、お風呂とは違う緩み方になるねん」

男　「違うんですか？」

ママ　「お風呂は物理的にお湯の中に入るだけやん。けど、**リラクゼーションは集中力と想像力を使うから、もっと深いリラックスになる**ねん」

男　「お風呂に入っても結構リラックスしますけど」

ママ　「深いリラックスって、前に言うた、舞台上における創造的な感覚やで」

女先輩　「サモチューフストビエですね。あっ、略してサモチューでした」

ママ　「そう、サモチュー。サモチューは感情解放にもつながるねん」

男　「……感情解放か」

ママ　「お風呂に入って、泣いてる人おらんやん？　『名湯温泉、絶対泣けます！』って看板見たことないやん。みんな泣いてみ。お湯、しょっぱなるやん」

男　「……まぁ」

ママ　「先輩ちゃん、俳優に一番必要なんは、『信じる力』って言うたやん。そのためには理性を緩めなアカンねん。**リラクゼーションはその理性も緩めてくれる**ねん。理性って脳がちゃんとしてることやん。それをちゃんとしてない、緩い状態にして、その気になりやすくして、想像を信じやすくするねん」

女先輩　「理性をとって、その気になりやすいですか。はい」

ママ　「リラクゼーションは身体を緩めて、それで心、脳も緩まって、理性も緩まって、錯覚しやすい状態にする順番やねん。そしたら想像したものも信じやすくなるから」

リラクゼーション

女先輩　「いろいろなものがつながりますね」

ママ　「そう、つながるねん。……じゃ、やろか。その扉の中にパイプ椅子が三つあるから出してみて」

男、パイプ椅子を出す。

ママ　「こういう普通の椅子でやるねん」

男　「こんな椅子よく持ってましたね」

ママ　「私がリラクゼーションやるためにこの前、買うた。ついでにあんたらのも買うといた」

女先輩　「ありがとうございます。でも、ママもリラクゼーションやることあるんですか？」

ママ　「……やってなかったけど、ちょっとやろうと思って」

男　「どうしたんですか。女優復帰だったりして～」

ママ　「……」

男　「ハムレットとか？」

女先輩　「ハムレットは男よ。常識だよ」

男　「ハムレットって男なんですか。知らなかった」

ママ　「……」

男　「でもママの男役も合いそうだな」

ママ　「やるで」

ママ、男の会話を無視してやり出す。
男と女先輩、顔を見合わせる。

ママ　「こうやるねん」

ママ、椅子※に座り、顔、首、腕、脚、胴体を円を描くように動かし、力の抜けた声を出す。

ママ「筋肉、関節、皮膚を緩めんねん」
男・女先輩「はい」
ママ「座ってみ。背もたれに身を任すようにもたれて、眠ろうと思えば眠れる姿勢を見つけてみ」
男「(いろんな座り方を試してみる)……こんな感じかな」
ママ「それで、まだ眠ろう思えば眠れる感じを残したまま、動かして緩めるねん」
男「眠れる感じって、動かしたら眠れないですよ」
ママ「それを眠れるくらいの力でやるってことやねん」
男「あー、なるほど。(始めるがやりにくそう)」
ママ「椅子やとやりにくいやろ」
男「はい。寝転んじゃだめなんですか? そこのソファとか回転椅子は?」
ママ「回転椅子はこけてまうやん」
男「あっ、そうか」
ママ「寝転んだり、ソファにかけると身体はリラックスするけど、心の緊張はとれへんやん」
男「そうですね」
ママ「寝転んでも心の緊張がとれへん理由は、重力に任せてるだけで集中力を使ってないから、深くなれへんからやねん」
男「集中力が必要なんですね」
ママ「そう。**身体が緩んで、それを心に影響させるには橋渡しが必要で、それが集中力**やねん。集中力を使って、意思の力で緩めると深くなるし、操縦できるようになるねん。そしたら演技中とかプレゼン中に緊張しても、意志の力で緩められるねん」

男　「なるほど」

ママ　「プレゼン中に緊張したからいうて寝転んだら斬新過ぎるやん。そんなんやる勇気ある？」

男　「……今のところ、ないです」

ママ　「そうやろ。……で、目は半眼っていうて、何を見てるわけではないけど少し開いてる状態」

男　「完全につむっちゃダメなんですか？」

ママ　「最初、半眼が難しかったらつむっていいけど、完全につむると集中しやすい反面、頭でっかちにもなりやすいから注意せなアカンで」

男　「目をつむると頭でっかちになるんですか？」

ママ　「つむっても目玉に力が入ったり、目玉が上を向いてたら頭でっかちの時やな。それに気をつけや」

男　「（目をつむって試してみる）確かに目玉が上を向いてたら、何か考えてますね」

ママ　「そうやろ。で、緩める前にほぐさなアカンねん」

男　「緩めるとほぐすは違うんですか？」

ママ　「今のあんたが脱力した時の身体の柔軟性と、身体をひねったり、ストレッチをやって凝り固まった筋肉をほぐした後の柔軟性やったら、ストレッチ後の方が柔らかいやろ。**ほぐしてから緩めた方が深く緩む**やん。緩めるために最初は力を入れてもいい。けど最終的には力を抜く。最初と最後は考え方を変えるってことやな」

男　「あ、そうか。緩める前段階にほぐすがあるんですね」

顔をゆがめて緩める

ママ　「で、まずは顔。顔は一番人から見られてるから、ええ顔するやん。言い換えたら一番嘘をついてるってことやねん」

女先輩　「……はい」

ママ　「それと脳に近いから大事やねん。脳は動かされへん、じゃ近くの顔を緩めて脳に影響させるねん」

男　「はい」

ママ　「顔を深く緩めるために、ただ力を抜くだけじゃなく、上下左右※にゆがめながらほぐしていくねん」

男　「ゆがめながらですか」

ママ　「そう、ストレッチみたいなもんやな。**特に、眉間、こめかみ、口の回りの3箇所が感情と関係してるねん。**嫌なことがあったら眉間にしわを作ったり、こめかみがピクピクしたり、歯をかみしめて、アゴに力を入れて感情を押さえ込んでるやん。そやから、そこをゆがめてほぐしてから緩めて、感情をストップさせへんようにするねん」

男　「顔で感情をストップさせてるのか」

ママ　「やってみ」

男と女先輩、顔を力いっぱいゆがめる。

ママ　「先輩ちゃん、特に女の子って顔の上半分が動きにくいからな」

女先輩　「はい。……あれ、ホントだ。おでこが動かない」

ママ　「それはその筋肉をあんまり使ってないからやねん。手を使ってもええからゆがめてみ」

女先輩　「はい。（手で顔をもみほぐす）」

ママ　「そう。もっとゆがめてブサイクな顔にしてみ。人に見せたくない顔。見せたくないってことは心の予防線を張ってることやん」

女先輩　「はい」

ママ　「そうそう、ええブサイクやん。ナイスブサイク！」

男　「（女先輩をかばうように）いくらなんでもナイスブサイクって言い方はよくないですよ」

女先輩　「（顔中をゆがめながら）いいの。私、ナイシュブシャイクうれじいの。ママ、ありがとうごじゃいま～しゅ」

男　「でも。（先輩の方を向き）えっ……」

ママ　「今、先輩ちゃん見て、『うわっホンマや、メッチャブサイクや。あ～、先輩の清楚が消えた～。……あれっ、ブサイクって思ったのにきれいに感じてる。なんでやろ?』って思ったやろ」

男　「うっ……」

ママ　「それは表面じゃなく、心を見たからやで」

男　「……」

ママ　「成長したやん。……でや、ブサイクで、アホな顔をやると、顔の筋肉がほぐれるのもあるけど、マジメでおられへんようになるねん。……あんた、顔をゆがめながら反省してみて」

男　「えっ？　反省ですか。（顔をゆがめながら）……人の目を意識したって、意味がないんだよ」

ママ　「どう？」
男　「こんな表情で言ってても説得力ないな～、なんでもいいやって気持ちになりました」
ママ　「そうやろ、嫌なこともアホらしくなるやろ。今度から会社で怒られて落ち込んだら、帰りの満員電車でやるんやで」
男　「満員電車でゆがめて緩めた顔やるんですか？」
ママ　「そうや。アホらしくなれるし、怖がって誰か席譲ってくれて一石二鳥やん」
男　「……」
女先輩　「(顔をゆがめて急にやり出す) 私はなんで嫌われたくないんだー。……ホントだ、アホらしい！　アホらしい。(顔をゆがめて) 自分の心を見られるのが嫌なのー。……うわーっ、アホらしい！　ママ、これアホらしくなりますね」
ママ　「……先輩ちゃん、効果てきめん過ぎひん？」
女先輩　「そうですか。面白いです～」
ママ　「……それはよかったです～」
女先輩　「(顔をゆがめながら) 私なんか死んじまえ～！　うわ～、アホらしい！」
ママ　「……。で、次は首やで。頭をいろんな角度で回しながら、緩めるねん」

二人、頭を回す。

ママ　「その時に顔をゆがめるのをやめへんこと」

女先輩　「は〜い」
ママ　「顔と首は常にやる。そしたら頭でっかちになりにくいねん。なんでやと思う?」
女先輩　「(顔をゆがめ、首を回しながら)分っかりっましぇ〜ん」
ママ　「(効き過ぎやな、天才ちゃうか?)……ものを考える時、そんな顔とか頭を回したりせえへんやろ。そんなことしたら、ものを考えにくいやん。そやから頭でっかちになりにくいねん。逆に言うと、これから身体も緩めていくねんけど、その時に顔と首をやるのを忘れてたら、頭で考えてると思ってほぼ間違いないねん」
女先輩　「(続けている)は〜い」
ママ　「ええで、ちょっと中断して。……次に身体を緩めていくで。ただ、漠然と動かすんじゃなく、その部位に意識を持っていく。どうしても硬いところは、顔と同じように力を入れてほぐしてもいいけど、最終的には最低限の力で円を描くように動かすねん」
女先輩　「眠れるくらいの力ですね」
ママ　「そう。リラックスやから無駄な力を入れたないねん」
男　「(少し身体を動かしながら)最低限っていうのも、あらためてやってみると、新鮮ですね」
ママ　「そうやろ。最低限が新鮮ってことは、今まで無駄に力を入れてたからやで」
男　「はい。筋肉も生き方も頑張ればいいってモノではない、ってことだな」
ママ　「次に声。声は何も感じてなくても、『あ〜〜』っていつもより低めの声を出す」
男　「低めの声ですか。発声の時と同じですね」
ママ　「そう。高い声は喉を絞めるからな。**そうやって声を出してたら声帯が緩んで、気分も楽になるねん。**

男　「はい。……『あー』」

ママ　緊張したら息を詰めてまうやろ。それをさせへんようにするねん。ちょっと声、やってみ」

男　「声がはっきりし過ぎやな」

ママ　「はっきりって、よくないことなんですか？」

男　「うん、リラックスするためにはな。声の輪郭をぼやかしたいねん」

ママ　「声の輪郭？　ぼやかす？」

男　「そう。結局は喉を緩めたいねん。喉ちんこを」

ママ　「喉ちんこですか」

男　「声が震えて輪郭がぼやけるって、喉ちんこが震えて緩んだって証拠やねん。そやから、強く息を吐かんようにするねん」

ママ　「強く吐かない？　どういうことですか？」

男　「喉ちんこも暖簾もぶら下がってるやろ。暖簾に強い風が当たるとずっとめくれてるけど、弱い風が当たると、めくれたり戻ったりって揺れてるやん。そんな感じで喉ちんこも揺らすと緩みやすくなるから」

ママ　「なるほど」

男　「それで、弱い息で『あー』じゃなく『あ〜あ〜あ〜』ってやるねん」

ママ　「『あ〜、あ〜、あ〜』ですか」

男　「違う、それは『あ〜』って一回やって息を吐くの止めて、また『あ〜』ってやってるやん。息はずっと出しながら、喉ちんこが揺れて、音が勝手に切れるようにするねん」

男　「『あ～』。難しいですね」

ママ　「そうやな。喉ちんこを意識することないからな。これはやってるうちにできるよ」

男　「……はい」

ママ　「それと『あ～』じゃなく、『あ～～～』くらいの長さ。人のタイプとか、その時の気分によるから何秒とは言われへんけど、6、7秒くらいかな。とにかく気持ちがええなって長さでやるねん」

男・女先輩　「はい」

ママ　「じゃ、先輩ちゃんやってみて」

女先輩　「はい。……『あ～～～』」

ママ　「今のは、楽に声が出てええねんけど、声の最後の方の音程が下がったやん。そしたらため息みたいで、集中力って悪くなるねん。音程は最初から最後までほぼ変わらんこと」

女先輩　「はい」

ママ　「今、二人がやったのは代表的な失敗例やねん。強く吐くのは、頑張って力みになりやすい。ため息みたいなのは、緩むねんけど『ダラーッ』となってまう。このダラーッをリラックスと勘違いしてまうねんけど、ダラーッはそれ以上に深くなれへん落とし穴やねん」

女先輩　「へ～」

ママ　「ええリラックスって『ふわ～』って感じやねん。『ダラーッちゃいまんねん、ふわ～でんねん』やな」

女先輩　「ふわ～でんねん、ですね。はい。お風呂とか、いろんなリラックスがあるんですね」

ママ　「で、もし笑いたくなったら笑っていい。泣きたくなったら泣いていい」

男　「前に時間がないから感情解放はやらないって言ってませんでしたか？」

ママ　「突っ込んではやらんけど、深いリラックスと感情解放はセットやから、一応説明しとくわ」

女先輩　「泣いたりするんですか？」

ママ　「そういう感情が来る時もある」

女先輩　「あの、感情が『来る』っていうのが、よく分からないんですけど」

ママ　「これは体験せな分かれへんな。……勝手に感情が沸き起こってくるねん」

女先輩　「なぜですか？」

ママ　「最初の頃は、心のわだかまりが解放されて、感情として現れてくるねん」

女先輩　「わだかまり？　トラウマってことですか？」

ママ　「トラウマのこともあるし、トラウマほど大げさなものでない時もある」

女先輩　「……」

ママ　「わだかまりが解放された後は、琴線《きんせん》に触れた感じで感情が来るねん」

女先輩　「きんせん？」

男　「きんせんって、心の奥深くにあって、物ごとに共感しやすい感情を琴の糸に例えていった、琴線のことですか？」

ママ　「……あんた、たまにすごいな」

男　「ありがとうございます」

ママ　「でもそう簡単に来るもんと違うけどな。で、大事なんは……」

男　「感情を来させようとしない。気にしない」

ママ　「そう、分かってきたやん。**『感情』って言う大きな目標を持つと、身体を緩めるってことがおろそ**

かになるねん。で、心は意識されると身構えしまう。そやから……」

男「心は意識しない。無視する」

ママ「……そう。泣きたくなっても、なんでこんな感情が来たんやろうとか、この涙は悲しさかな、情けなさかなとか考えない。考えたら理性が働いて集中力が冷めてまうから」

男「はい」

ママ「何か感じたらそのまんまの声を出すねん。演技の時、頭で準備した言い方より、感じたまんまの言い方になった方が自然やろ」

女先輩「はい」

ママ「緩めよう緩めようとするんじゃなく、気持ちええようにやる。気持ちがええねんやったらそのまんまの声を出す」

男「はい」

ママ「緩めようって意識が強いと『今、練習中です』って心になって、身構えてまうから。お風呂に入ったら、『極楽～極楽～』って言うやん。あれくらい気楽にやるねん」

男・女先輩「（極楽?）……」

ママ「で、『ポジティブはネガティブ要素で構成されているけど、やりだしたらポジティブ』の三段階目のポジティブ。**やってる時は否定的にならない**。これに気をつける」

男「はい」

ママ「アカン全然緩めへんとか、感じたのを声に出したけどちょっと出し過ぎたなって、否定しながらやれへんことや。**否定が入ったら心も脳も急ブレーキかかる**からな」

男　「気をつけないと、歌の時みたいに反省しちゃうな」

ママ　「それでや、今から反対のことを言うで」

男　「反対ですか」

ママ　「そう。感じたら感じたまんまの声を出すって言うたけど、何の感情もなくても笑うねん」

男　「笑うんですか？　感情もないのに？」

ママ　「そう。**感情なくても笑うと気楽になって、身体中の筋肉は緩み出す**ねん」

男　「笑うだけで緩むんですか？　しかも感情もないのに？」

ママ　「そうやねんで。たまにスポーツ選手でも意識的に笑いながら競技してる人おるやろ」

男　「あっ、舌を出して投げるピッチャーっていましたよね。舌を出すと笑ってるようにも見えたんですが、それも同じ効果なんですか？」

ママ　「舌を出したら奥歯を食い縛られへんから同じ効果やな」

男　「ふーん、ただ笑うだけで緊張は緩むんだ」

女先輩　「誘導ですね」

ママ　「そうやな。で、やってると声を出すのが面倒に感じたりするねんけど、声を出すのが気持ちいいって状態を見つけるねん。ため息もあくびも声を出せへんかったら気持ちよくないやろ。同じ感覚を見つけるねん」

女先輩　「はい」

ママ「それで、1箇所ずつ動かしても、全身がリラックスに包まれへんから、両手、両足、首、胴体の5、6箇所に同時に意識を持っていって、円を描くように動かすねん」

5、6箇所を同時に動かす

女先輩「意識がバラバラになりそう」

男と女先輩、やり出す。

男「何箇所も同時にって難しいですね」

ママ「難しかったら1箇所からでええ。最初はハードル下げた方がええからな。けど、最終的には何箇所も同時やで」

男「はい。スタートはやりやすくですね」

ママ「……雑になったらアカンけど、丁寧過ぎても身構えてリラックスできひんで。ええ意味で適当にやるねん。答えは気持ちのええ方向やで」

女先輩「はい。……気持ちのいい方向か」

男と女先輩、リラクゼーションを続ける。

ママ「リラクゼーションっていう特別なことをしてると思うんじゃなくて、肩凝りの時に肩を回してほぐすやろ。まずは、そんな感じで始めるねん。そしたらその部位にちゃんと意識がいくやろ」

男・女先輩　「はい」

ママ　「じゃ、今日はここまで」

男　「えっ？　まだ8時じゃないですか？」

ママ　「これからはずっと8時までやで」

男　「えー、なぜですか？　あと1ヶ月しかないのに」

ママ　「リラクゼーションを家で練習するためやん。その成果をここで見たるから。そもそも練習場所って、教わったことを家で練習してそれを発表する場やで」

男　「……あ、はい」

ママ　「今度はそれの応用編をやるから、家でちゃんと練習しててや」

○帰り道（夜）

男と女先輩、店を出て歩いている。

女先輩　「……なんかママ、様子がおかしかったよね」

男　「やっぱりそう思いますか？」

女先輩　「お酒も飲んでなかったし」

男　「そうなんですよね。声もいつもよりトーンが低かったし」

女先輩　「下ネタも言わなかったし」

男　「えっ……」
女先輩　「喉の時チャンスいっぱいあったのに」
男　「……」

大小の意識のリラクゼーション

○スナック・とらのあな店内
数日後、ママ、男、女先輩がいる。男と女先輩がリラクゼーションをやっている。

ママ　「はい、いいよ、やめて〜」

男と女先輩、リラクゼーションを中断する。

ママ　「どう？」
男　「緩んでる感じはありますが、意識を同時に何箇所も使うのが難しいです。1箇所だとなんとかなるんですけど」
ママ　「そうやな、難しいな。じゃあ、5、6箇所が難しいんやったら、2箇所の『大小の意識のリラクゼーション』やろうか」
男　「大小の意識のリラクゼーション？　二段階ですね」

ママ　「そう。身体全体にざっくりと意識を持っていきながら、ある部位1箇所には多く意識を持っていくねん。で、その部位を移動させていくねん」

男　「全体にはざっくり、1箇所に強くですか。目標の持ち方と同じですね」

ママ　「そうやな。**全身を緩めようとすると、意識がいってない所が力んでまう**ねん。特に末端が力んでまう。足の指と足首が反ってたの分かる？」

男　「足首ですか。気付かなかったですね」

ママ　「力が入ってる証拠やん。あと、手首が反る人もおるで」

男　「確かに末端まで意識するのは忘れそうですね」

ママ　「そやから、そういう**力んでるのを気付くために、ざっくりと全身に意識を持っていく**ねん。そしたら末端の力みにも気付くやろ」

男　「なるほど、「ざっくり」はチェック機能になっているんですね」

ママ　「今回はな」

男　「他の場合はどうなんですか？」

ママ　「大きな目標とか、イメージを『ざっくり』持つ場合は道しるべやな」

男　「状況によって変わるってことかぁ」

ママ　「先輩ちゃんはリラクゼーションどうやった？」

女先輩　「私も同時に何箇所も意識を持っていくのが難しかったです……。でも、最初の頃に一瞬、悲しい感情が来た感じがしました」

男　「えっ、すごい！　感情が！」

女先輩「一瞬よ、一瞬。でもすぐに消えちゃったの」

男「いや、それでもすごいですよ。ねぇ、ママ」

ママ「残念やけど、その感情はまったく関係ないねん」

男「えっ？」

ママ「リラクゼーションをやりだして、数分後にそんな感情が一瞬来ることはよくあるねん。あんたもすぐになるよ。けど、それはリラックスにも感情解放にも演技にも使われへん、まったく関係のないものやねん」

男「……そうなんですか」

ママ「涙も少し出たような気がしたやろ」

女先輩「はい」

ママ「それも関係ないねん」

男「えー、涙も」

ママ「号泣やったら感情が来たことになるねんけどな。涙が少し出るのは、誰でもすぐになる。けど、関係ないねん。これも落とし穴で、感情解放できてると勘違いしてしまうねん」

女先輩「そうなんだ」

ママ「それと、感情も涙も気にしたらアカンって言うたのに気にしてまうやん。そやからあんた、すごいっていうてんやろ」

男「……そうですね」

ママ「リラクゼーションで感情が来て、ヤッターってうれしくなるって、感情っていう結果を求めて、

男　身体を緩めるというプロセスへの集中が悪くなったことやん」
ママ　「……そうなっちゃいますね」
女先輩　「で、一瞬で消えた感情を追いかけようとしたんと違う？」
ママ　「……はい、追いかけてました」
女先輩　「追いかけても心は操作できひんねんで。無理なことやって空回りする原因やで」
ママ　「そうか、心は操作できないっていうのを忘れてました」
女先輩　「なっ。あんなに言うてるのに、ついやってしまうやろ」
ママ　「本当に気をつけないとダメですね」
男　「感情が勝手に沸き起こってくる時と、インスピレーションが来る時の脳、心、身体の状態ってほぼ同じやねん」
ママ　「どのへんが同じなんですか？」
男　「リラックス状態、結果を決めてない、沸き起こってきたものを受け入れる柔軟性、無理強いしない、楽しい、気持ちいい、かな」
ママ　「それって、ほとんどジブリッシュの時のインスピレーションと同じですね」
男　「そやからジブリッシュは大事やねん」
女先輩　「あらためて、ジブリッシュすごいですね」
ママ　「あの、悲しい感情の時はどうなんですか？　今は楽しい、気持ちいいって言いましたけど」
女先輩　「躊躇せんと吐き出せたら、悲しい感情でも気持ちいいねん」
　「えっ？　悲しい感情でも気持ちいい？」

ママ「そうやねん。吐き出してるっていう解放感やな。悲しいけど気持ちいいっていう、面白い感覚やで」

女先輩「号泣するとスッキリするって聞いたことありますけど、それですか？」

ママ「そうやな。……けど、躊躇して吐き出しきられへんかったら、モヤモヤした気持ち悪いのが終わってからも残ってまうけどな」

男「躊躇っていろんなとこでジャマをしますね」

ママ「そうやな」

女先輩「あの、話がズレちゃうんですが、前に、まずはストレッチみたいにほぐすって言ってたんですけど、リラクゼーションで緩んだ筋肉とストレッチでほぐれた筋肉とは違うんですか？」

ママ「うん、違うねん。ストレッチは『伸びる』、リラクゼーションは『ふやける』って感じかな」

男「ふやけるですか。全然そんな感じにはならなかったです」

ママ「二人とも、まず大小の意識のリラクゼーションやることやな」

男「それが言ってた応用編ですね」

ママ「うん。じゃ、そのもっと応用編やるで」

男「もっと応用？」

ママ「そう。……『連動』させるねん」

連動のリラクゼーション

男「れんどう？　れんどうって、つなげて動かす、連動ですか？」

ママ　「そうやな。今までやってたのは基本やから、ちゃんと意識がいってできるようにならなアカンで。……やりやすい順にいうと『大小の意識のリラクゼーション』。次が『5、6箇所のリラクゼーション』。その次の段階が、『※**連動のリラクゼーション**』やねん。難しいほど効果があるねん」

男　「リラクゼーションでの連動ってどういうことですか？」

ママ　「あんたらは、右腕動かして次に左足みたいに、離れてる筋肉を続けて動かしてたやろ？」

男　「そうですね」

ママ　「それを、つながってる隣の筋肉を動かして緩めるねん」

男　「隣の筋肉ですか」

ママ　「例えば、右腕をやったら右肩、次に右肩甲骨、次に背骨辺り、次に左の肩甲骨ってやるねん」

女先輩　「動かす順番が決まってるんですか？」

ママ　「今言うた順番は例えで、順番は決まってない。とにかく隣の筋肉を動かすねん」

男　「さっきやってて、離れた筋肉に飛ぶこともあったんですが、隣の筋肉をやってることもありました。それでいいんですか？」

ママ　「もっと細かくやらなアカンな。特に頭で部位の名前を意識して『腕やって次は隣の肩をやろう』とすると、腕と肩の境目が雑になるねん。だって、境目って腕とも肩とも思えへんやん。言うなれば境目って腕の末端で、肩の末端やん。末端には意識がいきにくいやろ」

男　「そうですね」

ママ　「頭で理解するんじゃなくて、一筆文字みたいにつながってるようにやるねん。そしたら境目も絶対に通って意識するやん」

男　「一筆文字みたいにですか……」

ママ　「……で、ここからが大事やねん。難しいけどな」

男　「えー、もっと難しいんですか……」

ママ　「これができるようになったら、連動のリラクゼーションのすごさが分かるで」

男・女先輩　「……はい」

ママ　「この前は最低限の力で動かして緩めるって言うたやん。そやから動かす意識やったやろ」

女先輩　「はい」

ママ　「それを動かそうとせんと動かす方法でやるねん」

男　「えっ、動かそうとしないで動かすんですか。……手品みたいですね」

ママ　「例えば右腕を動かしたとしよう。この前のは最低限の力で右腕を動かして、次に肩を動かしたやん。それって最低限やけど力は入ってるやん」

男　「そうですね」

ママ　「それを連動のやり方でやると、最初は同じように最低限の力を使って右腕を動かす。その次からが違うねん。連動は今、使ってる腕の力を一気に全部抜くんじゃなくて、腕は下に落ちきれへん程度に少し抜くねん。そしたら腕が少し動いて、同時に隣の肩の筋肉に響くやろ」

男　「そうですね」

ママ　「今度は肩の響いたとこを抜いて、次に右の肩甲骨に響いたら、そこを抜く。次に背骨辺り、次に左の肩甲骨っていうふうに響いたとこを抜く。この順番じゃなくてええねんで。とにかく隣の響いた筋肉の力を抜くねん」

男と女先輩、試している。

女先輩「……難しいんですけど、さっきとは違う感じがします」

男「ほんとだ。動かしてるというより、動かされてる感じです」

ママ「そうやろ。最低限より最低限やろ」

男「うーん、これをずっとやるのは難しそうですけど、効果はありそうですね。この連動も最終的には、5、6箇所同時にやった方がいいんですか？」

ママ「連動で5、6箇所は無理やな。けど、末端にも意識がいくために、大小の意識はやった方がええな」

男「よかった、連動も同時に何箇所もじゃ、絶対に無理だと思っちゃいました」

女先輩「私も。よかった」

ママ「……」

男「動かすんじゃなくて動かされるように動くって、なんか武術の奥義みたいですね」

女先輩「ママのリラクゼーションを見た時に、私もそう思ったの」

ママ「……」

男「……ママ？」

ママ「……」

男「どうしたんですか？」

ママ「……あんたのプレゼンの大会って年末やったっけ？」

男「はい。1ケ月切っちゃいました」

ママ　「この店も年末で閉めるねん」
男・女先輩　「えーっ！　どうしてですか？」
ママ　「舞台に出るねん。年明けから練習やから」
女先輩　「えーっ、すごい！」
男　「えっ、えっ、えっ。誰かそういう人からオファーがあったんですか？」
ママ　「もうええよ。……あんた、知ってるやろ。あんたらがスーツって呼んでる男」
男　「えっ……いや……」
ママ　「ええよ、あんたとスーツの間で取り決めがあったの知ってるから」
男　「……す、すみません」
ママ　「謝らんでいいよ」
男　「スーツさんが言ったんですか？」
ママ　「あの子は、おっちょこちょいやから、すぐぼろが出た」
男　「……でもなんで急にやろうと思ったんですか？」
ママ　「……貯金がなくなった」
男　「えっ、お金？」
ママ　「そうや。ここで他のお客さん見たことある？」
男　「いや、見たことないですけど。……僕らが来てない時に他のお客さんは……」
ママ　「ゼロや。ゼ～ロ。こんな下町やとママが美人過ぎたらビビッて入ってこられへんねん。あ～、ブサイクになりた～い」

男　「僕、友達いっぱい連れてきます」
女先輩　「私も連れてきます」
ママ　「友達連れてきて、一緒に練習してたら、あんた負けるで」
男　「うっ……。い、いいです、負けても。まだ教わりたいんです」
ママ　「終わりや、終わり。もう決めたことや。あんたの社内プレゼンみたいなのと違うで。キャパ千人の1ケ月公演やで。片手間ではできひんやろ」
男　「……は〜。ママが復帰したら教われなくなるっていうのに気付かなかった」
ママ　「はい、はい。8時になりました。本日の営業は終了いたします！　気をつけてお帰りください」

男と女先輩、店から追い出される。
店内にママ、一人で椅子に座り、静かにジョーカーの煙を吐く。

ママ　「……アカン、緊張してきた」

燃え上がる感情

翌日、夕方4時。とらのあな店内にママが一人でいる。
ママ、泣きながら店内をゆっくり歩いている。涙でメークは崩れ、ジブリッシュで何か言っている。

ママ　「うじゃくにゃばぢゅりお、ぱんがっちゅやー」

立ち止まり、一点を見つめている。

ママ　「（嗚咽しながら）……ありがとう。ほんまにありがとう」

カランカラーン。店の扉が開く。「こんにちはー」と言う男の声。

男　「やったー。まだやってないのかと思いました」

女先輩　「こんにちはー」

ママ、急いで涙を拭き、時計を見る。

ママ　「なんや、あんたら。まだ4時やで。仕事は？」

男　「あと1ケ月なんで、うまいこと言って早退してきました」

女先輩　「私もです」

ママ　「はー、ノンキな仕事やな」

男　「（ママの涙で崩れたメークを見て）どうしたんですか！」

ママ　「（鏡を見て）あっ、なんでもない」

　　ママ、メークを直す。

女先輩　「どうしたんですか？　何かあったんですか？」

ママ　「練習や、練習」

男　「……すごい！　号泣した後じゃないですか」

女先輩　「ホントだ、すごい！」

ママ　「ええから、座り。うちは6時開店やで」

男　「だって、8時までだから。……練習するために8時までだったんですね」

ママ　「（ウーロン茶を二人の前に出す）はい。一生懸命に飲んでや」

男　「どんな練習やってたんですか？」

ママ　「……あんたらに言うても分からんやろ」

女先輩　「お茶ボトル一本お願いしまーす」

ママ　「はーい、喜んで！」

女先輩　「何やってたんですか？」

ママ　「『燃え上がる感情』でーす。って、こらっ。乗せるな！」

女先輩　「燃え上がる感情？　なんですか、それ」

ママ　「もー、めんどくさいな」

男「諦めて教えてくださいよ」

ママ「もーっ。……人生でうれしかったり、悲しかったり、悔しかったりって、すごく感情がたかぶった時ってあるやろ。その場面を『アトモスフィア』でつくるねん」

女先輩「雰囲気をつくって、その時の感情が再現されるって、言ってたのですか?」

ママ「そう。そうやって、**いろんな感情が出やすいようにしとくのが俳優の基本の練習**やねん。ただ、これは上級者用やで」

女先輩「すごい。常に心を柔軟にしてるんだ」

男「『ほんまにありがとう』って聞こえちゃったんですけど、うれしい場面やってたんですね」

ママ「……聞こえたん? もう、4時なんかに来んといてーや。……悔しい場面や」

女先輩「悔しい場面? じゃ、嘘ついてたってことですか?」

ママ「そうや。気持ちと言葉が違うことなんか、日常あるやろ」

女先輩「私はいっぱいありますけど、正直なママでもそういうことあるんですか」

ママ「当たり前田のクラッカーやん。……先輩ちゃん、芝居で嘘ついてるとこって重要やねんで。それとそういう場面は俳優の見せ場の時が多いからな。覚えときや」

女先輩「はい。でもなぜ重要なんですか?」

ママ「嘘つくってことは、バレたくないことがあるからやろ。そのバレたくないのがストーリーの核になることが多いねん」

女先輩「あー、そうか。なるほどー」

ママ「そんなんどうでもええねん。リラクゼーションやるで。家でやってどうやった」

女先輩「あの、途中で眠たくなるんですけど……」
ママ「それはな、そんなに悪いことではないねん、緩んでる証拠やから。やり始めの頃にはよくあることやな。みんな、そういうのを通るねん」
女先輩「そうなんだ」
ママ「けど、集中が悪いから眠たくなるねん。ちゃんと緩めたい部位に意識を持っていって、気持ちがいいかどうかに興味を持つねん。あー気持ちええわー、気持ちええわーって」
女先輩「そうか、興味をちゃんと持っていたら眠たくはならないですね」
男「僕は、どうしても頭でっかちになっちゃうんです」
ママ「邪念が湧いてきたりするねんやろ?」
男「はい」
ママ「それも先輩ちゃんに言うたのと同じで緩めることに興味を持つことや」
男「そうか、ただ漠然と集中しよう、だけになってたな」
ママ「前に言うたやろ。集中は対象がないとアカン。興味を持たな長続きせえへんって」
男「そうでした」
ママ「頭でっかちっていうのはやっかいやな。とれにくいからな。……普通の方法では」
女先輩「普通じゃない方法があるんですか?」
ママ「あるんですよ!」
男「ええっ! でも、難しいんでしょうね?」
ママ「それがなんと……」

男「それがなんと？」

ママ「簡単なんです！」

男「ええっ!!　簡単なんですか？」

ママ「そうやねん。ほとんどの子が、割とすぐに気持ちよくなるねん。……聞きたい？」

男「当然じゃないですか」

ママ「しゃあないな。じゃ、『脳のリラクゼーション』※やろか」

脳のリラクゼーション

男「脳のリラクゼーション？」

ママ「そう。脳みそって動かされへんやん。そやから意識だけでやるねん」

男「意識だけでやるんだ」

ママ「まず脳みそのなかにパチンコ玉くらいの球をイメージして、それを脳みそ中に巡らすねん」

男「……はー」

ママ「で、その球が巡ったとこが、ほぐれるイメージにするねん。モグラが穴掘ると土が軟らかくなるってイメージやな」

男「なるほど」

ママ「でな、目を半分開けて、少し寄り目にするねん。そしたらものを考えにくくなるから」

男「身体は動かすんですか？」

ママ　「あんまりジッとしてると固まってまうから、少しだけ動かしてみ。首も動かすんやで。連動はさせんでいいから」

男と女先輩、脳のリラクゼーションをやる。

男　「ママ、簡単って言ったけど、脳の中の球を意識するって難しいですよ」

ママ　「先輩ちゃんは？」

女先輩　「私は……気持ちいいです。ホントにものを考えにくいですね」

ママ　「そうやろ。気持ちええし、考えられへんし、簡単やろ」

男　「……」

ママ　「あんたもすぐに気持ちよくなるよ。これができたら身体のリラクゼーションに混ぜるねんで」

男・女先輩　「はい」

ママ　「……」

男・女先輩　「……」

ママ　「……」

男　「……ママ、すごい汗ですよ！」

ママ　「……アカン」

男　「えっ？」

ママ　「……緊張してきた」

男　「またまた〜。……本当ですか？」

ママ　「……怖い」

男と女先輩、顔を見合わす。ママ、すごい汗をかいている。

ママ　「今日は帰って」

男　「えっ、あ、はい」

ママ　「……」

男と女先輩、扉を開けて外に出ようとした時。

ママ　「ちょっと待って。……見ていき」

男　「えっ？」

ママ　「……見ていき。……天才に変わっていく過程を見せたる」

男・女先輩　「……」

ママ　「しゃべってこんといてや。質問もなしやで」

男　「……は、はい」

第十一話◎テンションを上げる

反道徳的な独り言

男と女先輩、端っこの椅子に座る。ママ、店内を立ち止まったり、ウロウロ歩きながら、早口で独り言を話し出す。

ママ　「アカン、緊張してきた。……あんた、なんで緊張するん？　……ブランクや。20年も演技やってない。緊張のとり方、あの子に教えてたのに自分で分かれへんようになってきた。役づくりってどうやるんやったっけ？　……偉そうに分かってるつもりになってて、自分がやるってなったら分かってないやん。ブランクやったら、なんで緊張するん？　……焦りや、焦ってるから考えられへんようになってる。……何を焦ってるん？　……プロセスを飛ばして、あれもこれもやらなアカンってなってるからや。完成形のイメージが先走ってる。かみ砕けかみ砕け。アカン、怖い。焦りが止まらん。……あんた、天才やと思ってるからでっかいことやろうしてんねんやろ？　……そうや、スゴイ演技やろうとしてもうてる。……あんた、ホンマに天才なんか？　……違う、天才ちゃう。そんなん思ったら、傲慢になって、謙虚さなくすだけや。……けど思ってるやろ？　……思ってる。周りから天才って言われて。勘違いしたらアカンって分かってたのに、勘違いしてる」

ママ、大声で「ワーッ」と何かを吐き出すかのように叫び続ける。

ママ　「天才ちゃう。天才ちゃう。私が天才のわけがない。勘違いのアホや。アホや。臆病もんや。……そんなに叫んでも、まだ思ってるんちゃう？　……思ってもうてる。とられへん。……あの子にハードル下げろ、謙虚言うて、自分ができてないやん。……ホンマや。……恥ずかしくないん？　……情けない。口だけや。できひんくせに偉そうに天才って言うて、教えて。情けない、あー情けない」

ママ、大声で「あー情けない、情けない、情けない」と自分に言い聞かすように言っている。

ママ　「舞台出るの辞めたら？　……（泣き叫んでいる）出るわ！　出るに決まってるやん。大丈夫や。……どこが大丈夫なん？　ビビってるやん。……大丈夫や。演技始めた頃はいつもこうやった。そうや、18歳の時と同じようにやったらええねん。そうや、そうや、悪口言うたらええねん。悪口や悪口」

男　「えっ？」

ママ　「どうせ、どうせ、客なんか演技のことなんか分からんねん。台本2ページ飛ばしても気付けへんねんから、失敗したってバレるわけがない。……新聞の劇評も、いい加減なことばっかり書いてる。あんなんで給料もらえるんってどういうこと。けど、それでええわ。見る目がないってことは、私が失敗してもバレへん。劇評に悪く書かれても、劇評を信用してない人は、逆にええ演技って思う人もおるやろうし。……あの劇場、声が響けへんねん。それが原因でやりにくかったたってことにもしよう。……プロデューサーに無理やり出さされて、練習期間が全然なかったたって言うたら、じゃ、しょうがないなって思ってくれるやろ。……プロデューサーが悪いねん、プロデューサーが。そうや、あの子のせいにしたろ。あの子、おとなしいから言い返してけえへんはずや。……相手役の女優に反抗されて劇団つぶされてんで。そんな子と共演させられるねんで。演技に集中できるわけないやん。世界一の俳優でもそんな相手と共演なんかして集中できるわけがない!! ……そうやん、あんたは何も悪くないやん。……そうやろ! あの子が悪いねんやん。あの子らがグルになって私をはめてんから。……そうやん、あんたは被害者やで被害者! ……ホンマや。私は被害者や。私はおとなしくスナックやってたかったのに。あの子が悪いねん、あの子が。こんな舞台どうでもええわ、諦めた。あー諦めた諦めた諦めた!」

男　「……諦めた?」

男と女先輩、あきれた顔で見合わせる。

ママ　「まー、この舞台が失敗しても、あと二、三本くらいは仕事も来るやろ。そのどれかで成功したらええねん。チャンスは何回かある。これは別に失敗してもええねん。……この舞台で命賭ける必要なんかない。久しぶりやねんから、調整みたいなもんや。……最悪、失敗したとしても殺されるわけじゃない。スナックのママに戻ったらええねん。……なんちゅうても、20年ぶりのカムバックやねんから、大目に見てくれるやろ。20年ぶりにしたら、よかったやんって言われるよ。……少々の失敗なんかバレへん。失敗しても死ねへん死ねへん死ねへん。あ〜きら〜め〜た〜、諦めた〜♪」

その後も、ママの独り言は続いた。

超ネガティブの効果

○喫茶店内

翌日、昼食時。男と女先輩、無言で座っている。

男　「……」

女先輩　「……」

男　「昨日のママ、どう思いました？」

女先輩　「……言葉にならない」

男　「結構、ショックでしたね」

女先輩　「……」

男　「プロデューサーのスーツさんや、お金を払って見に来てくれるお客さんへの悪口。言い訳や逃げ道を先に考えてて、嘘とか責任転嫁とか。気分が悪くなってきましたよ」

女先輩　「……」

男　「尊敬できないです。いくら引退してから20年たってるといっても、全然天才じゃないよ」
女先輩　「ママ本人も天才じゃないって言ってたよね」
男　「まぁ、言ってましたけど」
女先輩　「でも、なんで私たちに見せたんだろう？」
男　「……」
女先輩　「身を持って私たちに教えようとしてたのかな？」
男　「何をですか？　悪口とか言い訳ですか？　僕はそんなこと、教えてもらいたくないですよ」
女先輩　「……」

スーツ男が来る。

スーツ男　「どうも、お待たせしました」
男　「こんにちは」
女先輩　「はじめまして」
スーツ男　「あ～、こちらが先輩さんですか。はじめまして」
男　「すみません、お忙しいとこをお呼びして」
スーツ男　「いえ、大丈夫ですよ。なにかあったんですか？」
男　「……昨日、ママの次の舞台への気持ちを聞いたんです」
スーツ男　「へ～。ママがよくそんなことを言ってくれましたね」

男　「いや。言ってくれたと言うより、独り言を見せてくれたんですが……」

スーツ男　「え〜、うらやましい。ママの独り言なんて」

男　「そこでですね、ママが言ったことがショックで……」

スーツ男　「はぁ……」

僕は、ママにもお世話になったが、スーツさんにもお世話になったので、告げ口とは思われたくなかったが思い切って伝えた。

この舞台で成功しなくても世間は大目に見てくれるだろう。その後の仕事で成功すればいいから別にこの舞台で成功しなくてもいい。失敗してもプロデューサーのスーツさんの責任にしようとママが思っていると。

スーツ男　「……」

男　「プロデューサーのスーツさんが、心配になったので」

スーツ男　「……ありがとうございます。……でも、大丈夫ですよ」

男　「えっ」

スーツ男　「ふーん、ママはそうやって不安をとっていたのか〜」

男　「不安をとっている？」

スーツ男　「私は、ママの演技に対する本当の気持ちを知っています。本心はそんな気持ちでは絶対にありませんよ」

男　「……」

スーツ男　「ママはとにかく不安をとりたいんですよ。ママから聞きませんでしたか？　失敗した時のイメージをしておいた方がいいって」

男　「あー、聞きましたけど……。でも、今回のことは違う次元でしたよ」

スーツ男　「たぶん、極端な話なので教えづらかったんでしょうね。私も初めてそうやってるって知りましたから」

男　「どういうことですか？」

スーツ男　「お客さんの悪口を言ってたんですよね」

男　「はい」

スーツ男　「それって、よく言う『お客さんをジャガイモと思え。そしたら緊張しないから』と同じですよ」

男　「……」

スーツ男　「自分より立場の弱い人と接する時って緊張しないですよね」

男　「……そうですね」

スーツ男　「**お客さんが自分より立場が上だと思うから緊張する**んですね。じゃ、見下せれば緊張しないじゃないですか」

男　「見下す!?　見下すって、お金を払ってくれる人に対して失礼ですよ。プロデューサーのスーツさんに対しても失礼だと思うんですが？」

スーツ男　「私は良い演技さえしてもらえれば、悪口だろうがバカにされようが、全然平気ですよ」

男　「……じゃ、お客さんは？」

スーツ男「お客さんに直接言うと問題ですが、独り言でしょ。それで良い演技が見られるのならお客さんも喜ぶんじゃないですか。問題ないですよ」

男「じゃ、言い訳を考えてることは？」

スーツ男「完璧な言い訳を考えて不安がとれるなら、いいんじゃないですか」

男「じゃ、この舞台を調整って言ってることは？」

スーツ男「本番を練習のつもりで気楽にやれって、よく言うじゃないですか。**本番の重要度を下げて気楽にしてる**んですよ。なるほどね」

男「じゃ、じゃ、他にも仕事が来るだろうから、この舞台に命を賭ける必要ないってことは？」

女先輩「それは、**わざと自分を追い込まないようにしてる**んじゃないかしら？」

男「えっ？」

女先輩「たった一回だと思うと、絶対に失敗できないから緊張するじゃない」

男「でも、その一回に命賭けるから情熱とか愛情とかが生まれるんじゃないですか？」

女先輩「確かにそれはそうだと思うの。でも、情熱とか愛情を大事にして、自分を追い込んで失敗したら、元も子もないじゃない」

男「……」

女先輩「私、今の会社に入る時、他の会社も受けてたのね。その数が多い方が面接の時に不安も緊張も減ると思ったから。でも、今の会社好きよ。一生懸命働いてるわよ。同じじゃないかな」

男「……確かに。……僕もです。保険でたくさん受けました」

スーツ男「同じでしょうね。『練習のつもりでやれ』『執着するな』って言われても効果ないでしょう。なぜか？

抽象的だからですよ。ママはそういう抽象的で一般的な言葉でなく、それを具体的にやってるだけなんでしょうね」

男「……」

スーツ男「具体的にやると、ママの独り言みたいにきれいごとで済まないから誤解されるんですよ」

男「でも、そんな気持ちでやってて本気になれますか？」

スーツ男「私はママを信用してますし、ママも自分自身を信用してるからできるんでしょうね」

男「信用？」

スーツ男「はい。命賭けなくてもいいって言ってても、不安をとるためだけで、不安さえとれれば自分は命賭けて準備するって」

男「そんな複雑なことできますか」

スーツ男「できますよ。ママは『一ポジさん』なので。スタートはなんでもいいんですよ」

女先輩「一流のポジティブさん。『ポジティブはネガティブ要素で構成されている』ですね」

スーツ男「はい」

女先輩「そうか〜。よかった。やっぱりママすごい。超ネガティブなので気付かなかったです」

スーツ男「そうですね、超ネガティブですね。偽善者の私には思い付かないですね」

女先輩「私も偽善者です」

スーツ男「私なら、お客さんに満足していただけるように頑張ります、なんて耳障りのいいことを言って、より自分を追い込んでしまって失敗するんでしょうね」

女先輩「私は悪口なんて独り言でも言えない。この方法を知っても良心が痛んでできないかも」

スーツ男　「良心がジャマをして効果のある練習をできなくさせちゃうんでしょうね」

男　「……」

スーツ男　「お客さんを喜ばすためにお客さんを見下す。ママはお客さんを喜ばすためには、良心なんかにとらわれてないんでしょうね。二段階じゃないですか」

男　「……」

スーツ男　「（男に）納得できないみたいですね。悪口は」

男　「……いえ。僕のキャパシティーを超えてたので」

スーツ男　「すぐには納得できなくても仕方ないですよ。だからママは、超ネガティブのことは劇団員にも教えなかったんですから」

男　「……はい」

女先輩　「あの、ママは早口で独り言をやってたんですが理由はあるんですか？」

スーツ男　「早口ですか。……たぶん、心に浮かんだことが消えないうちに言葉にしたかったからでしょうね。それは人それぞれのやり方でいいと思いますよ」

男　「あの、ママが諦めたって何度も言ってたんですが……」

スーツ男　「諦めたですか。それも初めて聞きましたね。……ママからハードルを下げて1パーセントからやっていくって聞いてますよね」

男　「はい」

スーツ男　「それの究極版ですよ。1パーセントより下の0パーセントですよ。**諦めないために諦める**」

男　「諦めないために諦める？」

スーツ男「舞台の成功を諦めないために、せっかちな気持ちを『ちょっと今だけ』諦めさせる」

男「あ〜、二段階ですね」

スーツ男「そうですね。諦めろか〜。本当に諦められたら、それこそ無欲ですよね」

女先輩「そうか、無欲ってことか。ママ、さすが〜」

男「……あの、その独り言って自己暗示なんじゃないんですか？　自己暗示は効かないって言われたんですけど」

スーツ男「自分が『過去にできたことのない状態』を目指した『背伸び』は効果のない自己暗示になるんですが、ママのは『過去にできたこと』をやるために、焦る気持ちに『ブレーキ』をかけてるんですね。それは自己暗示にはならないんですよ」

男「気持ちにブレーキをかけるのは自己暗示にならないんですか」

スーツ男「そうなんですよ。背伸びは暗示。ブレーキは暗示じゃないんです」

男「……そうなんですか」

スーツ男「そうですね。……私、ママが独り言をやってるのを影で見てたことがあるんです。そのうちにママの独り言の内容が変わってきますよ」

男「……う〜ん、そうなんですか。……さすがですね」

緊張を受け入れる

○スナック・となのあな店内

数日後、ママが「独り言」をやり、男と女先輩は聞いている。

ママ
「今はハードルが上がってもうてる。もっと下げなアカン！　焦らんと、今やることを一個一個見つけていったらええねん……ゴールを目指すから焦ってまうねん。目の前のことをやっていったらええねん……急ぐな、焦るな、高望みするな、成功目指すな。謙虚や謙虚」

ママ、ジブリッシュをやり出す。

ママ
「ジッダラゲバ～、トイキュン？　シューツイッテギーユ……ほらまだ感じようとしてる！　成功しようとしてる！　諦めろ！　諦めろ！　……ビジルタコン、ホ～デスル。諦めろ！　感じようとするな！　心は操作できひんって言うてるやろ……ヴシュタラグア～ン、イントムキュデッシュ。諦めろ！　ちょっとインスピレーションが来たから言うて喜ぶな。最初に来たやつはニセモノって言うたやろ。10個くらいはニセモノや、そんなんにだまされるな……ほら、頑張ってる！　頑張るな！　頑張るな！　頑張ってない心の余裕のあるとこにインスピレーションは来るねん！」

ママ、変顔をして顔をほぐす。その顔で話し出す。

ママ
「頑張ってるから眉間に力が入ってるやろ。力を入れるのは誰でもできるねん。三流や。あんた三流か？　……違う一流や。……笑わせるわ、どこが一流なん？　……ちょっと待ってて、すぐに追いついたる。……ほらそうやって大きいことやろうとしてる。……うるさい、大きいことやったる。焦りがとれたら絶対にできるねん。ちょっと待ってて。……大きいことを忘れたらどうやねん！……ううう。分かった……。忘れる忘れたる。……今やることは何なん？……小さい歯車を合わすことや」

ママ、今度はゆっくりとした話し方でジブリッシュを始める。

ママ

「エ～デソクモリ～、ソワー。ギバオデゼン。……ええ感じやん。油断するなよ～。デルホ～ギマッデン、チュルウッキベール。感じようとするな、諦めろ、諦めろ！　ソンユルデ～、ガイコキュ。そうやええ感じや。……今、あんたが気をつけることはなんや？　……焦りをとること。ハードルを下げること。細分化した練習をみつけること。ゴールを見いひんこと。心を操作しようとせえへんこと。……謙虚になることやで。ちょっと感じたからいうて、気にするな。心は操作できひんやろ……そうや。……感覚思い出してきたやん。なんで焦るん？　……不安やからや。……何が不安なん？　……無欲で素直な心になってないからや……そうや無欲や。諦めろ諦めろ。……（深呼吸）ふ～、ふ～、ふ～、ほんまに諦めよ。私なんかが大きいことできるわけないやん。劣等感の塊やん。なんもできひん子どもやったやん。五流や五流。五流がでかいこと？　笑わせるわ！　……原因は何？　……一番は焦りや。心に意識が行ったらアカン。心が身構えてまう。気をそらせ。対象を見つけろ。興味を持てるとこを見つけろ。謙虚謙虚謙虚や。……謙虚言うてるだけで心に響いてるん？　それも無理強いやん。……ほんまにそうや。諦めなアカン。緊張を受け入れることや。……受け入れる。……受け入れる。……う、け、い、れ、る。う、け、い、れ、る……」

先輩が僕にメモを渡してきた。

「今日は悪口がないね。きっとママはお客さんへの不安から、自分の状態を整えるのに変わってきたのね。第一段階はクリアーしたってことなんだろうね。よかった」と書いてあった。

僕もそう思った。ママは独り言で、数種類ある不安を大元からクリアーしていってるんだろう。最初はお客さんや評価への不安。次が自分の状態の不安。次はなんだろう?

ママ　「……今日はここまでや」

男　「えっ、今日は短いですね」

ママ　「もう大丈夫や」

男　「えっ、不安とか緊張とれましたか?」

ママ　「少しはとれたけど、まだいっぱい残ってる」

男　「それで大丈夫なんですか?」

ママ　「たぶんな。あんたらに教えてたのに、自分でやるとなると焦って忘れてた。焦りは『諸悪の根源』やったな」

男　「なにか思い出したんですか?」

ママ　「葛藤せんことや。**緊張をとろうとするから葛藤して、もっと緊張**してた」

女先輩　「葛藤は緊張の種っていうやつですか?」

ママ　「そうやな。私、いま諦めろとか無欲にしろとか言うてたやん」
女先輩　「はい」
ママ　「それと同じ意味やねんけど、違う言葉が浮かんできてん。そしたら一気に楽になった」
男　「なんですか、その言葉って」
ママ　「『受け入れる』や。緊張を受け入れる」
女先輩　「緊張を受け入れる？……言葉を変えただけですか？」
ママ　「そうやな。諦めろと同じ意味やん。けど言葉を変えただけで納得することってあるねん。人間って不思議やな」
女先輩　「そうなんだ」
ママ　「現状を受け入れな、目標ばっかり見て小さな歯車からスタートできひん」
男　「……受け入れる？『自分のまんまを受け入れる』ですか。確かに教えてもらいましたが。緊張を受け入れたんですか」
ママ　「そうや」
男　「じゃ、緊張したままじゃないですか？」
ママ　「ままと言えばままやけど、楽になってんからええやん」
男　「緊張を受け入れたら緊張がほぐれるんですか。じゃ、簡単なことじゃないですか」
ママ　「簡単かもしれへんし、簡単じゃないかもしれへん」
男　「どういうことですか。簡単じゃないですか？」
ママ　「何かに開き直ってうまくいったことってある？」

男　「……はい、何度か」

ママ　「その時は開き直ってうまくいった。そやから、次も開き直ろうとしたら失敗したやろ?」

男　「そうですね」

ママ　「それ、最初の開き直りは自然となった本当に無欲の開き直りやねん。けど、意識的に開き直ろうとしたのは、**成功したいって欲が残ってる開き直りやから失敗するねん**」

女先輩　「なるほど〜、分かります」

ママ　「本当に無欲の開き直りを意識的にできるんやったら、緊張を受け入れて緊張をほぐすのも簡単やろな」

男　「……そうか。じゃ、今は無欲に受け入れられるようになったんですか」

ママ　「たぶんな」

男　「無欲に受け入れるのか。……難しいですね」

ママ　「けど簡単にできる時もあるねん。**心って何かのさじ加減で急に変わる**からな」

男　「ママが今、楽になったさじ加減ってなんだったんですか?」

ママ　「受け入れるって言葉がピタッときたことかな。前は、失敗しても死ねへんって思ったら楽になってたんけど、今回はピタッとけえへんかった」

女先輩　「私、失敗しても死なないって思ったら少しは楽になれるかも」

ママ　「そうやろ。そやからピタッとした言葉を見つけるのも一つの方法やな。『受け入れる』がピタッときたら、葛藤してても得することはないって、感覚で思い出してん」

男　「ピタッとくる言葉ですか」

ママ　「……あと、緊張するのに飽きた。疲れた」

男　「飽きですか」

ママ　「そうや。飽きも使いようやで。……はい、今日は終了〜」

翌日。とらのあな店内でママがジブリッシュをやっている。見ている男と女先輩。

ママ　「……役づくりの方法が思い出されへんねん……役の一番の要素は何や？　……悔しさや。この前の『燃え上がる感情』の悔しさの感情でええんか？　……違うな、悔しさにもっと愛情が混ざってなアカン……なんで悔しいん？　……愛してたからや。それに裏切られたから悔しい……じゃ、一番の要素は愛情やな。どんな愛情なん？　……自分の子どもと思ってた。成長させるために鬼にもなった……それをかみ砕いたらどうなる？　そのための練習はなに？　なにに気をつけたらええん？……私のやりがちな癖ってなんや……あかん、成功しようとしてる。感じようとしてる。1パーセントからや。小さい歯車を見つけて、合わせればええねん……求めるな。諦めろ。諦めろ。本気で諦めろ。五流が偉そうやねん……どうやるんやったっけ……内面からつくるか、外面からか……まずは内面や……役づくりのジブリッシュ、燃え上がる感情、特徴付けや……他は？　……やり過ぎて戻す、やり過ぎて戻す、これを忘れるな。成功求めたら躊躇が生まれる……小さい演技に未来はない……段取りに縛られるな……マジメになるなマジメになるな」

速い血の流れ

翌日。とらのあな店内にママ、男、女先輩がいる。

ママ　「今日で最後の練習になるで」
男　「えっ、まだ1週間あるんじゃないですか？」
ママ　「作品の舞台は博多やから、ちょっと行って調べたいことがあるねん、ってなに泣いてるん？」
男　「泣いてないです」
ママ　「思いっきり泣いてるやん。早いねん、終わってから泣きいや。早い男は嫌われるで。なっ、先輩ちゃん。って、なにこっちも泣いてるん？」
女先輩　「（泣いている）……はい、早いのはあまり」
ママ　「泣きながら、ようそんなこと言えるなって。……（男に）あんた号泣できてるやん！」
男　「ほんとだ。やったー。……やったーですけど、やったーじゃないです。ママは悲しくないんですか？」
ママ　「博多で、もつ鍋とラーメン食べられると思うとワクワクや」
男　「……」
ママ　「やるで！　時間ないで。なんか質問ある？」
男　「そうか、時間ないのか。……あの、リラクゼーションをもっとやって、三ポジさんから一ポジさんになって、緊張を受け入れるのができるようになったら、もっと緊張がとれるように思うんですけど、テンションが上がらないんです」

女先輩　「（涙を拭きながら）私も」

ママ　「本当にリラックスできたら、テンションを上げることもできるねんけど、途中の段階やったらそうなるかもな。それにあんたら、もともとテンション低いやろ」

男　「はい」

ママ　「じゃあ、『**速い血の流れ**※』やろか」

男　「速い血の流れ？」

ママ　「そう、そこに立ってみ」

男と女先輩、椅子から立ち上がる。

ママ　「血管とか細かいことを考えんと、身体中に血が速く流れてるってイメージしてみ」

男　「速くですか？」

ママ　「そうやねん。速くがミソやねん」

男　「はい」

男と女先輩、ジッと立ったままでいる。

ママ　「どう？　ゾクゾクしてけえへん？」

男　「ゾクゾクですか？」

女先輩「う〜ん、しないんですけど」

ママ「そうか。マジメになってるからやな」

男「またか〜」

ママ「**何かをやろうとするとマジメになったり、躊躇したり、慎重になったりして心が重くなるねん。そんな時は『ワーッ』って大声で大暴れする**ねん。そうやって心の重石をのけて感じやすくするねん。あと……」

女先輩、ママの話の途中に大声で大暴れし出す。男も続けてやり出す。

ママ「（独り言）……そうそう。……そやけど私、話してる途中やのに」

男と女先輩の大暴れが終わる。

女先輩「何か言いましたか……」

ママ「話の途中やってんけど……」

女先輩「あっ、ごめんなさい。時間がないと思ったから」

ママ「まあいい。まあいい。あと、すっごく大きな緊張もリラクゼーションじゃとられへんから、『ワーッ』**を最初にやって大きな緊張をとってから、リラクゼーションで細かい緊張をとっていくんやで**」

女先輩「はい」

ママ 「じゃ、やってみよ。はい、身体中に血が流れてるで！」

男と女先輩、あまり動かないで立っている。

燃えたぎる情熱

ママ 「じゃ、別のイメージを入れよう。血の一滴一滴に『燃えたぎる情熱』っていう成分が入ってると思ってみ」

男と女先輩、やる。

女先輩 「……なんか……なんか感じるんですけど、どう表現していいか分かりません！」

ママ 「じゃ、嘘でいいから、燃えたぎる情熱が止まらんって感じでワーッってやってみ」

女先輩、ワーッと走り出す。男も続いてワーッと走り出す。

ママ 「そうそう！　よし止まって、燃えたぎる情熱の血の流れを感じてみ！」

男と女先輩、止まって血の流れを感じる。

男　「……ウォーッ！　ウォーッ！　ウォーッ！（走り出す）」
ママ　「……」
男　「俺はこんなもんじゃないんだ！　俺はこんなもんじゃないんだ！　生きたいんだ！　生きたいんだ！　絶対にこんなものじゃないんだ！！」
女先輩　「……」

男、走るのをやめる。気まずそう。

男　「……すみません」
ママ　「何が？」
男　「俺はこんなもんじゃないんだ、って……。言いたくなっちゃって……」
ママ　「……」
男　「すみません」
ママ　「……かっこよかったで」
男　「えっ？」
女先輩　「……かっこよかったよ」
男　「えっ、でも、ママ、自己認識しろって」
ママ　「前のは、負け犬の遠吠えやったけど……」

男　「……」

ママ　「……今のは……情熱やん……。かっこよかった」

男　「……（涙を浮かべて）ありがとうございます」

ママ　「なに泣いてるん、はやいねん。はやいのはオリンピックだけでええねん。やるで！」

男・女先輩　「はい！」

悪役レスラーの入場

ママ　「次は『※**悪役レスラーの入場**』やで。そのウォーッウォーッの気分のまま、悪態ついて歩いてみ！」

女先輩、少し遠慮がちに強ぶった歩き方をする。

女先輩　「ワアーッ」

男、さっきの勢いのまま叫びながら歩く。

男　「ウウウォォオオーー!!　ウウウォォオオーー!!　ウウウォォオオーー!!」

ママ　「そうや、もっと悪態つけ！　悔しさを吐き出せ！　わがままになれ！　先輩ちゃん、もっとや、もっと！」

男　「ウォーッ！　なにが正義だ、バカヤロー！　俺が正義だ！　逆に正義だ!!」
ママ　「……」
男　「くっそーっ！　くっそくっそくっそー!!　負けないー！　負けても負けないー！　負けても負けても絶対負けねー!!」
女先輩　「ワアー!!　ジクダラギュバクシュッ！　ワアーワアーゥワアーッ、ゥオーッ!!」
ママ　「そう、ええで、もっといける！　睨《にら》みつけろ！　殴れ、蹴れ！　威嚇しろ！　鬼のような悪魔のような歩き方してみ。挑発ポーズをとってみ」
女先輩　「ゥオーッ、ゥオーッ、うるせーばばーっ、うるせーババー、うっせーババーッ!」
ママ　「（……ええねん、ええねん。私はマリア私はマリア。みんなに希望をまくのが私の仕事）」
男　「ウオオオオオーッ!」

最後の練習の『悪役レスラーの入場』が終わる。

男　「嘘で始めることに前は躊躇があったんですけど、嘘でもやってみたら、心の重石がとれて、気分が乗ってくるのが分かりました。これが誘導なんですね」
女先輩　「私も。悪態つくって、嫌だなって思ったんですけど、覚悟を決めたら止まらなくなって、楽しくなってきました。前に悲しい感情を吐き出したら気持ちいいって聞いて、そんな矛盾してることが想像できなかったんですけど、悪態ついてるのが楽しくなってくるのと同じですよね。……あの、私、何か失礼なこと言っちゃいましたか？　なんかよく分からなくなっちゃって」

ママ　「う、う、ううん。言うてないよ」

男　「スタートはなんでもいい。まねでも嘘でもなんでもいいって、すごいですね」

女先輩　「(男に) 今日、急に変わったね」

男　「そうですか？　ありがとうございます」

女先輩　「前にママが私たちに才能ないなんて思わないって言ったの嘘だと思ったんですけど……。私たちもやればできるんだなと思いました」

男　「どうですか？」

ママ　「当たり前田の……」

男・女先輩　「……」

ママ　「クラッカー……やん……」

男・女先輩　「……」

ママ　「もう帰って。しんみりするの嫌や。帰って帰って」

終話◉その後

別れ

○新幹線内

数日後、東京駅。停車中の博多行き新幹線で座席に座っているママ。男と女先輩がママの荷物を運んでくる。

男　「これは上のラックに乗せておきますね」

ママ　「別に見送りなんかいらんのに。……ありがとう」

男・女先輩　「……」

ママ　「（窓の外を見ながら話している）二人とも、よう頑張ったな。プレゼン大会、頑張りや」

男　「（泣いている）はい」

ママ　「（窓の外を見ながら）あんた、プレゼン大会の後に先輩ちゃんに告白するねんやろ。それも頑張りや」

女先輩　「えっ……」

男　「……え、いや、あの」

ママ　「悪役レスラーかっこよかったから、成功するかもしれへんで」

男　「……」

ママ　「先輩ちゃんは、その告白をあっさりと断ってええで。なんも気にすることない」

男　「……そんな」

ママ　「断れ断れ、この子と付き合っても未来はないで」

ママはずっと窓の外を見ているが、泣いている顔がガラスに反射している。

新幹線出発のベルが鳴る。

ママ　「ほら、もう出るで。早く降り」

女先輩　「ママ、ありがとうございました。お身体に気をつけてください」

ママ　「(嗚咽)……ありがとう、コマネチ感動したで。緊張したら下ネタやで」

女先輩　「(泣いている) はい」

男　「ママ、ありがとうございました」

ママ　「こっちがありがとうや。ウーロン茶一本で8000円も払ってくれて」

男　「……」

ママ　「……あんたのおかげで芝居に戻れる。ありがとう、ホンマにありがとう」

男　「……」

ママ 「（嗚咽）早く降り。出るで！」

男・女先輩 「はい、お元気で」

二人、乗降口に向かう。ママの嗚咽が止まらない。

別れのはずだったのに

東京駅を出発して走っている新幹線。

ママ、カバンからポケットサイズのテキーラを出し、飲む。

ママ 「しらけるわー。……あー、しらける。しらけるしらけるしらける。アカン、テキーラでもしらけがとれへん。ガソリンくらい飲まなガツンとけえへんわ！　あーしらける、しらける……。何かを弁償してもらいたい気分やわ」

ママ、テキーラを飲む。

ママ 「……なあ、先輩ちゃんだけ降りれて、あんたは降り遅れるってなになん？　……遅れたとしても次の品川まで5分やねんから戻ってこんでええやろ。ホンマしらけるわー」

男 「……ごもっとも」

数ヵ月後

○スナック・とらのあな店前

病院であった老人が肩を落として、扉の張り紙を読んでいる。

「当店は閉店いたしました。これを読んでいるあなた！　お酒は毒よ。ウッフ〜ン」の文字。

結局、僕はプレゼン大会で十人中十位で終わった。プレゼン自体のパフォーマンスは評価されたが、内容が「隠すとこは隠してる便器付きの椅子」が非常識と酷評されたからだ。しかし、社長から奇抜な発想力ということで、新設された「枠にとらわれない部署」に配属された。ママのアイデアを拝借しただけで、インスピレーションのまったくない僕がクリエイター……。やっていけるのだろうか。でも、ママが言っていた「スタートはなんでもいい」っていうことでやり始めた。

先輩には優勝して告白しようと思っていたのだが、最下位になり落ち込んでいた。そこに、先輩が来てくれて「一番かっこよかったよ」と言ってくれた。「ママに会わしてくれて、ありがとうね」と言って、自分の人差し指を自分の唇にあて、その指先を僕の唇に当て「チュッ」っと言って、天使のような笑顔を残して去っていった。それが僕と先輩の最後になってしまった。先輩はやりたいことを見つけたのだろう。

数年後

○会社内・会議室

男の勤める広告代理店の会議室で会議中。部下Aが入ってくる。

部下A「課長、到着されました」

男「来たか。応接室にお通しして。すぐに行く」

部下A「それが、いなくなったんです」

男「えっ」

部下A「いま、みんなで捜しています」

男「分かった」

会議室を出ると男のところに会議に参加していた部下Bが来る。

部下B「課長、ありえないことを発表することから始める会議、面白いです。これなら緊張せずになんでも言えます」

男「そうだろ」

部下B「はい。課長が、どこでもドアを作ろうって言ったのにはびっくりしました。あ〜、こういうのでいいんだって分かりました」

男　「わざと無茶苦茶から始めると楽だから、面白い発想につながるんだよ」

部下B　「はい」

男　「さっきの月に広告を貼るって面白いよ。だから『ウサギの餅つき』を別の模様にするっていうのが出てきたんだよ」

部下B　「ありがとうございます。可能ですか?」

男　「無理だろうな。でもそれでいいんだよ。広く準備してから可能な範囲に研ぎ澄ましていく。これもママに教わったんだけどな」

部下B　「この部署に配属されてよかったです」

部下Aが通る。

男　「見つかったか?」

部下A　「まだです」

部下Cが通る。

男　「おい、これからプレゼンだろ、頑張ってな」

部下C　「課長、緊張して吐きそうです」

男　「……緊張?　ちょっと来てみな。そこの椅子に座って。触※ったところが溶けていくみたいに緩めてみな。で、その気分を顔と声に出してみ」

男、部下Cの背中を触り、ゆっくり動かしていく。部下Cは触られている部分を溶けたように緩め、身体を動かしていく。

男「そうそう。お前はいつも準備は完璧なんだから、後はその感じでプレゼン前に、一人で連動のリラクゼーションをやればいいよ」

部下C「ありがとうございます。触られると意識しやすいですね」

部下B「それもママですか？」

男「いや、連動のリラクゼーションは難しいから、これは俺が連動を工夫してやりやすくした」

部下B「気持ちよさそうですね〜。……んっ？　なんだこの甘い匂い？」

男「……」

部下A「まだ見つかりません！」

男「……もう大丈夫だ」

男、匂いの方に歩いていく。

男「お久しぶりです」

○給湯室
ママ、ジョーカーを吸っている。

ママ「工夫？　成長したやん」
男「聞かれてたんですか？」
ママ「聞こえてた。……なあ、このビル、タバコ吸うとこないやん」

○応接室
男とママが向かい合って座っている

ママ「あんたが私に仕事って、恩返し？」
男「いやー。よろしくお願いします」
ママ「で、タバコ関係の広告やて」
男「はい」
ママ「復活した伝説の女優に伝説のタバコ。ベストキャスティングやん。私ほどタバコ似合うのいてないからな」
男「はい」
ママ「けど捻りがないな、スイカに砂糖やん」
男「いえ、スイカに塩ですよ」

ママ　「……」
男　「タバコが最高に似合うママに、『逆に』禁煙の広告なんで」

物語で紹介された「緊張をとる」エクササイズ

ジブリッシュ（めちゃくちゃ言葉）

外国語を話しているように声の抑揚やスピードや間を変えてめちゃくちゃ言葉をしゃべる。何も感じてなくても笑ってみたり、ふざけてみたりする。楽しみやすくなり、しゃべり方の表現が広がる。「あー」や「うー」など単調になりやすいが、日常会話くらいの滑舌でいろんな音を使う。

ジブリッシュで掃除

ジブリッシュで楽しくなったら、その気分のまま掃除など他のことをして意識をそらす。掃除を意識しながらも、ただ音を発しているだけでなく、会話しているようにする。無理に楽しくなろうとしなくても楽しくなる。

変顔でジブリッシュ

感情がない状態から変顔をして、その表情に合う声や話し方をする。普段の自分がやらない声や話し方にする。ジブリッシュだけの時よりしゃべり方の幅が広がる。どんな練習でも新しい感覚が芽生えた時は、新鮮で楽しいと感じるか、びっくりして何も感じなくなる。感じなくても普通に戻さずに続けると、慣れて新しい感覚を受け入れられるようになる。

楽しみやすくする

楽しい時は緊張しない。エクササイズで自分を楽しみやすくして緊張しないようにする。

ノって踊る

踊りが苦手・恥ずかしい人でもリズムにノッて踊れるようになる方法。乗ろうとせずに始めても、全身で乗れるようになるので、自然と乗りたくなるまで乗ろうとはしない。

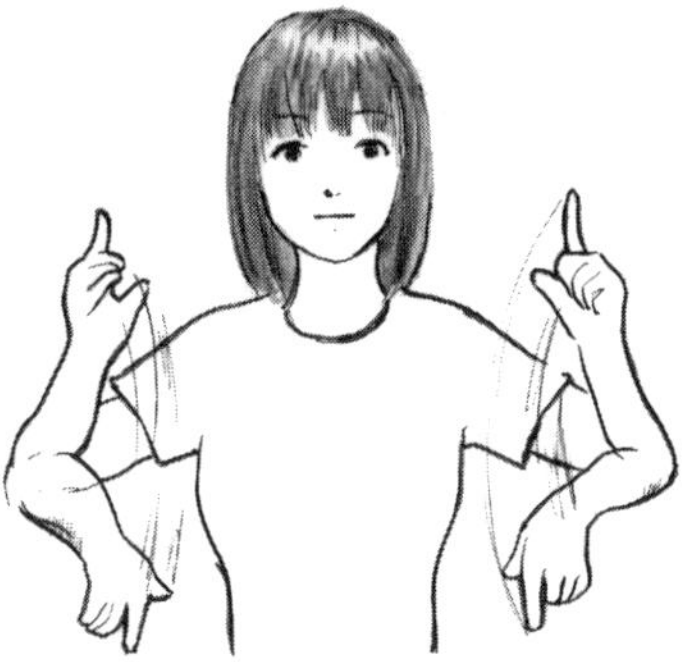

音楽に合わせて両手でリズムをとる。心は乗ろうとせずにただリズムを取ればいい。

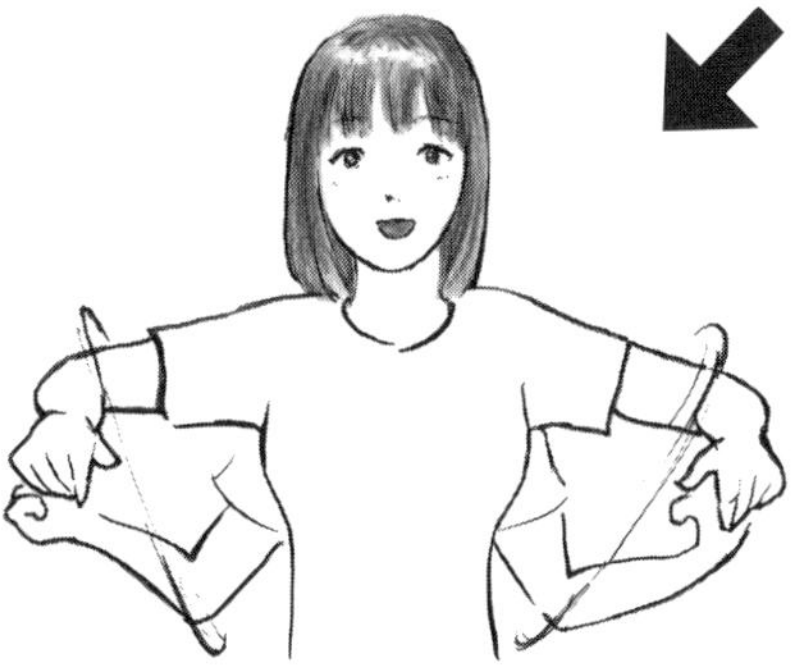

両手をやり続けながら、肘もリズムに合わせ動かす。少しずつ広範囲でリズムを取れるようにする。

腕や肘もやりながら肩や腰など全身でリズムを取る。足は足踏みのように簡単なリズムの取り方から始めていい。

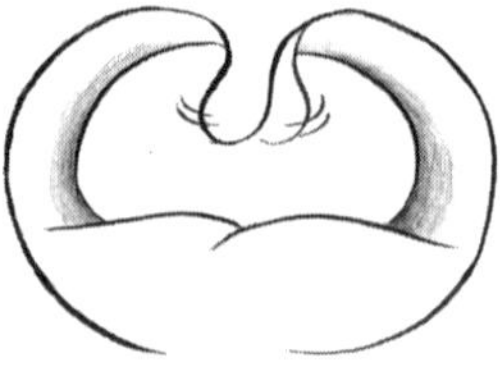

喉ちんこ

発声前の喉の準備体操。緊張すると喉を絞めてうわずった声になる。喉ちんこが震える声を出せると喉が緩む。口を「あ」の形に開き、小さな声で「あー」と息が続く限り出す。喉ちんこが震えて、「あー」が自然と途切れ途切れの声になるようにする。アゴが力まないようにする。

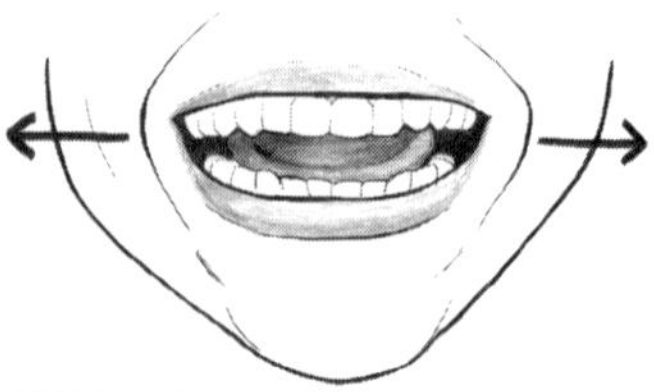

発声の口

上下の歯を 1cm ほど開け、唇は前に出すのでなく、後ろに引っ張られるように口を開く。舌先は下歯の内側に軽く触れ、舌はお椀形で下に置き、口内に空間を広く作る。口の形は喉を痛めず、疲れず、響く声が出る。

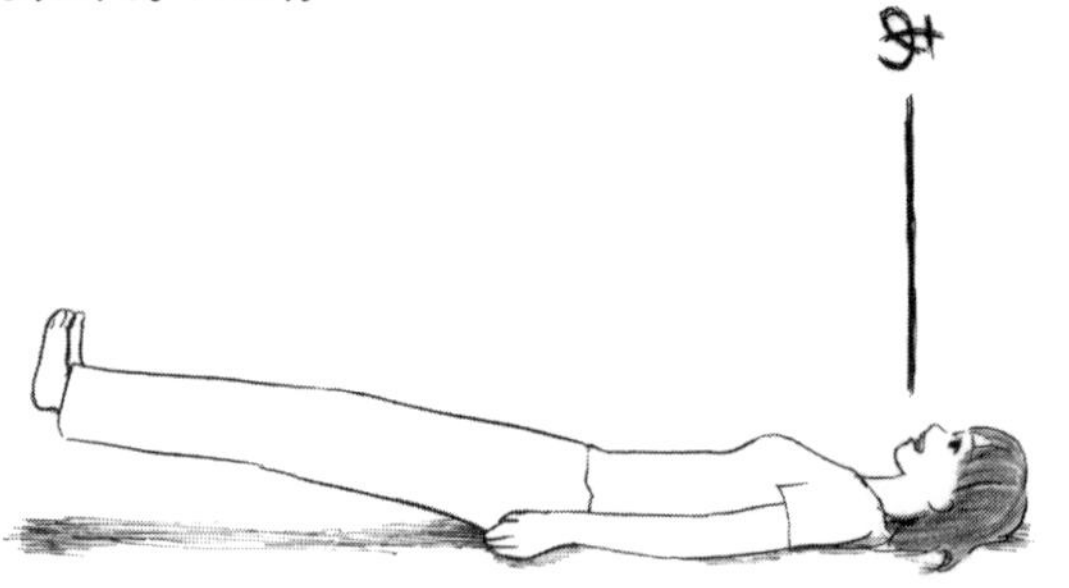

後ろに発声

声を届かそうとすると、前に出しがちだが、実は後ろに出すイメージで発声するとよい。正しい腹式呼吸、口の形、声の方向の３つが揃って響く良い声になる。後ろ 50m にいる友人を呼ぶように「おーい」と声を出す。唇は必ず後ろに引っ張られているようにする。

あおむけで発声

立って腹式の発声が難しい場合の練習法。あお向けで寝転がり、両足を少し上げ、腹筋に力の入った状態で「あー」と発声する。腹筋の力の入った感覚を覚えて、立って発声してみる。腹式の発声は緊張した時の浅く、うわずった声を防ぎ、太く響く声になる。落ち着きにもつながる。

発声と滑舌

リラックスしていると良い声が出る。逆に考えれば、良い声を出す練習をすれば自然とリラックスに導かれる。

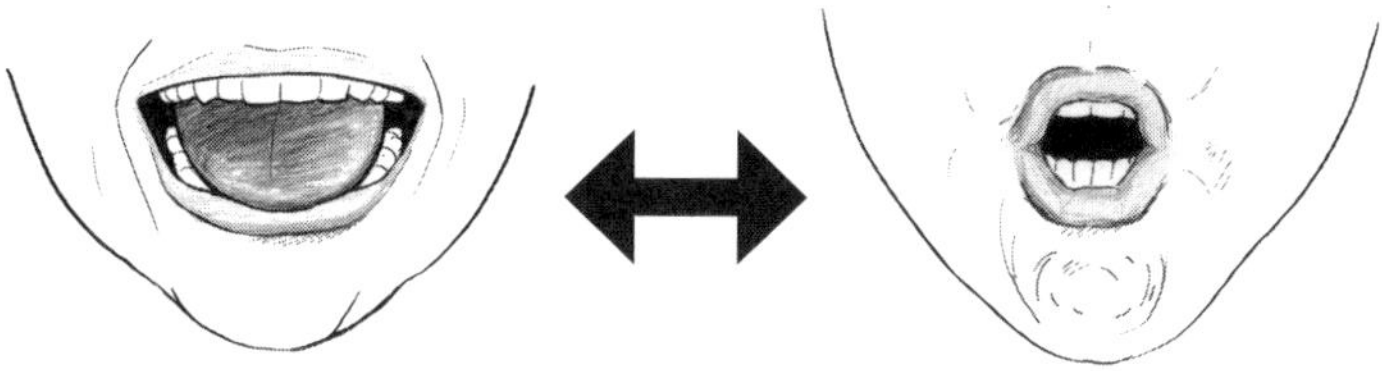

レロレロ

口をはっきりと大きく使うことで滑舌良く、声がこもらないしゃべり方になる。「レ」は唇が横に引っ張られて、「ロ」は唇をすぼめて前に突き出す。「レロレロ……」を続けて言う。舌も活発に動くようにし、慣れてきたらスピードを上げる。あくまで練習なので、日常での口の開き方よりも極端な口の形にする。

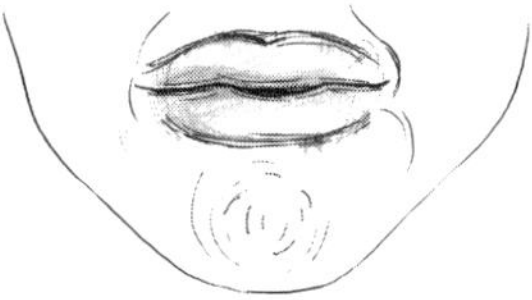

唇ぶるぶる

唇が緩み、滑舌が良くなる。軽く唇を閉じ、息を吐いて唇をふるわせる。できなければ、唇をもう少し強く閉じ、一気に息を吐いてみる。

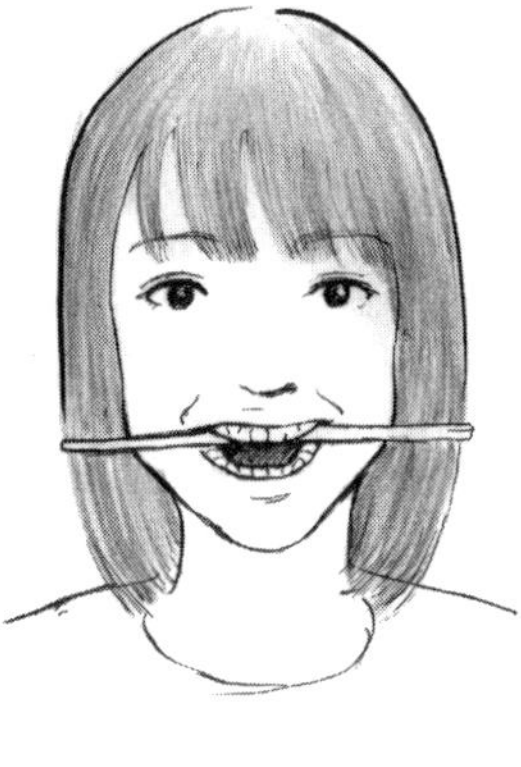

滑舌棒

箸などの棒を横にして口の奥まで入れてかみ締め、舌を不自由な状態で発声すると、滑舌が良くなる。その不自由な状態で早口言葉の練習をする。「東京特許許可局、許可局長の許可」「この竹垣に竹立てかけたのは、竹立てかけたかったから、竹立てかけたのです」など。棒をかんで話しにくい状態の時でも、できるだけ滑舌よく話すように努力する。指を使ってもできる。

ワーッ

緊張が内にこもるとより緊張が大きくなるが、吐き出すことで楽になる。10 秒で疲れ切るくらい一気に吐き出す。人に見られたら恥ずかしいくらい、バカげて全力で行う。身体は子どもが全身でダダをこねるように動かす。大声で暴れまくり、ストレス・緊張を吐き出すイメージ。声を出せない場所では、声を出さずに出している感じでやる。

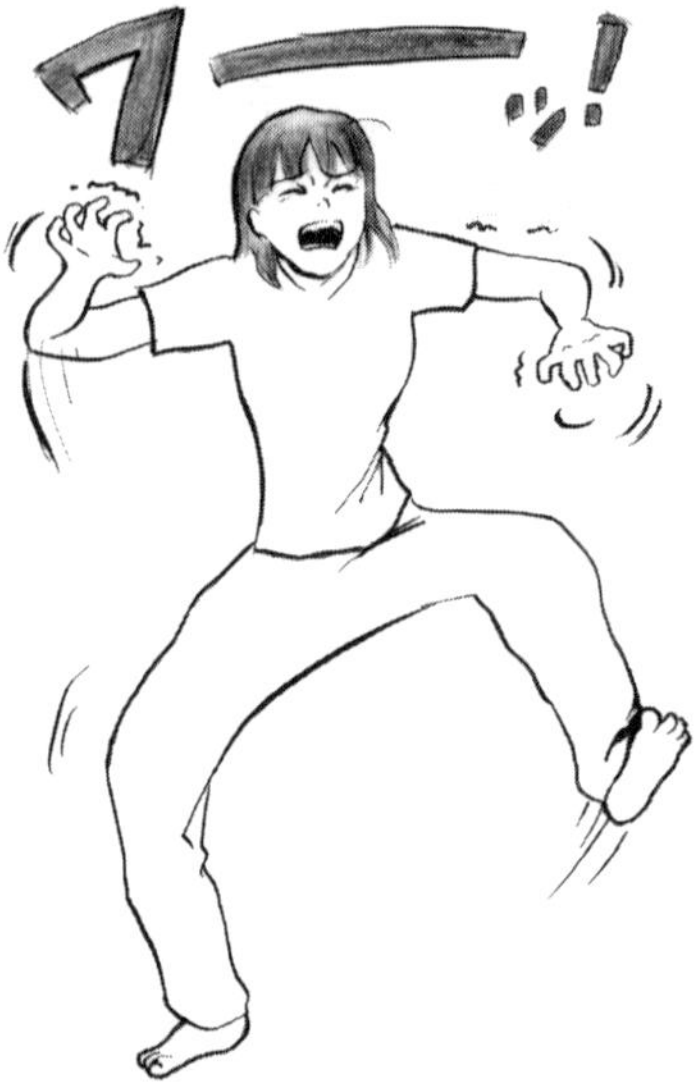

NG

声は出すが身体が硬直して動かない。

顔ゆがめ

凝り固まっていた表情をほぐし、感情豊かにし、感じたまま表情に表われるようにする。顔の筋肉を上下左右に動かす。イラストのように右半分を上、左半分を下、反対も行う。続けて、上半分を右、下半分を左、反対も行う。表情で「8」の字を書くように。筋肉が動かなければ手でゆがめることから始める。

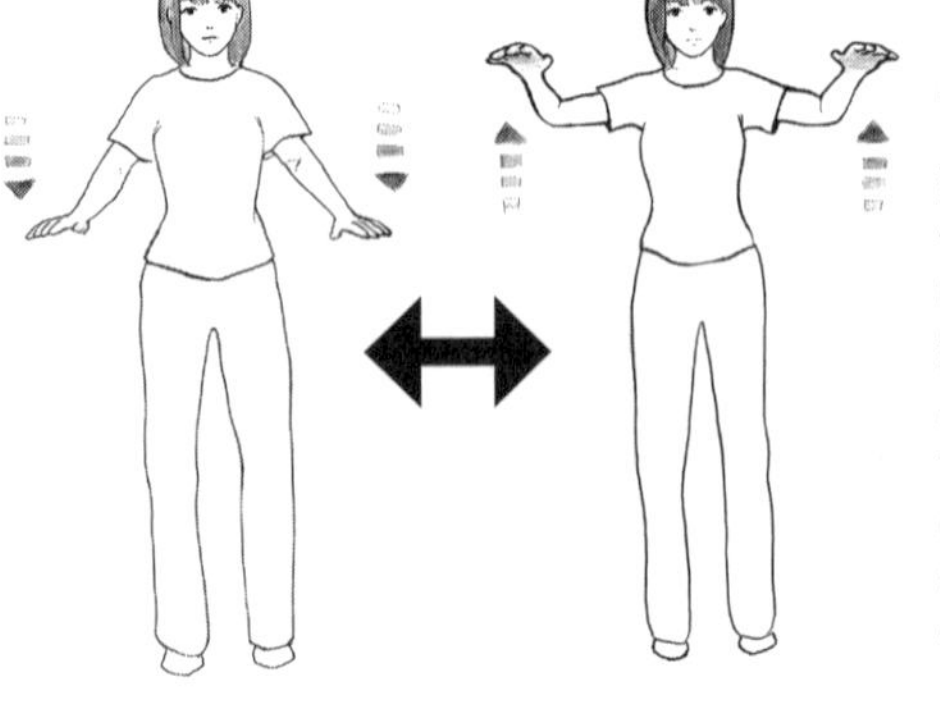

手上げ呼吸

落ち着かない心を静かにする。身体の前に肘を曲げて両腕を出し、ゆっくりと呼吸しながら、両腕に意識を持っていき、できるだけゆっくりと上下させる。両腕に意識を持っていくと呼吸を止めがちになるが止めないように注意する。ゆっくり動かすとイライラしがちになるが、“ゆっくり”を楽しめるようにする。

瞬間的緊張をとる（即効性）

人前に出たり、何かにチャレンジする時、瞬間的に緊張する。本来の実力を発揮するため、その緊張を取り除く。

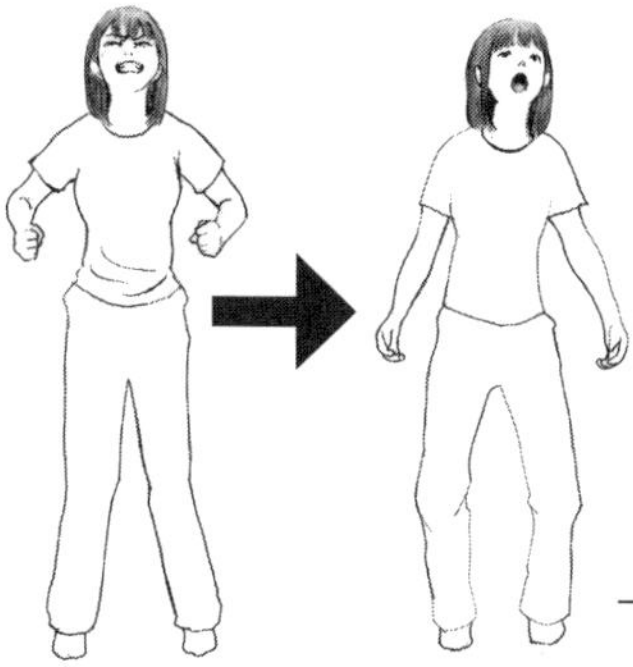

グッ・パー

緊張で力んでいる身体にもっと力を込めることで疲れさせて、逆に力めなくする。

全身に力を入れる。顔や手足の指にも。

一気に脱力する。

肩ストン

緊張して力んでいる肩の荷が落ち、楽になる。応用として、肩を後ろに反るように上げ、ストンと落とすやり方もある。肩を落とす時、乱暴に落とさないで、力を抜いて自然と落ちるようにする。

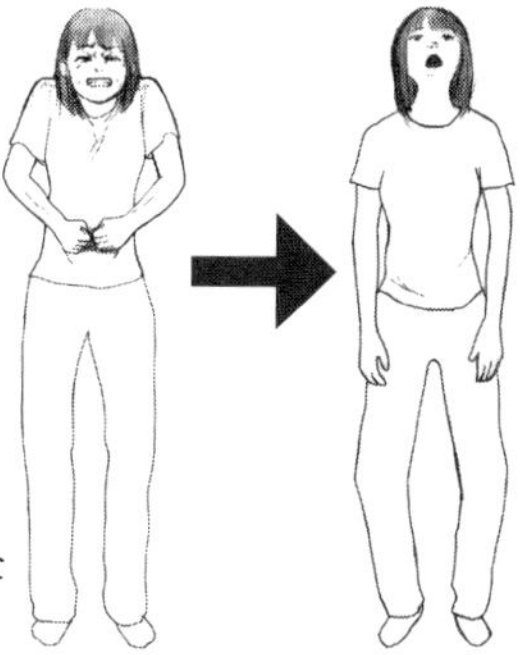

息を吸いながら全力で肩を上げる。

息を吐きながら力を抜き肩をストンと落とす。

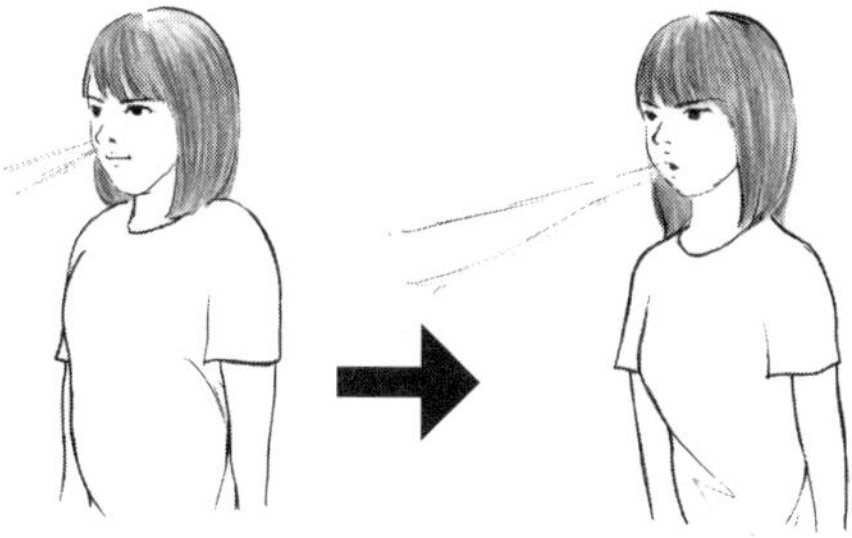

強い呼吸

横隔膜を動かすことで内臓がリラックスして気が高まる。お腹を膨らますことが難しいなら、胸式呼吸でも気は高まる。

お腹が膨らむように、鼻から２～３秒で一気に大きく息を吸う。

２秒止めて、地響きのような音を立てながら一気に吐く。

5、6箇所のリラクゼーション

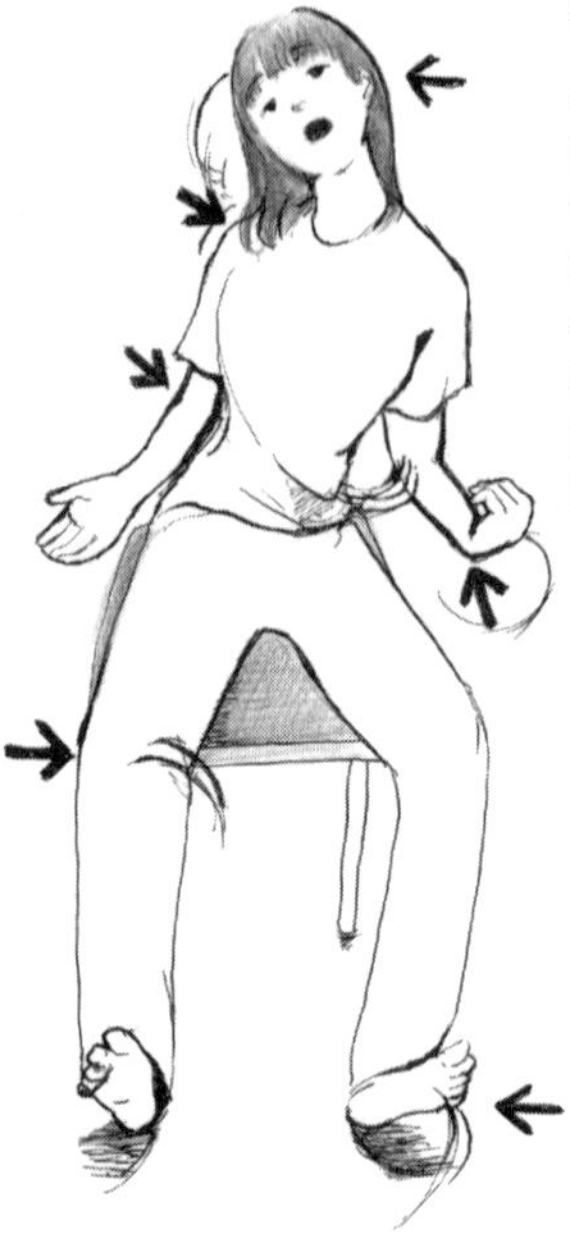

身体を緩めることで、心も緩まり、抑え込まれた深い感情が出やすくなる。人前に出た時の瞬間的緊張にも、普段からカラを破れない慢性的緊張にも効果がある。
①椅子に座り寝ようと思えば寝られるくらいの楽な姿勢をみつける。②緩めたい部位に意識を持っていき、最低限の力で円を描くように動かす。③それを顔、頭、両手、両足、胴体のうち5、6箇所を同時に行う。1箇所だけではリラックスに包まれない。

※リラクゼーションの時の顔は、眉間・こめかみ・下あごが感情と関係しているので特に大事。表情を上下バラバラ。左右バラバラ。「8」の字を描くようにやる。声は何も感じていなくても「あ〜〜」と5秒くらい出し、喉を緩める。自然と感情が沸き起こってきたら、笑いたいならば笑う、泣きたいならば泣く、というように感情に身を任す。逆に、感情がなくてもわざと笑うと心はリラックスする。
※椅子に座っているだけでも身体はリラックスするので、動かさなくなってしまう。しかし、それでは重力に身を任せているだけで、意志の力を使っていないので、緊張した時に対応できない。意志の力で日常より深いリラックスにする。

連動のリラクゼーション

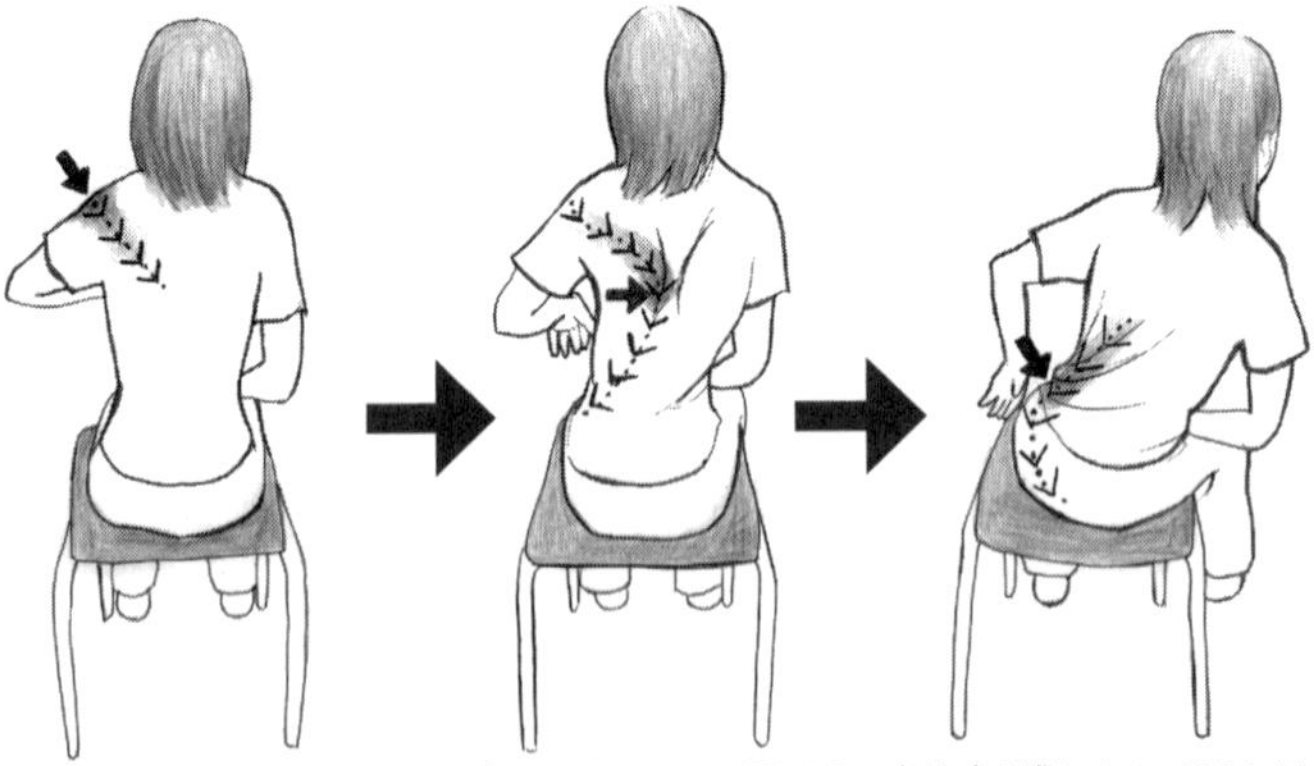

「5、6箇所のリラクゼーション」より深くリラックスできる。どこでもいいが出発点となる部位が溶けていくイメージで力を抜く。隣の筋肉に響くためその部位の力を抜く。また隣りの筋肉に響くためその部位を抜く、と言うように身体中を巡らせる。リラクゼーションと違い、動かす部位は1箇所でいい。「5、6箇所のリラクゼーション」より難しく頭でっかちになりやすいが、部位に意識が行けば回避できる。

慢性的緊張をとる（持続性）

人は日常から他人の目や評価を気にして慢性的に緊張している。性格や価値観に影響を与える緊張をとることで殻を破る。

触る連動のリラクゼーション

「連動のリラクゼーション」は部位に意識が行きにくいが、人に触ってもらうことで意識しやすくなる。触られる側は、触られた部位が溶けていくイメージで力を抜く。椅子から滑り落ちない程度に大きく動かして緩める。触る側は、自分勝手に動かすのでなく、響いたと思われる筋肉にゆっくりと手の平を滑らせていく。

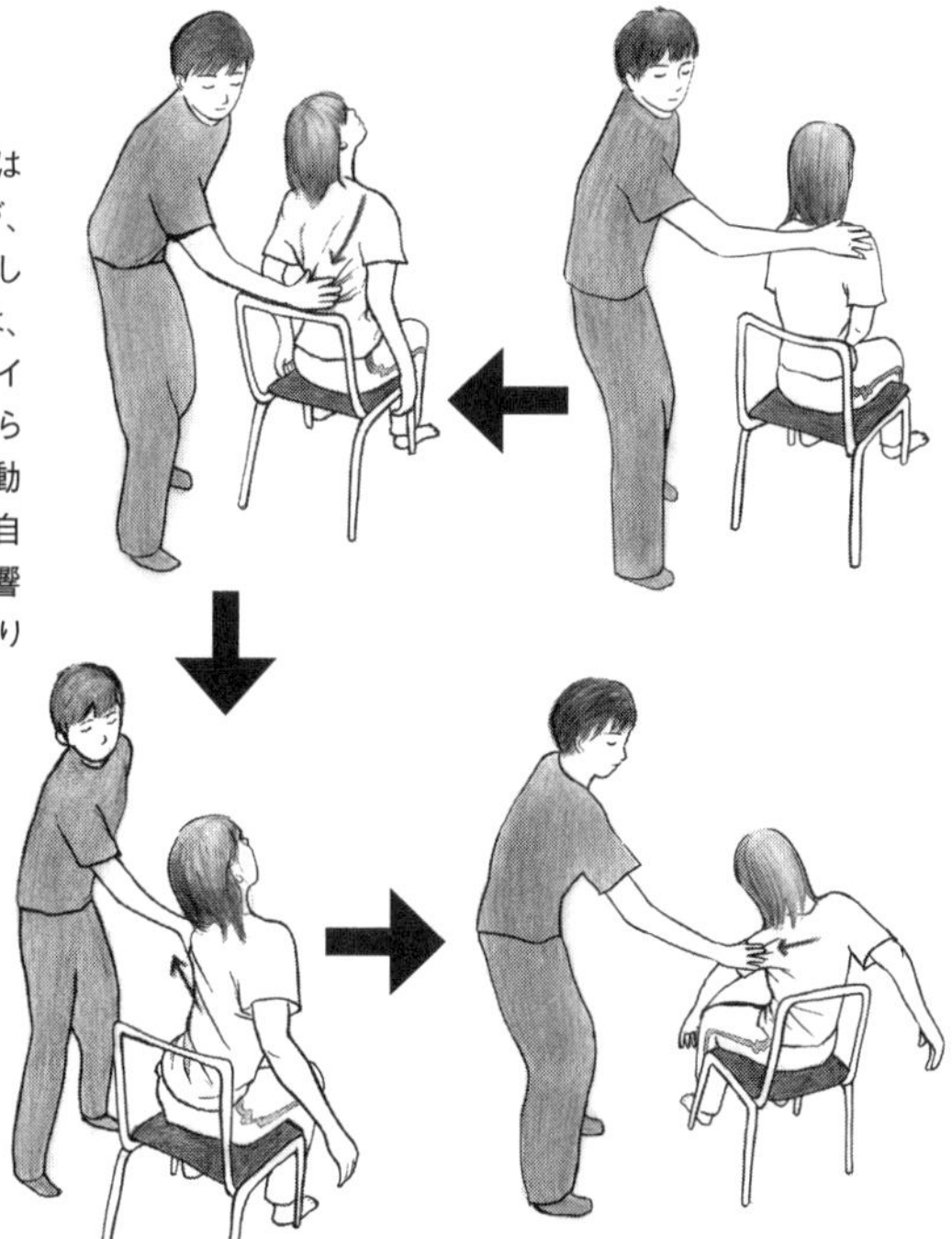

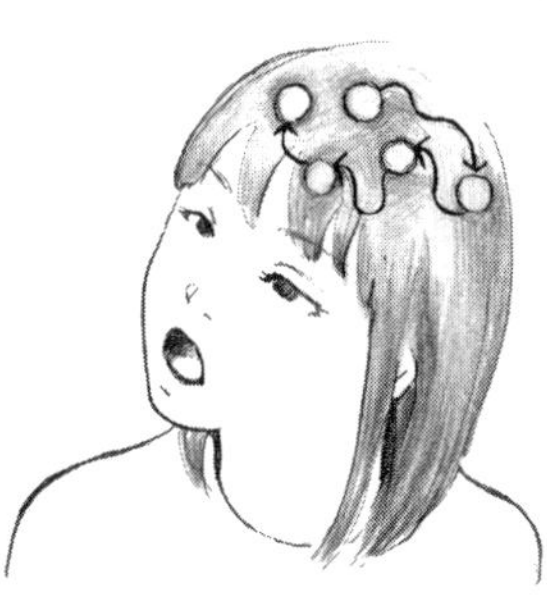

脳のリラクゼーション

脳の中にパチンコ玉くらいの球をイメージして巡らせる。モグラが穴を掘ると土が軟らかくなるように、球が巡ったところがほぐれて緩んでいくイメージ。目は半眼、寄り目にして何を見るわけでもなく空中を見て、ものを考えにくくなる。声は楽に「あ～」と出し、身体は固まらない程度に動かす。球をイメージしようとし過ぎて力まない。イメージしにくければ、しにくいまま始める。イメージすることより力まないことを優先する。

やり過ぎる（全力）

演技やプレゼンテーション用の表情、声の大きさ、抑揚・動きなどを全部使い、ありえないほどやり過ぎる。次に普通に戻す。やり過ぎてから元に戻すと自然と躊躇はとれて、表現が大きくなる。普段の 10 倍大きくやってわざと失敗する。

NG

人の目を意識せず、普通に戻さない。

いろんな笑い方

やったことのない笑い方をする。顔をゆがめたり、声質やトーン、スピードなどを変えながら行う。アニメのキャラクターなどのまねをしてもよい。似ていることが重要ではないため、やり過ぎて人に見られたら恥ずかしいくらいの笑い方で、上品にやらない。ジッとせず、その笑い方に合った身体の動きや手の叩き方などに表現を広げていく。また、複数のキャラクターを混ぜると想像していなかった笑い方に簡単になる。さらにいろんな動植物の笑ったイメージなど想像力を駆使して行ってみよう。

躊躇をとる

何をするにも躊躇があるとスタートを切れない。躊躇がとれるとさまざまな可能性が広がる。

コマネチ

照れや恥ずかしさ、躊躇をとる。ビートさんの形を参照により大きくキレよく。ビートさんより大きく、キレが良いなら似てなくても大丈夫。家で一人でやっていいので、面白くなくても100回やってみる。必ず最初より面白くなる。

速い血の流れ

文字通り、身体中を血液が速く流れているイメージでテンション、気分を高める。血管など細かいことは考えず、血液がやりにくければ電気が走っているイメージも可。どう動いていいか分からない時は、嘘でも動いてみて、身体に動くきっかけを与える。マジメという心の重石が取れれば衝動がわきやすくなる。

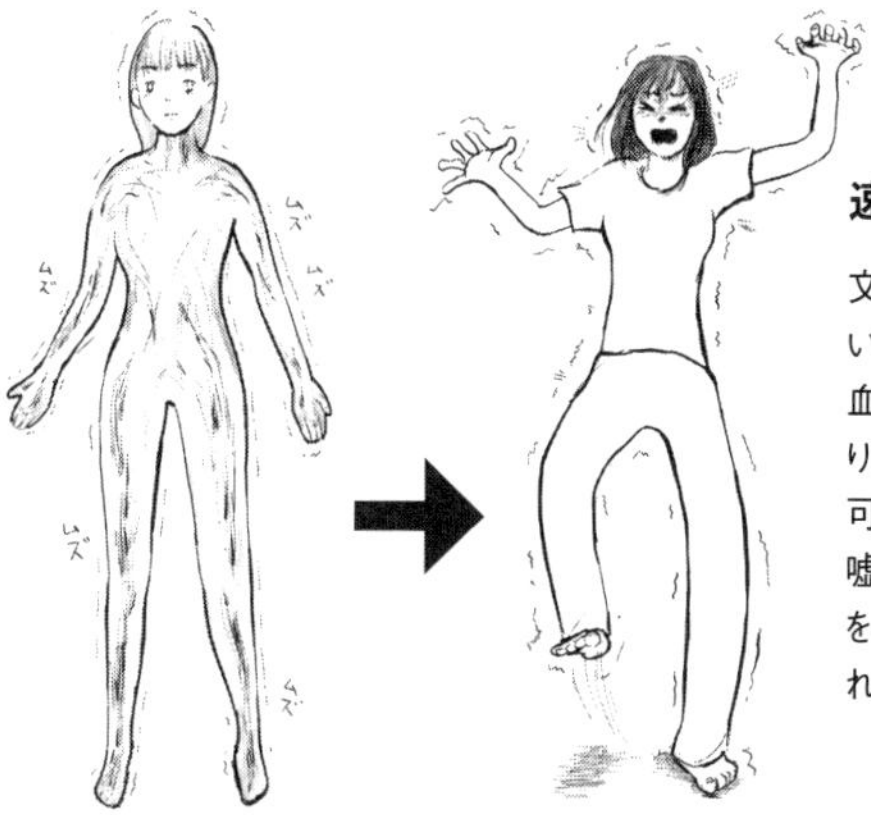

身体中を血液が速く流れているようにイメージする。

ムズムズしてきた身体を衝動のまま動かしたいように動かす。声を出したいように出す。

悪役レスラーの入場

猛獣が人間になったような動きをしたり、力こぶを作ったり、睨みつけたりする。また、自分を鼓舞するように大声を出す。普段の声でなく、ダミ声で。小さな『つ』を使った爆発音でしゃべると、悪態をついている気になりやすい。「バッカヤロー・ッウルセー」など。自分にブーイングをしている観客に悪態をつくと、想像していたものより楽しい。

著者経歴

伊藤丈恭　いとう・たけやす

演技トレーナー。1967年生まれ。大阪出身。19歳より、故・吉沢京夫よりスタニスラフスキー・システム、ゼン・ヒラノ氏よりメソッド演技を学ぶ。現在、アイゼ・アクティング・ワークショップを東京・渋谷近郊で開講中。参加者は延べ8万6千人を超える。(2017年1月現在)

アイゼ・アクティング・ワークショップ HP
http://aize.boo.jp/engi/

演技 アイゼ　で検索

緊張をとる

2015年8月10日　初版第1刷発行
2017年5月20日　　　第5刷発行

著者　伊藤丈恭

発行者　相澤正夫
発行所　芸術新聞社
〒101-0051
東京都千代田区神田神保町2-2-34
千代田三信ビル
TEL　03-3263-1637
FAX　03-3263-1659
URL　http://www.gei-shin.co.jp

印刷・製本　シナノ印刷
デザイン　美柑和俊＋田中未来（MIKAN-DESIGN）
カバーイラスト　村田善子
本文イラスト　出口藍

ISBN 978-4-87586-447-9 C0074